汽车综合性能检测技术

陆叶强　等编著
朱福根　主　审

ZHEJIANG UNIVERSITY PRESS
浙江大学出版社

图书在版编目（CIP）数据

汽车综合性能检测技术 / 陆叶强等编著. —杭州：
浙江大学出版社，2012.5（2025.1重印）
ISBN 978-7-308-09825-0

Ⅰ.①汽⋯ Ⅱ.①陆⋯ Ⅲ.①汽车－性能检测－高等
职业教育－教材 Ⅳ.①U472.9

中国版本图书馆 CIP 数据核字（2012）第 063603 号

汽车综合性能检测技术
陆叶强　等编著

责任编辑	王　波
封面设计	十木米
出版发行	浙江大学出版社
	（杭州市天目山路 148 号　邮政编码 310007）
	（网址：http://www.zjupress.com）
排　　版	杭州青翊图文设计有限公司
印　　刷	广东虎彩云印刷有限公司绍兴分公司
开　　本	787mm×1092mm　1/16
印　　张	17.75
字　　数	432 千
版 印 次	2012 年 5 月第 1 版　2025 年 1 月第 4 次印刷
书　　号	ISBN 978-7-308-09825-0
定　　价	34.00 元

前言

为了贯彻教育部《关于全面提高高等职业教育教学质量的若干意见》(教高〔2006〕16号)文件精神,积极推进课程改革和教材建设,紧密结合目前汽车行业实际需求,通过校企合作,共同编写了本项目化教材。

随着我国汽车工业的快速发展,汽车企业的竞争也越来越激烈,汽车新技术的应用日新月异,汽车的不解体性能检测和诊断技术显得尤为重要,对汽车从业人员来说是非常重要的一门实用技术,也是汽车类专业必学的主干课程。

本教材在编写过程中,以汽车不解体检测与诊断技术为主线,坚持以汽车检测企业需求为依据,以培养学生能力为本位,以促进学生就业为导向,注重专业知识的前沿性和实用性,突出汽车专业领域的新知识、新工艺和新方法。并且对多年的汽车发动机教学经验,进行了认真总结与分析,同时吸收了国内外先进的职教理念和方法,采用项目驱动、任务引领、教学做一体的教学方式。全书共分五大项目,分别介绍了汽车检测与诊断技术基本知识、汽车发动机的检测与诊断技术、汽车安全性能检测、汽车环保检测、汽车综合性能检测技术,阐述了每个项目的检测诊断内容及目的、所用检测设备的结构、工作原理、检测诊断方法、检测标准和结果分析等内容;每个项目都有明确的知识目标和能力目标,都有项目总结和练习题,每个任务都按照任务引入、任务分析、相关知识和任务实施编排。本书在编写过程中特别注重理论与实践的紧密结合,内容具有极强的针对性和实用性,旨在切实培养和提高学生的技术应用能力。

本书由杭州职业技术学院陆叶强担任主编、杨敬江担任副主编(项目1、项目3),浙江水利水电专科学校严爱芳和浙江经济职业技术学院张朝山担任副主编(项目2),浙江建设职业技术学院冯燕担任副主编(项目4),浙江经贸职业技术学院朱桂英和嘉兴职业技术学院李泉胜担任副主编(项目5)。

本教材适用面广,可供高等职业院校汽车类专业作为主干课程教学用书,也适合职业培训及自学。在编写过程中,得到了单位领导、同事的大力帮助和支持,在此表示衷心的感谢!同时,在编写教材过程中得到了青年汽车集团、杭州第一汽车检测站、利华奥迪汽车公司领导和技术人员的大力支持。

由于作者水平有限,本书不足之处在所难免,殷切希望广大读者批评、指正。

编　　者

目 录

CONTENTS

1

项目 1
汽车检测与诊断概述

【项目目标】

 知识目标

1. 了解国内外汽车检测与诊断技术的发展概况。
2. 能正确描述汽车检测与诊断的目的、方法及技术术语。
3. 能正确描述诊断参数、诊断标准和诊断周期的含义。
4. 能正确掌握汽车检测站的任务。
5. 掌握汽车性能检测站的类型、工位设置及检测工艺程序。

 能力目标

1. 会正确使用常用检测诊断设备仪器。
2. 会正确掌握汽车检测站的主要检测内容和检测流程。
3. 对汽车性能检测站具有初步管理能力。

任务 1.1　了解汽车检测诊断基本知识

【任务引入】

随着汽车技术的不断发展,传统的汽车检查(人工、经验)技术不能定量地确定汽车的性能参数和技术状况,现代汽车检测诊断技术是相对于传统的汽车检查技术而言,它不仅可以定量显示检测结果,而且具有自动控制检测过程,自动采集检测数据,自动分析判断检测结果和自动存储打印检测结果等功能,学习之前应了解汽车检测诊断发展概况、检测目的方法等相关基本知识。

【相关知识】

一、汽车检测诊断的目的与方法

1. 目的

汽车检测与诊断的目的是确定汽车的技术状况和工作能力,查明故障原因和故障部位,为汽车继续运行或维修提供依据。汽车检测可分为安全环保检测和综合性能检测两大类。

(1)安全环保检测

对汽车实行定期和不定期安全运行和环境保护方面的检测,目的是在汽车不解体情况下,建立安全和公害监控体系,确保车辆具有符合要求的外观容貌、良好的安全性能和符合规定的尾气排放量,在安全、高效和低污染下运行。

(2)综合性能检测

对汽车实行定期和不定期综合性能方面的检测,目的是在汽车不解体情况下,对运行车辆确定其工作能力和技术状况,查明故障或隐患的部位和原因;对维修车辆实行质量监督,建立质量监控体系,确保车辆具有良好的安全性、可靠性、动力性、经济性和环保性。同时,对车辆实行定期综合性能检测,又是实行"定期检测、强制维护、视情修理"这一修理制度的前提和保障。"视情修理"与"强制修理"相比,既不会因提前修理而造成浪费,也不会因迟后修理造成车况恶化。"强制维护、视情修理"是以检测、诊断和技术鉴定为依据的,没有正确的检测与诊断,就无法确定汽车是继续运行还是进厂维修,更无法视情确定修理范围和修理深度。

(3)故障诊断

对汽车进行故障诊断,目的是在不解体情况下,对运行车辆查明故障原因和故障部位所进行的检查、测量、分析和判断。故障被诊断出来后,通过调整或修理的方法予以排除,以确保车辆在良好的技术状况下运行。

2. 方法

汽车技术状况的诊断是由检查、测量、分析、判断等一系列活动完成的,其基本方法主要分为两种:一种是传统的人工经验诊断法;另一种是现代仪器设备诊断法。

(1)人工经验诊断法

这种方法是诊断人员凭借丰富的实践经验和一定的理论知识,在汽车不解体或局部解体情况下,借助简单工具,用眼看、耳听、手摸和鼻闻等手段,边检查、边试验、边分析,进而对汽车技术状况做出判断的一种方法。这种诊断方法具有不需要专用仪器设备,可随时随地进行和投资少、见效快等优点。但是,这种诊断方法存在诊断速度慢、准确性差、不能进行定量分析和需要诊断人员具有较丰富的经验和掌握大量资料等缺点。

(2)现代仪器设备诊断法

这种方法是在人工经验诊断法的基础上发展起来的一种诊断方法,该方法可在汽车不解体情况下,用专用仪器设备检测整车、总成和零部件的参数,为分析和判断汽车技术状况提供定量依据。采用计算机控制的仪器设备能自动分析和判断汽车的技术状况。现代仪器设备诊断法的优点是检测速度快,准确性高,能定量分析,可实现快速诊断等。现代仪器设备诊断法的缺点是投资大和对操作人员要求高。使用现代仪器设备诊断法是汽车检测与诊断技术发展的必然趋势。

二、基本知识

1. 常用技术术语

(1)汽车技术状况:定量测得表征某一时刻汽车外观和性能的参数值的总称。

(2)汽车故障:汽车部分或完全丧失工作能力的现象。

(3)故障现象:故障的具体外在表现。

(4)汽车检测:确定汽车技术状况或工作能力而进行的检查和测量。

(5)汽车诊断:在不解体(或仅卸下个别小件)条件下,确定汽车技术状况或查明故障部位、原因而进行的检测、分析与判断。

(6)诊断参数:供诊断用的,表征汽车、总成及机构技术状况的参数。

(7)诊断周期:汽车诊断的间隔期。

(8)诊断标准:对汽车诊断的方法、技术要求和限值等的统一规定。

(9)汽车检测站:从事汽车检测的事业性或企业性机构。

2. 检测诊断参数

(1)概述

检测诊断参数是汽车检测诊断技术的重要组成部分。在汽车或总成不解体的条件下,直接测量汽车结构参数(如磨损量、间隙量等)变化的检测对象是极少的,甚至是不可能的。如气缸间隙、气缸磨损量、曲轴和凸轮轴各轴承间隙、各齿轮间隙及磨损量等。因此,在进行汽车检测时,需要采用一些与结构参数有关,又能反映汽车技术状况的间接指标(量),这些间接指标(量)就称作"检测诊断参数",它是供汽车检测诊断用的,表征汽车、总成及机构技术状况的参数。

(2)类型

汽车检测诊断参数分为工作过程参数、伴随过程参数和几何尺寸参数。

①工作过程参数。工作过程参数是指汽车工作时输出的一些可供测量的物理量、化学量,或指体现汽车或总成功能的参数,如发动机功率、油耗、汽车制动距离等。从工作参数本身就可确定发动机或汽车某一方面的功能。汽车不工作时,工作过程参数无法测得。

②伴随过程参数。伴随过程参数是伴随工作过程输出的一些可测量。伴随过程参数一般并不直接体现汽车或总成的功能,但却能通过其在汽车工作过程中的变化,间接反映检测对象的技术状况,如振动、噪声、发热等。伴随过程参数常用于复杂系统的深入诊断。汽车不工作或工作后停驶较长时间的情况下,工作过程参数无法测得。

③几何尺寸参数。几何尺寸参数能够反映检测对象的具体结构要素是否满足要求,如间隙、自由行程、角度等。虽提供的信息量有限,但却能表征检测对象的具体状态。

(3)选择原则

在汽车的使用过程中,检测参数的变化规律与汽车技术状况的变化规律之间有一定的关系。能够表征汽车技术状况的参数有很多,为了保证检测结果的可信性和准确性,应该选择那些符合下列要求或具有下列特性的检测诊断参数。其选用原则如下。

灵敏性:灵敏性也称为灵敏度,是指检测对象的技术状况在从正常状态到进入故障状态之前的整个使用期内,检测诊断参数相对于技术状况参数的变化率。选用灵敏度高的检测诊断参数检测汽车的技术状况时,可使检测诊断的可靠性提高。

单值性:单值性是指汽车技术状况参数从开始值变化到终了值的范围内,检测诊断参数的变化不应出现极值;否则,同一检测诊断参数将对应两个不同的技术状况参数,给检测诊断技术状况带来困难。

稳定性:稳定性是指在相同的测试条件下,多次测得同一检测诊断参数的测量值,具有良好的一致性(重复性)。检测诊断参数的稳定性越好,其测量值的离散度(或方差)越小。

信息性:信息性是指检测诊断参数对汽车技术状况具有的表征性。表征性好的检测诊断参数,能表明、揭示汽车技术状况的特征和现象,反映汽车技术状况的全部信息。所以,检测诊断参数的信息性越好,包含汽车技术状况的信息量越高,得出的检测诊断结论越可靠。

经济性:经济性是指获得检测诊断参数的测量值所需要的检测诊断作业费用的多少,包括人力、工时、场地、仪器、设备和能源消耗等项费用。经济性高的检测诊断参数,所需要的检测诊断作业费用低。

3. 检测诊断标准

检测诊断标准(也称检测诊断参数标准)是利用检测诊断参数测量值对检测对象的技术状况进行评价的依据,它能提供一个比较尺度,如果将测得的参数值与相应的检测诊断参数标准相比较,就可以确定汽车是否能够继续使用或预测在给定行驶里程内汽车的工作能力。

(1)类型

检测诊断参数标准可分为 4 类。

国家标准:它是由国家机关制订和颁布的检验标准,冠以中华人民共和国国家标准 GB 字样。国家标准一般由某行业部委提出,由国家技术监督局发布,全国各级各有关单位和个人都要贯彻执行,具有强制性和权威性。如 GB7258—2004《机动车安全运行技术条件》、GB1495—1993《机动车允许噪声》、GB/18285—2008《点燃式发动机汽车排放污染物排放限值及测量方法》、GB/T15746.1—1995《汽车修理质量检查评定标准》以及汽车大修竣工出厂技术条件等标准。这些标准主要用于与汽车行驶安全和产生公害有关的一些机构的检验。这类标准在使用中需要严格控制,以保证国家标准的严肃性。

行业标准:行业标准也称为部委标准,是部级或国家委员会级制订并发布的标准,在部、委系统内或行业系统内贯彻执行,一般冠以中华人民共和国某某行业标准,也在一定范围内具有强制性和权威性,有关单位和个人也必须贯彻执行。如 JT/T201—95《汽车维护工艺规范》、JT/T198—95《汽车技术等级评定标准》,均为中华人民共和国交通行业标准。

地方标准:地方标准是省级、市地级、县级制订并发布的标准,在地方范围内贯彻执行,也在一定范围内具有强制性和权威性,所属范围内的单位和个人必须贯彻执行。省、市地、县三级除贯彻执行上级标准外,可根据本地具体情况制订地方标准或率先制订上级没有制订的标准。地方标准中的限值可能比上级标准中的限值要求还严。

企业标准:企业标准包括汽车制造厂推荐的标准,汽车运输企业和汽车维修企业内部制订的标准,检测仪器设备制造厂推荐的参考性标准 3 种类型。

汽车制造厂推荐的标准是汽车制造厂在汽车使用说明书中公布的汽车使用性能参数、结构参数、调整数据和使用极限等,可以把它们作为诊断参数标准来使用。该种标准是汽车制造厂根据设计要求、制造水平,为保证汽车的使用性能和技术状况而制订的。

汽车运输企业和维修企业的标准是汽车运输企业、汽车维修企业内部制订的标准,只在企业内部贯彻执行。该种标准除贯彻执行上级标准外,往往能根据本企业的具体情况,制订一些上级标准中尚未规定的内容。企业标准中有些诊断参数的限值甚至比上级标准还要严格,以保证汽车维修质量和树立良好的企业形象。一般情况下,企业标准应达到国家标准和上级标准的要求,同时允许超过国家标准和上级标准的要求。

检测仪器设备制造厂推荐的参考性标准是检测仪器或检测设备制造厂,针对本仪器或设备所检测的诊断参数,在尚没有国家标准和行业标准的情况下制订的诊断参数的限值,通过仪器或设备的使用说明书提供给使用单位作为参考性标准,以判断汽车、总成及机构的技术状况。

任何一级标准的制订,都既要考虑技术性和经济性,又要考虑先进性,并尽量靠拢同类型国际标准。

(2)组成

检测诊断参数标准一般由初始值、许用值和极限值三部分组成。

初始值:此值相当于无故障新车和大修车检测诊断参数值的大小,往往是最佳值,可作为新车和大修车的检测诊断标准。当检测诊断参数测量值处于初始值范围内时,表明检测对象技术状况良好,无需维修便可继续运行。

许用值:检测诊断参数测量值若在此值范围内,则检测诊断对象技术状况虽发生变化但尚属正常,无须修理(但应按时维护),可继续运行。超过此值,勉强许用,但应及时安排维修;否则,汽车带病行车,故障率上升,可能行驶不到一个诊断周期。

极限值:检测诊断参数测量值超过此值后,检测对象技术状况严重恶化,汽车需立即根据汽车维修工艺的需要停驶修理,否则将造成更大损失。

4.检测诊断周期

诊断周期是汽车诊断的间隔期,以行驶里程或使用时间表示。诊断周期的确定,应满足技术和经济两方面的条件,获得最佳诊断周期。最佳诊断周期,是能保证车辆的完好率最高而消耗的费用最少的诊断周期。

(1)制定最佳诊断周期应考虑的因素

制定最佳诊断周期,应考虑汽车技术状况和汽车使用条件,还应考虑汽车检测诊断、维护修理和停驶损耗的费用等因素。

汽车技术状况:在汽车新旧程度不一,行驶里程不一,技术状况等级不一,甚至还有使用性能、结构特点、故障规律、配件质量不一等情况下,制定的最佳诊断周期显然也不会一样。新车和大修后的车辆,其最佳诊断周期长,反之则短。

汽车使用条件:它包括气候条件、道路条件、装载条件、驾驶技术、是否拖挂、燃润料质量等。气候恶劣、道路状况差、经常重载、驾驶技术不佳、拖挂行驶、燃润料质量得不到保障的汽车,其最佳诊断周期短,反之则长。

经济性:它包括检测诊断、维护修理、停驶损耗的费用。若使检测诊断、维护修理费用降低,则应使诊断周期延长,但汽车因故障停驶的损耗费用和行驶消耗费用增加;若使停驶损耗的费用和行驶消耗费用降低,则应使诊断周期缩短,但检测诊断、维护修理的费用增加。应从总费用最低来考虑。

（2）制定最佳诊断周期的方法

大量统计资料表明，实现单位里程费用最小和技术完好率最高，两者是可以求得一致的。

根据交通部《汽车运输业技术管理规定》，汽车实行"定期检测、强制维护、视情修理"的制度。该规定要求车辆二级维护前应进行检测诊断和技术评定，根据检测结果，确定附加作业或修理项目，结合二级维护一并进行。该规定又指出，车辆修理应贯彻"视情修理"的原则，即根据车辆检测诊断和技术鉴定的结果，视情按不同作业范围和深度进行，既要防止拖延修理造成车况恶化，又要防止提前修理造成浪费。

从上述规定中可以看出，二级维护前和车辆大修前都要进行检测诊断，其中，大修前的检测诊断，一般在大修间隔里程行驶将结束时结合二级维护前的检测诊断进行。既然规定在二级维护前进行检测诊断，则二级维护周期就是我国目前的最佳诊断周期。根据 JT/T201—95《汽车维护工艺规范》的规定，正常使用条件下二级维护周期在 10000～15000km 范围。

三、汽车检测系统基本组成

目前，汽车检测参数大多是非电量。非电量的检测多采用电测量法进行检测，即首先将各种非电量转变为电量，然后经过一系列的处理，将非电量参数显示出来。一个具体的检测系统，通常是由传感器、变换及测量装置、记录及显示装置、实验结果的分析处理装置等组成，有时还有试验激发装置，如图 1.1 所示。

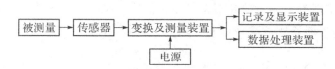

图 1.1　汽车检测系统的基本组成

1.传感器

传感器是一种能把被测对象的非电量信息检测出来，并将其转换成电信号的装置。在现代汽车上它是一种获得电信号的极重要的手段，在整个检测系统中占有首要的地位，而且它处于检测系统的输入端，所以它的性能直接影响着整个检测系统的工作可靠性。传感器也被称为变送器、发送器或检测头，在生物医学及超声检测仪器中，常被称为换能器。

2.变换及测量装置

变换及测量装置，其作用是把传感器送来的电信号变换成具有一定功率的电压或电流信号，以便推动下一级的记录和显示装置。这类装置常包括电桥电路、调制电路、解调电路、阻抗匹配电路、放大电路、运算电路等，在检测系统里是比较复杂的部分。在这一装置里，可对一些简单信号进行测量、比较，即把要测的量与某一标准量进行比较，获得被测量与标准量若干倍的数量概念，对于传感器送来的变化频率很低、近似直流的信号，为了传输方便，可在这一装置里把它调制成高频放大信号等。

3.记录及显示装置

记录及显示装置，其作用是把变换及测量装置送来的电压和电流信号不失真地记录下来和显示出来。这类装置有光线示波器,它可以实现记录和显示两种功能;电子示波器,它只能显示而不能记录;磁记录器,它只具有记录功能而不能显示。记录和显示的方式一般有模拟和数字两种,前者是记录一条或一组曲线,后者是记录一组数字或代码。

4.数据处理装置

数据处理装置是用来对检测所得的结果进行分析、运算、处理,如对大量数据的数理统计分析,曲线的拟合,动态测试结果的频谱分析、幅值谱分析或能量谱分析等。

5.试验激发装置

试验激发装置是人为地模拟某种条件,把被测系统中的某种信息激发出来,以便检测。如用激振器来模拟各种条件的振动,并将其作用在机械或构件上,把机械或构件产生的振动幅度、应力变化等信息激发出来,以便检测后对其在振动中的状态及特性进行研究分析。

6.智能化检测系统

智能化检测系统一般是指以计算机为基础的一种新型检测系统。由于用计算机控制整个检测系统,因而使检测系统的结构和功能发生了根本性的变化。智能化检测系统是以微处理器作为控制单元,能把系统中各个测量环节有机地结合起来,并赋予计算机所特有的诸如编程、自动控制、数据处理、分析判断、存储打印等功能。手动设定量程选择、极性变换、亮度调节、幅度调节和数据显示等之后,系统将自动完成检测。智能检测系统一般由传感器、放大器、A/D转换器、计算机系统、显示器、打印机和电源等组成。智能检测系统与一般检测系统相比有如下一些特点:

(1)自动零位校准和自动精度校准

为了消除由于环境条件的变化(例如温度)使放大器的增益发生变化所造成的仪器零点漂移,智能检测系统设置有自动零位校准功能,采用程序控制的方法,在输入接地的情况下,将漂移电压存入随机存储器中,经过运算即可从测量值中消除零位偏差。

(2)自动量程切换

智能检测系统中的量程切换一般是通过软件来实现的。编制软件是采用逐级比较的方法,从大到小(从高量程到低量程)自动进行,软件一旦判定被测参数所属量程,程序即自动完成量程切换。

(3)功能自动选择

智能检测系统中的功能选择,实际上是在数字仪表上附加时序电路,是用一个 A/D 采集多通道的信号,在程序控制下,通过电子开关来实现的。只要智能检测系统中的各功能键(如温度 T、流量 L 等)进行统一编码,然后 CPU 发送各种控制字符(如 A1、A2 等),通过接口芯片来控制各个电子开关的启闭。这样,在测量过程中检测系统能自动选择或自动改变测量功能。这种功能的改变完全可以由用户事先设定,在程序中发送不同的控制字符,相应的电子开关便接通,从而实现功能的自动选择。

(4)自动数据处理和误差修正

智能检测系统有很强的自动数据处理功能。例如,能按线性关系、对数关系及乘方关系,求取测量值相对于基准值的各种比值,并能进行各种随机量的统计分析和处理,求取测量值的平均值、方差值、标准偏差值、均方根值等。对于系统误差的修正,由于往往事先知道被测量的修正量,故在智能检测系统中,这种误差的修正就变得更为简单。除此之外,智能检测系统还能对非线性参数进行线性补偿,使仪器的读数线性化。

（5）自动定时控制

自动定时控制是某些测量过程所需要的。智能检测系统实现自动定时控制有两种方法：一种是用硬件完成，例如某些微处理器中就有硬件定时器，可以向 CPU 发出定时信号，CPU 会立即响应并进行处理；另一种是用软件达到延时的目的，即编制固定的延时程序，可实现自动定时控制。后者方法简单，但定时精度不如前者高。

（6）自动故障诊断

智能检测系统可在系统内设有故障自检系统，能在遇到故障时自动显示故障部位，大大缩短诊断故障的时间，实现检测系统自身的快速诊断。

（7）功能强大

一些综合性能的智能检测系统，如发动机综合参数测试仪、解码器、示波器等，不仅能对国产车系进行检测诊断，而且能对亚洲车系、欧洲车系和美洲车系进行检测诊断；不仅能检测诊断发动机的电控系统，而且能检测自动变速器、防抱死制动装置、安全气囊、电子悬架、巡航系统和空调的电控系统；不仅能读出故障码、清除故障码，而且还能读出数据流，进行系统测试等多项功能。

（8）使用方便

像发动机综合参数测试仪、解码器、示波器和四轮定位仪等检测设备，均设有菜单式操作按钮，使用中只要点击菜单，选择要测试的内容即可，操作变得非常方便。

四、国、内外汽车检测与诊断技术的发展概况

在汽车发展的早期，人们主要是通过有经验的维修人员发现汽车的故障并作有针对性的修理。随着现代科学技术的进步，汽车检测技术也飞速发展。目前人们能依靠各种先进的仪器设备，对汽车进行安全、迅速、可靠的检测。

1. 国外汽车检测技术发展状况

汽车检测技术是从无到有逐步发展起来的，早在 20 世纪 50 年代在一些工业发达国家就形成以故障诊断和性能调试为主的单项检测技术和生产单项检测设备。60 年代初期进入我国的汽车检测试验设备有美国的发动机分析仪、英国的发动机点火系故障诊断仪和汽车道路试验速度分析仪等，这些都是国外早期发展的汽车检测设备。60 年代后期，国外汽车检测诊断技术发展很快，并且大量应用电子、光学、理化与机械相结合的光机电、理化机电一体化检测技术。70 年代以后，随着计算机技术的发展，出现了汽车检测诊断、数据采集处理自动化、检测结果直接打印等功能的汽车性能检测仪器和设备。在此基础上，为了加强汽车管理、各工业发达国家相继建立汽车检测站和检测线，使汽车检测制度化。

（1）制度化

在德国，汽车的检测工作由交通部门统一领导，在全国各地建有由交通部门认证的汽车检测场（站），负责新车的登记和在用车的安全检测，修理厂维修过的汽车也要经过汽车检测场的检测，以确定其安全性能和排放是否符合国家标准。

在日本，汽车的检测工作由运输省统一领导。运输省在全国设有"国家检车场"和经过批准的"民间检测场"，代替政府执行车检工作。其中"国家检测场"主要负责新车登记和在用车安全检测；"民间检测场"通常设在汽车维修厂内，经政府批准并受政府委托对汽车进行

安全检测。

（2）标准化

工业发达国家的汽车检测有一整套的标准。判断受检汽车技术状况是否良好，是以标准中规定的数据为准则，检查结果是以数字显示，有量化指标，以避免主观上的误差。国外比较重视安全性能和排放性能的检测，如美国规定，修理过的汽车必须经过严格的排放检测方能出厂。除对检测结果有严格完整的标准以外，国外对检测设备也有标准规定，如检测设备的检测性能、具体结构、检测精度等都有相应标准。对检测设备的使用周期、技术更新等也有具体要求。

（3）智能化、自动化检测

随着科学技术的进步，国外汽车检测设备在智能化、自动化、精密化、综合化方面都有新的发展，应用新技术开拓新的检测领域，研制新的检测设备。

随着电子计算机技术的发展，出现了汽车检测诊断、控制自动化、数据采集自动化、检测结果直接打印等功能的现代综合性能检测技术和设备。例如：国外生产的汽车制动检测仪、全自动前照灯检测仪、发动机分析仪、发动机诊断仪、计算机四轮定位仪等检测设备，都具有较先进的全自动功能。20 世纪 80 年代后，计算机技术在汽车检测技术领域的应用进一步向深度和广度发展，已出现集检测工艺、操作、数据采集和打印、存储、显示等功能于一体的系统软件，使汽车检测线实现了全自动化，这样不仅可避免人为的判断错误，提高检测准确性，而且可以把受检汽车的技术状况储存在计算机中，既可作为下次检验参考，还可供处理交通事故参考。

2. 国内汽车检测技术发展概况

我国从 20 世纪 60 年代开始研究汽车检测技术。

70 年代，我国大力发展了汽车检测技术，汽车不解体检测技术及设备被列为国家科委的开发应用项目。由交通部主持研制开发了反力式汽车制动试验台；惯性式汽车制动试验台；发动机综合检测仪；汽车性能综合检验台（具有制动性检测、底盘测功、速度测试等功能）。

80 年代，随着国民经济的发展，科学技术的各个领域都有了较快的发展，汽车检测及诊断技术也随之得到快速发展。如何保证车辆快速、经济、灵活，并尽可能不造成社会公害等问题，已逐渐被提到政府有关部门的议事日程，因而促进了汽车诊断和检测技术的发展。

在单台检测设备研制成功的基础上，为了保证汽车技术状况良好，加强在用汽车的技术管理，充分发挥汽车检测设备的使用，交通部 1980 年开始有计划地在全国公路运输和车辆管理系统（交通部当时负责汽车监理）筹建汽车检测站，检测内容以汽车安全性检测为主。

80 年代初，交通部在大连市建立了国内第一个汽车检测站。从工艺上提出将各种单台检测设备安装连线，构成功能齐全的汽车检测线，其检测纲领为 30000 辆次/年。

为了配合汽车检测工作，国内已发布实施了有关汽车检测的国家标准、行业标准、计量检定规程等 100 多项。从汽车综合性能检测站建站到汽车检测的具体检测项目，都基本做到了有法可依。

3. 我国汽车综合性能检测技术的发展方向

我国汽车综合性能检测经历了从无到有、从小到大、从单一性能检测到综合性能检测的发展过程，取得了很大的进步。尤其是检测设备的研制生产，缩小了与先进国家的差距。如今,汽车检测中通用的制动试验台、侧滑试验台、底盘测功机等,结构形式多样,国内已自给有余。我国汽车检测技术要赶超世界先进水平,应该从汽车检测技术基础规范化、汽车检测设备智能化和汽车检测管理网络化等方面进行研究和发展。

(1)汽车检测技术基础规范化

我国检测技术发展过程中,普遍重视硬件技术,忽略或是轻视了检测方法、限值标准等基础性技术的研究。随着检测手段的完善,与硬件相配套的检测技术软件将进一步完善。今后我国将重点放在制定和完善汽车各检测项目的检测方法和限值标准;制定营运汽车技术状况检测评定细则,统一规范全国各地的检测要求及操作技术;制定用于综合性能检测站的大型检测设备的形式认证规则,以保证综合性能检测站履行其职责。

(2)汽车检测设备智能化

目前国外的汽车检测设备已大量应用光、机、电一体化技术,并采用计算机测控,有些检测设备具有专家系统和智能化功能,能对汽车技术状况进行检测,并能诊断出汽车故障发生的部位和原因,引导维修人员迅速排除故障。我国目前的汽车检测设备在采用专家系统和智能化诊断方面与国外相比还存在较大差距,如四轮定位检测系统、电喷发动机综合检测仪等,还主要依靠进口。今后我们要在汽车检测设备智能化方面加快发展速度。

(3)汽车检测管理网络化

目前我国的汽车综合性能检测站已部分实现了计算机管理系统检测。虽然计算机管理系统检测采用计算机测控,但各个站的计算机测控方式千差万别。即使采用计算机网络系统技术的,也仅仅是一个站内部实现了网络化。随着技术和管理的进步,今后汽车检测将实现真正的网络化(局域网),从而做到信息资源共享、硬件资源共享、软件资源共享。在此基础上,利用信息高速公路将全国的汽车综合性能检测站联成一个广域网,使上级交通管理部门可以即时了解各地区车辆状况。

任务 1.2　汽车检测线总体认识

【任务引入】

随着制造工业和交通运输业的迅速发展,汽车工业已成为当今社会的一大支柱产业,同时汽车保有量越来越大。用现代的、科学的、快速的、定量的、准确的和全面的手段检测并诊断汽车的技术状况,是保证汽车更好地发挥动力性、安全性、可靠性等的重要手段。对汽车实施不解体检测、诊断大多是在检测线上实施的,同时汽车检测站不仅可代表政府车管机关或行业对汽车技术状况进行检测和监督,而且已成为汽车制造企业、汽车运输企业、汽车维修企业中不可缺少的重要组成部分。

【相关知识】

一、汽车检测线概述

汽车检测站是综合运用现代检测技术,对汽车实施不解体检测、诊断的机构。它具有现代的检测设备和检测方法,能在室内检测出车辆的各种参数并诊断出可能出现的故障,为全面、准确评价汽车的使用性能和技术状况提供可靠的依据。

1. 汽车检测站的任务

按中华人民共和国交通部令第 29 号《汽车运输业车辆综合性能检测站管理办法》的规定,汽车检测站的主要任务如下:

(1)对在用运输车辆的技术状况进行检测诊断。

(2)对汽车维修行业的维修车辆进行质量检测。

上述两项检测任务是由运输车辆管理部门和维修管理部门根据检测制度组织并委托的车辆检测。

(3)接受委托,对车辆改装、改造、报废及其有关新工艺、新技术、新产品、科研成果等项目进行检测,提供检测结果。

(4)接受公安、环保、商检、计量和保险等部门的委托,为其进行有关项目的检测,提供检测结果。

2. 汽车检测站的类型

(1)按服务功能分类

如果按服务功能分类,检测站可分为安全检测站、维修检测站和综合检测站 3 种。

安全检测站是国家的执法机构,不是盈利型企业。它按照国家规定的车检法规,定期检测车辆中与安全和环保有关的项目,以保证汽车安全行驶,并将污染降低到允许的限度。这种检测站对检测结果往往只显示"合格"、"不合格"两种,而不做具体数据显示和故障分析,因而检测速度快,生产效率高。如果自动化程度比较高,其年度检车量可达数万辆次。检测合格的车辆凭检测结果报告单办理年审签证,在有效期内准予车辆行驶。这种检测站一般由车辆管理机关直接建立,或由车辆管理机关认可的汽车运输企业、汽车维修企业等企业单位或事业单位建立,也可多方联合建立。

维修检测站主要是从车辆使用和维修的角度,担负车辆维修前、后的技术状况检测。它能检测车辆的主要使用性能,并能进行故障分析与诊断。它一般由汽车运输企业或汽车维修企业建立。

综合检测站既能担负车辆管理部门的安全环保检测,又能担负车辆使用、维修企业的技术状况诊断,还能承接科研或教学方面的性能试验和参数测试。这种检测站检测设备多,自动化程度高,数据处理迅速准确,因而功能齐全,检测项目广且深度大,可为合理制定诊断参数标准、诊断周期以及为科研、教学、设计、制造和维修等部门或单位提供可靠依据,并能担负对检测设备的精度测试。

(2)按自动化程度分类

如果按检测线的自动化程度分类,检测站可分为手动式、半自动式和全自动式 3 种类型。

手动检测站的各检测设备,由人工手动控制检测过程,从各单机配备的指示装置上读数,笔录检测结果或由单机配备的打印机打印检测结果,因而占用人员多,检测效率低,读数误差大,多适用于维修检测站。

全自动检测站利用微机控制系统将检测线上各检测设备连接起来,除车辆上部和下部的外观检查工位仍需人工检查外,能自动控制其他所有工位上的检测过程,使设备的启动与运转、数据采集、分析判断、存储、显示和集中打印报表等全过程实现自动化。检测长可坐在主控制室内通过闭路电视观察各工位的检测情况,并通过检测程序向各工位受检车辆的驾驶员和检测员发出各种操作指令。每一项检测结果均能在主控制室内的电脑显示器和各工位上的检验程序指示器上同时显示,因而检测长、各工位检测员和驾驶员均能随时了解每一项检测结果。

由于全自动检测站自动化程度高,检测效率高,能避免人为的判断错误,因而获得广泛应用,目前国内外的安全检测站多为这种形式。

半自动检测站的自动化程度或范围介于手动和全自动检测站之间,一般是在原手动检测站的基础上将部分检测设备(如侧滑试验台、制动试验台、车速表试验台等)与微机联网以实现自动控制,而另一部分检测设备(如烟度计、废气分析仪、前照灯检测仪、声级计等)仍然手动操作。当微机联网的检测设备因故不能进行自动控制时,各检测设备仍可手动使用。

(3)按规模大、小分类

如果按规模大、小分类,检测站可分为大、中、小 3 种类型。其中,大型检测站检测线多,自动化程度高,年检能力大,且能检测多种车型。大型综合检测站可成为一定地区范围内的检测中心。

中型检测站至少有两条检测线,目前国内地市级及以上的城市建成或正在筹建的检测站多为这种类型。

小型检测站主要是指那些服务对象单一的检测站。如规模不大的安全检测站和维修检测站就属于这种类型,它不能担负更多的检测任务。这种检测站设有一条或两条作用相同的检测线。如果是一条检测线时,它往往能兼顾大、小型汽车的检测;如果是两条检测线时,其中一条线往往是专检小型汽车,而另一条线则是大、小型汽车兼顾。这种规模的检测站,在国外较为常见。

有些检测站虽然服务对象单一,但站内设置的检测线较多,因而不应再称为小型检测站。如国外,把拥有 4 条安全环保检测线的检测站,视为中型检测站。

(4)按职能分类

综合检测站如果按职能分类,可分为 A 级站、B 级站和 C 级站 3 种类型,其职能如下。

A 级站:能全面承担检测站的任务,即能检测车辆的制动、侧滑、灯光、转向、前轮定位、车速、车轮动平衡、底盘输出功率、燃料消耗、发动机功率和点火系统状况以及异响、磨损、变形、裂纹、噪声、废气排放等状况。

B 级站:能承担在用车辆技术状况和车辆维修质量的检测,即能检测车辆的制动、侧滑、灯光、转向、车轮动平衡、燃料消耗、发动机功率和点火系统状况以及异响、变形、噪声、废气排放等状况。

C 级站:能承担在用车辆技术状况的检测,即能检测车辆的制动、侧滑、灯光、转向、车轮动平衡、燃料消耗、发动机功率以及异响、噪声、废气排放等状况。

(5)按站内检测线数分类

如果按站内检测线数分类,可分为单线检测站、双线检测站、三线检测站等多种类型。总之,站内有几条检测线,就可以称为几线检测站。

二、汽车检测站、检测线的组成及布置形式

1. 检测站的组成

检测站主要由一条至数条检测线组成。对于独立而完整的检测站，除检测线外，还应包括停车场、清洗站、泵气站、维修车间、办公区和生活区等设施。

安全检测站一般由一条至数条安全环保检测线组成。其中，一条为大、小型汽车通用自动检测线，另一条为小型汽车（轴重 500t 或以下）的专用自动检测线。除此以外，还配备一条新车检测线，以供对新车登录、检测之用。维修检测站一般由一条至数条综合检测线组成。综合检测站一般由安全环保检测线和综合检测线组成，可以各为一条，也可以各为数条。我国交通系统建成的检测站大多属于综合检测站，一般由一条安全环保检测线和一条综合检测线组成，如图 1.2 所示。

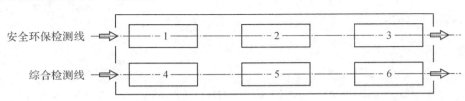

图 1.2　双线综合检测站平面布置示意图

1—外观检查工位；2—侧滑制动车速表工位；3—灯光尾气工位；

4—外观检查与车轮定位工位；5—制动工位；6—底盘测功工位

2. 检测线的组成和工位布置

不管是安全环保检测线，还是综合检测线，它们都由多个检测工位组成，布置形式多为直线通道式，检测工位则是按一定顺序分布在直线通道上。

（1）安全环保检测线。手动和半自动的安全环保检测线，一般由外观检查工位、侧滑制动车速表工位和灯光尾气工位 3 个工位组成。其中，外观检查工位带有地沟。全自动安全环保检测线既可以由上述 3 工位组成，也可以由 4 工位或 5 工位组成。如图 1.3 所示，5 工位一般是汽车资料输入及安全装置检查工位、侧滑制动车速表工位、灯光尾气工位、车底检查工位、综合判定及主控制室工位。安全环保检测线不管工位如何划分，也不管工位顺序如何编排，其检测项目是固定的，因而均布置成直线通道式，以利于进行流水作业（见图 1.4）。

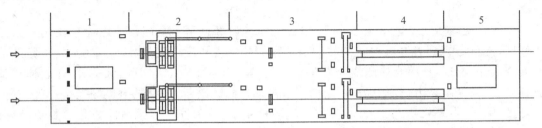

图 1.3　日本五工位全自动安全环保检测线平面布置图

1—汽车资料输入及安全装置检查工位；2—侧滑制动车速表工位；3—灯光尾气工位；

4—车底检查工位；5—综合判断及主控制室工位

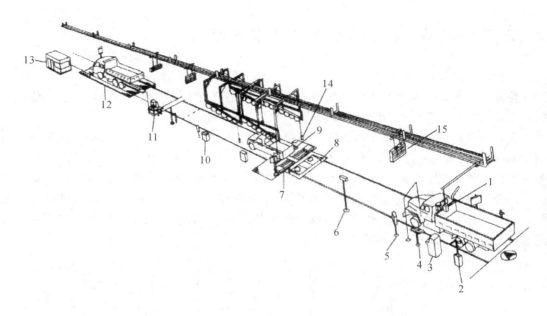

图 1.4　国产五工位全自动安全环保检测线

1—进线指示灯；2—烟度计；3—汽车资料登录微机；4—安全装置检查不合格项目输入键盘；

5—烟度计检验程序指示器；6—电视摄像机；7—制动试验台；8—侧滑试验台；10—废气分析仪；

11—前照灯检测仪；12—车底检查工位；13—主控制室；14—车速表检测申报开关；15—检验程序指示器

（2）综合检测线。综合检测站分为 A、B、C 3 种类型，职能各不一样，因而站内综合检测线的职能也不一样。A 级综合检测站（以下简称 A 级站）能全面承担检测站的任务，是职能最全的检测站。A 级站在国内一般设置两条检测线，一条为安全环保检测线，主要承担车管部门对车辆进行年审的任务；另一条为综合检测线，主要承担对车辆技术状况的检测诊断。A 级站的综合检测线一般有两种类型：一种是全能综合检测线，另一种是一般综合检测线。全能综合检测线设有包括安全环保检测线，主要检测设备在内的比较齐全的工位，而一般综合检测线设置的工位不包括安全环保检测线的主要检测设备。如图 1.5 所示的综合检测线即为全能综合检测线。它由外观检查及车轮定位工位、制动工位和底盘测功工位组成，能对车辆技术状况进行全面检测诊断，必要时也能对车辆进行安全环保检测。这种检测线的检测设备多，检测项目齐全，与安全环保检测线互不干扰，因而检测效率相对较高，但建站费用也高。

在综合检测线的工艺布局上，我国车检工作者认真总结了全国各地综检站几年来的经验教训，充分考虑到各个综合检测站的检测车间的实际长度一般为 60m，不能加长，经过反复计算、充分论证，把综合检测线分为 8 个工位：第一工位是尾气、烟度、轴重、车速表检测工位；第二工位是制动力（包括小车线上的平板制动）、制动踏板力、操纵力检测工位；第三工位是灯光、侧滑、声级检测工位；第四工位是地沟检测工位；第五工位是惯性式底盘测功、燃料消耗检测工位；第六工位是发动机性能综合检测工位；第七工位是转向参数测量、油质分析、车轮动平衡、车轮定位检测工位；第八工位是汽车底盘间隙检测、传动系统游动角度检测工位。汽车悬架性能和喷淋的检测在检测车间外部进行。经过北京市二十多条安检线和数条综检线近十年的实际运行，证明该方案是切实可行的。

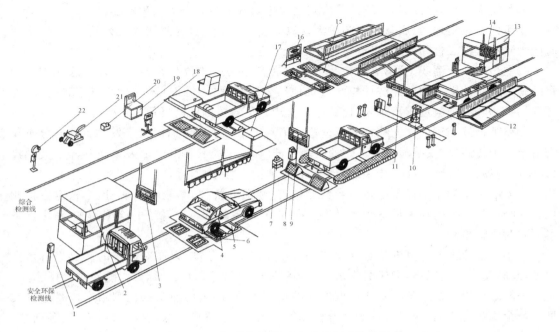

图1.5　双线综合检测站平面布置示意图

1—进线指示灯;2—进线控制室;3—L工位检验程序指示器;4—制动试验台;5—车速表试验台;6,15—侧滑试验台;

7—ABS工位检验程序指示器;8—烟度计;9—废气分析仪;10—前照灯检测仪;11—HX工位检验程序指示器;

12—地沟系统;13—主控制室;14—P工位检验程序指示器;16—前轮定位检测仪;17—底盘测功试验台;

18,19—发动机综合测试仪;20—机油清净性分析仪;21—就车式车轮平衡机;22—轮胎自动充气机

在实际的工艺布局上,将8个工位分别安排在两条检测线上,即把第一工位至第四工位安排在一条检测线上,把第五工位至第八工位安排在另一条检测线上。设计的基本出发点如下:

①把尾气和车速表的检测调整到第一工位,可把被试汽车尾气污染和车辆高速运转时产生的噪声就近排出车间,以减少车间尾气污染浓度和噪声,保护检测人员的身体健康。

②在第一工位适当加大轴重仪与制动试验台之间的距离,使之测量整车质量之后,再上滚筒式制动试验台进行检测,这样避免了驻车制动布置在前轴的车辆无法检测的情况。

③适当缩短轴重仪与车速表试验台之间的距离,以避免前轮驱动的车辆在检测车速表时误测后轴轴重,也可避免大型货车在检测车速表时误测第三轴轴重。

④为了保证在水平位置测量待检车辆的质量,检测线入口到轴重仪中心留有适当的水平距离。

⑤把制动性能检测排在第二工位,目的是使汽车安全性检测的4个工位的检测时间均等,以免造成某一个工位的检测时间过长,影响整条检测线的检测进度。

⑥在灯光、侧滑、声级检测的第三工位,把侧滑试验台布置在前照灯检测仪的后面,这样做的好处是既照顾了检测场车间比较短的现状,又使得车辆通过侧滑试验台时,车速可保持在3～5km/h之间,以避免车辆超速驶过侧滑试验台。

⑦把声级计固定在前照灯检测仪上,并使其距地面1.2m,距前照灯检测仪1m,停车线1.2m。

⑧不论大、小车检测线,侧滑试验台到地沟边缘的距离为1m,实现紧凑设计。

⑨第四工位是地沟,底盘的很多重大事故隐患都在此工位检查出来。另外,此工位检测时间大致和其他工位相同,所以单独设立一个工位。

⑩在另一条检测线上,第五工位是惯性式底盘测功试验台和燃料消耗计。这样排列的目的是把汽车的动力性和经济性检测有机地结合起来,另一方面可以把汽车检测运行时的尾气污染物和噪声就近排出车间,达到保护检测人员身体健康的目的。

⑪单独把发动机的性能综合分析设置在第六工位。主要考虑因素是发动机综合分析仪需带十几个传感器,安装时需要一定的时间。同时,它又是检测和诊断发动机故障的关键设备,检测的项目和参数较多,体现综检站的技术实力也在于此。

⑫第七工位的主要设备是转向参数测量仪、油质分析仪、车轮动平衡机、车轮定位检测仪。这个工位安排的检测设备较多,但主要是以转向系统和行驶系统的检测为主,很多设备可以同时进行检测。

⑬第八工位主要检测汽车底盘间隙和传动系统游动角度,以便对汽车的底盘进行重点检查,及时发现重大隐患,彻底消除车辆的各种故障,真正达到汽车综合性能检测的目的。

一般综合检测线担负除安全环保以外的检测项目,国内已建成的检测站有些是这种类型。与全能综合检测线相比,一般综合检测线设备少,建站费用低,检测项目少,服务面窄。综合检测线上各工位的车辆由于检测项目不一、检测深度不同,很难在相同的时间内检测完毕。很有可能前边工位的车辆工作量大,而后边工位的车辆工作量小,但后边车辆又无法逾越,因而影响检测效率。当综合检测线采用直线通道式布置,而又允许在线上诊断故障和调试总成时,不可避免地遇到上述问题。在这种情况下,也可以将综合检测线的各工位横向布置成尽头式、穿过式或其他形式,以适合实际生产的需要,提高检测效率。

三、检测线各工位设备与检测项目

1. 安全环保检测线

以五工位全自动安全环保检测线为例,主要设备中不包括软件。

(1)汽车资料输入及安全装置检查工位

本工位除将汽车资料输入登录微机并发送给检测线主控制微机外,还进行汽车上部的灯光和安全装置等项目的外观检查(Lamps and Safety Device Inspection),可简称为L工位。

1)主要设备

①进线指示灯。

②汽车资料登录微机、键盘及显示器。

③工位测控微机。

④检验程序指示器。

⑤轮胎自动充气机。

⑥轮胎花纹测量器。

⑦检测手锤。

⑧不合格项目输入键盘。

⑨电视摄像机。

⑩光电开关。

2）检查项目

由检查人员人工检查汽车上部的灯光、安全装置、防护装置、操纵装置、工作仪表和车身等是否装备齐全、工作正常、连接可靠和符合规定。检查的重点是灯光和安全装置。具体检查项目如表1.1所示。

表 1.1　汽车上部外观检查项目

序号	检查项目	序号	检查项目
1	远光灯	16	离合器、变速器
2	近光灯	17	制动踏板自由行程
3	制动灯	18	驻车制动操纵杆
4	倒车灯	19	转向器自由转动量
5	牌照灯	20	油箱、油箱盖
6	示宽灯、辅助灯、标志灯	21	挡泥板
7	室内灯	22	防护网及连接装置
8	车厢、座位	23	电器导线
9	车门、车窗	24	启动机
10	车身、漆面	25	发电机、蓄电池
11	后视镜、下视镜、倒视镜	26	灭火器
12	挡风玻璃	27	仪表、仪表灯
13	刮水器	28	机油低压报警器
14	喇叭	29	半轴螺栓
15	轮胎、轮胎螺栓	30	座椅安全带

（2）侧滑制动车速表工位

本工位由侧滑检测（Alignment Inspection）、轴重检测（Weight Inspection）、制动检测（Brake Test）和车速表检测（Speedometer Test）组成，简称 ABS 工位。

1）主要设备

①工位测控微机。

②侧滑试验台。

③轴重计或轮重仪（与反力式滚筒制动试验台配套使用。如反力式滚筒制动试验台本身配备轴重测量装置或采用惯性式平板制动试验台，则不必再配备轴重计或轮重仪）。

④制动试验台。

⑤车速表试验台及车速检测申报开关（或遥控器）。

⑥检验程序指示器。

⑦光电开关。

⑧反光镜。

2)检测项目

①检测前轮侧滑量。

②检测各轴轴重。

③检测各轮制动拖滞力和制动力。

④检测驻车制动力。

⑤检测车速表指示误差。

（3）灯光尾气工位

本工位主要由前照灯检测（Head Light Test）、排气检测（Exhaust Gas Test）、烟度检测（Diesel Smoke Test）和喇叭声级检测（Noise Test）组成，简称 HX 工位。

1)主要设备

①工位测控微机。

②前照灯检测仪。

③排气分析仪。

④烟度计。

⑤声级计。

⑥检验程序指示器。

⑦停车位置指示器。

⑧光电开关。

⑨反光镜。

2)检测项目

①检测前照灯发光强度和光轴偏斜量。

②检测汽油车怠速排放污染物或柴油车自由加速烟度。

③检测喇叭声级。

（4）车底检查工位

车底检查（Pit Inspection）工位，可简称为 P 工位。

1)主要设备

①工位测控微机。

②检验程序指示器。

③地沟内举升平台。

④检测手锤。

⑤不合格项目输入键盘。

⑥对讲话筒及扬声器。

⑦光电开关。

⑧车辆到位报警灯或报警器。

⑨地沟内电视摄像机。

2)检测项目

本工位是车辆底部的外观检查，由检测人员在地沟内人工检查底盘各装置及发动机的连接是否牢固可靠，有无弯扭断裂、松旷及漏油、漏水、漏气、漏电等现象，具体检查项目如表1.2所列。

表 1.2　汽车车底检查项目

序号	检查项目	序号	检查项目
1	发动机及其连接	16	油路、气路、电路
2	车架	17	储气筒
3	前梁	18	传动轴、万向节、伸缩节
4	转向器的转向轴及其万向节	19	中间支承
5	转向器支架	20	离合器及操纵机构
6	转向垂臂	21	变速器
7	转向器	22	主传动器
8	转向主销及其轴承	23	减振器
9	纵横拉杆	24	钢板弹簧夹及 U 形螺栓
10	前悬挂连接	25	排气管及消声器
11	前吊耳销子	26	制动系拉杆、驻车制动器
12	后悬挂连接	27	后桥壳
13	后吊耳销子	28	缓冲器、保险杠、牵引钩
14	各部杆系	29	漏油、漏水、漏气、漏电
15	各种软管	30	油箱、蓄电池等的固定

（5）综合判定及主控制室工位

1）主要设备

①主控制微机、键盘及显示器。

②打印机。

③监察电视（电视摄像机显示器）。

④控制台及主控制键盘。

⑤稳压电源。

⑥不间断电源。

2）检测项目

汽车到达本工位时检测项目已全部检测完毕，主控制微机对各工位检测结果进行综合判定后，由打印机集中打印检测结果报告单，并由检测长交给被检车汽车驾驶员。

全自动安全环保检测线的主要设备及其作用如表 1.3 所列。

表 1.3　全自动安全环保检测线主要设备一览表

序号	设备名称	用　　途
1	进线指示灯	控制进线车辆，绿灯进，红灯停
2	汽车资料登陆微机	登陆汽车资料，并发送给主控制微机
3	工位测控微机	担负工位检测过程控制、数据采集与处理等项工作
4	检验程序指示器	指示工位检测程序，下达操作指令，显示检测结果，引导车辆前进

续表

序号	设备名称	用　　途
5	轮胎自动充气机	按设定的轮胎气压自动充气
6	轮胎花纹测量器	测量轮胎花纹深度
7	检测手锤	检查各连接件、车架等是否松动或开裂
8	不合格项目输入键盘	将车上、车下外观检查中的不合格项目报告主控制微机
9	摄像机及监察电视	供主控制室的检测长监察地沟及整个检测线的工作情况
10	侧滑试验台	检测转向轮侧滑量
11	轴重计或轮重仪	检测各轴轴重
12	制动试验台	检测各轮拖滞力、制动力和驻车制动力
13	车速表试验台	检测车速表指示误差
14	车速表检测申报开关或遥控器	当试验车速达 40km/h 时按下此开关或遥控器,微机采集此时的实际车速数据
15	光电开关	当车轮遮挡光电开关时,光电开光产生的信号输入微机,报告车辆到位,微机安排检测开始
16	反光镜	供驾驶员观察车轮到达试验台或停车线的位置
17	前照灯检测仪	检测前照灯发光强度和光轴偏斜量
18	排气分析仪	检测汽油车排气中的 CO 和 HC 浓度
19	烟度计	检测柴油车排气中的自由加速烟度
20	声级计	检测喇叭声级
21	停车位置指示器	指引汽车在灯光尾气工位停车线上准确停车
22	地沟内举升平台	使地沟内的检测人员在高度上处于最有利的工作位置
23	对讲话筒及扬声器	用于地沟上下的通话联系
24	地沟内报警灯或报警器	报告车辆到达车底检查工位
25	主控制微机	安排检测程序,对照检测标准,综合判定并存储、打印检测结果
26	打印机	打印检测结果报告单
27	控制台	主控制微机、键盘、显示器、打印机、监察电视等均安放在控制台上,是全线的控制中心
28	主控制键盘	当微机系统出现故障不能使用时,可通过主控制键盘对各工位实施控制,以不间断检测工作
29	稳压电源和不间断电源	稳定电压,不间断供电

　　除表中所列主要设备外,还可以选购内部电话或对讲设备、空调机和设备校准装置等。表列设备中,侧滑试验台、轴重计或轮重仪、制动试验台、车速表试验台、前照灯检测仪、排气分析仪、烟度计、声级计和检测手锤为检测设备。

　　2.综合检测线

　　以图 1.2 全能综合检测线为例介绍综合检测线。

(1)外观检查及车轮定位工位

该工位包括车上、车底外观检查和前轮定位检测。

1)主要设备

①轮胎自动充气机。

②轮胎花纹测量器。

③检测手锤。

④地沟内举升平台。

⑤地沟上举升器。

⑥就车式车轮平衡机。

⑦声发射探伤仪。

⑧侧滑试验台。

⑨四轮定位仪或车轮定位检测仪。

⑩转向盘自由转动量检测仪。

⑪转向盘转向力检测仪。

⑫传动系游动角度检测仪。

⑬底盘间隙检测仪(也称为悬架和转向系间隙检测仪)。

2)检测项目

①车上、车底外观检查项目同于全自动安全环保检测线。

②就车检测车轮不平衡量并平衡之。

③对转向节枢轴等安全机件进行探伤。

④检测前轮侧滑量。

⑤检测前轮最大转向角、主销后倾角、主销内倾角,并视需要检测前轮前束值和前轮外倾值。

⑥检测后轮前束值和后轮外倾角。

⑦检测转向盘自由转动量。

⑧检测转向盘转向力。

⑨检测传动系游动角度。

⑩检测悬架、转向系和轮毂轴承的间隙。

(2)制动工位

1)主要设备

①轴重计或轮重仪(与反力式滚筒制动试验台配套使用。如反力式滚筒制动试验台本身配备轴重测量装置或采用惯性式平板制动试验台,则不必再配备轴重计或轮重仪)。

②制动试验台。

2)检测项目

①检测各轮制动拖滞力和制动力,按制动曲线分析制动过程。

②检测驻车制动力。

(3)底盘测功工位

本工位能模拟汽车道路行驶,因而可组织较多的检测设备同时或交叉地对汽车发动机、底盘、电气设备和车身等进行动态综合检测诊断。配备的设备越多,能检测诊断的项目也越多。

1)主要设备

①底盘测功试验台。

②发动机综合参数测试仪(汽、柴油机合一或分开)。

③电控系统检测仪。

④电器综合测试仪。

⑤气缸压力测试仪或气缸压力表。

⑥气缸漏气量(率)测试仪。

⑦真空表或真空测试仪。

⑧油耗计。

⑨五气体分析仪。

⑩烟度计。

⑪声级计。

⑫机油清净性分析仪。

⑬发动机无负荷加速测功仪。

⑭发动机异响分析仪。

⑮传动系异响分析仪。

⑯温度计或温度仪。

2)检测项目

①检测驱动车轮的输出功率或驱动力,模拟车辆各种行驶速度行驶,进行加速性能、等速性能和滑行性能等性能试验,检测百公里耗油量和经济车速等。

②对点火系、供油系、冷却系、润滑系、传动系、行驶系、电气设备、车身等的技术状况进行检测、分析和判断。

③对装配点燃式发动机的车辆,根据不同类型,进行怠速试验、双怠速试验和加速模拟工况试验。根据怠速或其他工况排放的 CO、HC、NO_x、CO_2 和 O_2 浓度,分析空燃比、燃烧状况、气缸密封性状况和污染等状况。

④对装配压燃式发动机的车辆,根据不同类型,进行自由加速排气可见污染物试验、自由加速烟度试验,分析空燃比、燃烧状况、气缸密封性状况和污染等状况。

⑤检测、分析并判断发动机和传动系异响。

⑥检测各总成温度和发动机排气温度。

当该工位上的有些项目检测时间过长时,也可在前面的工位上提前进行。例如,机油清净性分析完全可以在第一工位上对机油取样,接着到分析仪上进行分析,以平衡与其他项目的检测进度。

在综合检测线上,允许对车辆做必要的调试。如调试时间太长,应出线在维修(或调试)车间内进行。

当在综合检测线上进行安全环保检测时,应按安全环保检测线规定的项目进行。

全能综合检测线的主要设备及其作用如表1.4所列。

表 1.4　汽车全能综合检测线主要设备一览表

序号	设备名称	用　　途
	1～29 项同表 1.3 所列	
30	地沟上举升器	举起车辆,使车轮离地
31	就车式车轮平衡机	就车检测车轮不平衡量、并通过配重使车轮平衡
32	声发射探伤仪	在不解体情况下探测零件的裂纹和损伤
33	四轮定位仪或车轮定位检测仪	检测车轮前束值、车轮外倾值和主销后倾值、主销内倾值及前轮最大转向角度值
34	转向盘自由转动量检测仪	检测转向盘自由转动量
35	转向盘转向力检测仪	检测转向盘转动力
36	传动系游动角度检测仪	检测传动系自由转动量
37	底盘间隙检测仪	检测轮毂轴承、转向主销、纵横拉杆和钢板弹簧销等处的间隙
38	发动机综合参数测试仪	对汽、柴油发动机的功率、气缸压力、点火正时、供油正时、点火系技术状况、供油系技术状况、电控系统和异响等进行检测、分析和判断
39	电控系统检测仪	包括读码器、解码器、扫描器、专用诊断仪、示波器、分析仪、信号模拟器和综合检测仪等,用于对汽车电控系统的检测诊断
40	电器综合测试仪	检测电器设备的技术状况
41	气缸压力测试仪或气缸压力表	检测气缸的压缩压力
42	气缸漏气量(率)测试仪	检测气缸的漏气量或漏气率
43	真空表或真空测试仪	检测进气管真空度,用于评价气缸密封性
44	油耗计	检测燃油消耗量
45	五气体分析仪	检测排气中的 CO、HC、NO_x、CO_2 和 O_2
46	机油清净性分析仪	分析机油的清净性程度
47	发动机无负荷测功仪	对发动机进行无负荷加速测功
48	发动机异响分析仪	诊断发动机异响
49	传动系异响分析仪	诊断传动系异响
50	温度计或温度仪	检测各总成温度和发动机排气温度

四、汽车检测站检测工艺程序

汽车进入检测站后,在站内、线内只有按照规定的检测工艺路线和检测工艺程序流动,才能完成整个检测过程。

1. 汽车检测站工艺路线

对于一个独立而完整的检测站,汽车进站后的工艺路线流程如图 1.6 所示。

(1)安全环保检测线

安全环保检测线有以下 2 种结构。

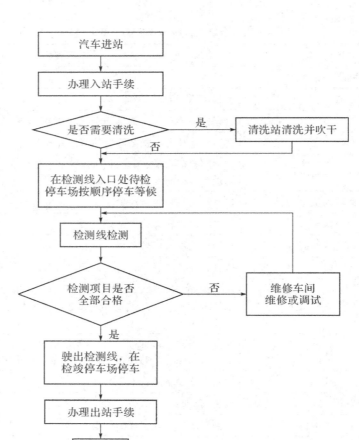

图 1.6　检测站工艺路线流程图

1)手动式。以如图 1.2 所示的安全环保检测线为例,其工艺路线流程如图 1.7 所示。

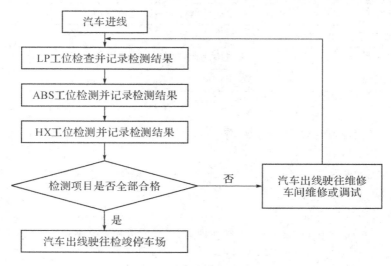

图 1.7　手动式安全环保检测线工艺路线流程图

2)全自动式。以如图 1.3 所示的安全环保检测线为例,其工艺路线流程如图 1.8 所示。

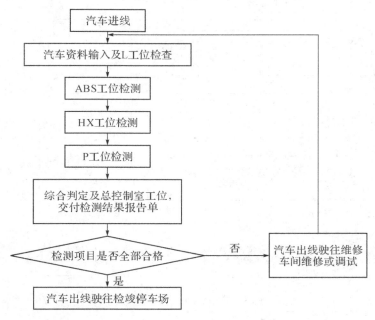

图 1.8　全自动式安全环保检测线工艺路线流程图

(2)综合检测线

以如图 1.5 所示的全能综合检测线为例,其工艺路线流程如图 1.9 所示。

以上所介绍的安全环保检测线与全能综合检测线的工艺路线,均为全工位检测工艺路线。经维修、调试后复检的车辆,只需检测不合格项目,因而往往在有关的工位上就有关项目再检测一次,其他工位仅仅流过而已,无须再全面检测一遍。在综合检测线上,并不一定所有的车辆都执行全工位检测工艺路线。若根据车辆状况或应客主要求只进行单工位或双工位检测时,仅制定单工位或双工位检测工艺路线即可,不必制定全工位检测工艺路线。

2.汽车检测工艺程序

以图 1.3 五工位全自动安全环保检测线的全工位检测为例,并参见图 1.5 的安全环保检测线。

(1)汽车资料输入及 L 工位

1)汽车资料输入

汽车资料登录微机一般放置在进线控制室或检测线入口处的左侧,由登录员操作。经过清洗并已吹干的汽车,在检测线入口处等候进线。此时的汽车驾驶员在国外多为原车驾驶员,在国内多为站内的引车员。如系原车驾驶员,在等候期间要读懂挂于门前的入站规则。进线指示灯红色为等待,绿色(或蓝色)为开进。当绿色指示灯亮时,汽车进入检测线停在第一工位上,由登录员根据行车执照和报检单,向登录微机输入牌照号码、厂牌车型、车主单位或车主姓名、发动机号码、底盘号码、灯制、驱动型式、车辆状况(新车、在用车)、检验类型(初检、复检)、燃料(汽油、柴油)和检测项目(全部检测、某项检测)等资料,并发往主控制微机,由主控制微机安排检测程序。此时,进线指示灯由绿色转为红色。当汽车在本工位检查完毕驶往下一工位,并遮挡下一工位光电开关时,进线指示灯又由红色转为绿色。

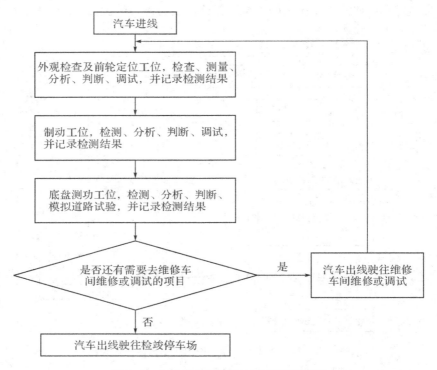

图 1.9 全能综合检测线工艺路线流程图

国内的检测线有不少是在汽车进线前就已经将有关资料输入登录微机的。此后,当第一工位空位时,登录员及时将输入的资料发往主控制微机,由主控制微机安排检测程序。此时,绿色指示灯亮,允许被登录的汽车进入检测线。当进线汽车遮挡第一工位光电开关时,通知微机车辆到达第一工位,进线指示灯转为红色。

2)L 工位检查

汽车在本工位停稳后,由检查人员按规定项目进行车上部外观检查。此时,驾驶员要始终注视前上方的工位检验程序指示器,并按该指示器的指示操作有关机件,以配合检查人员的检查。

(2)ABS 工位

1)侧滑量检测

汽车沿地面标线,以 3～5km/h 的车速匀速通过侧滑试验台。通过时汽车应垂直于侧滑板,不可转动转向盘。当汽车前轮切断侧滑试验台入口的光电开关时,光电开关输出的电信号通知微机,微机开始采集车轮侧滑量数据。当汽车前轮切断侧滑试验台出口的光电开关时,数据采集结束,并以此期间侧滑板的最大位移量作为侧滑数据,并经主控制微机判断是否合格,然后将检测结果在主控制室微机显示器和本工位检验程序指示器上同时显示。

2)制动力检测

以反力式滚筒制动试验台(以下简称制动试验台)为例。当制动试验台前设有轴重计或轮重仪时,汽车被检车轴应先称重,然后再驶上制动试验台测制动力。称重时被检车轴驶上轴重计或轮重仪并遮挡光电开关,报告微机车辆到位,车轴重力通过压力传感器变成电信号供微机采集,然后,该车轴驶上制动试验台测制动力。

若制动试验台本身带有轴重测量装置，则在其前面不再设有轴重计或轮重仪。汽车检测前轮侧滑量后，其前轴直接开到制动试验台上，先称重后测制动力。

主控制微机将采集到的数据按下列式子计算，然后与国家标准对照，判定制动是否合格。

$$轮拖滞力与轴荷的百分比＝轮拖滞力/轴荷×100\%$$

$$轴制动力与轴荷的百分比＝（左轮制动力＋右轮制动力）/轴荷×100\%$$

$$全车制动力总和与整车质量的百分比＝全车制动力总和/整车质量×100\%$$

检测中，汽车驾驶员要始终注视前上方的检验程序指示器，并按其上的指令操作。

3）车速表指示误差检测

将与车速表传感器相连的车轴开上车速表试验台，车轮遮挡光电开关，微机确认车辆到位，落下举升器。驾驶员把垂吊在汽车左侧的车速检测申报开关或遥控器持于手中，变速杆置于最高挡位，按照检验程序指示器的指令，匀速地将汽车加速至 40km/h（驾驶室内车速表指示值），待指针稳定后，按下车速检测申报开关或遥控器。微机采集此时的实际车速数据（车速表试验台测量值），并传输给主控制微机判定检测结果，如不合格，则安排"再检一次"。检测结果在主控制室的微机显示器和工位检验程序指示器有关栏目内同时显示。同样，显示"O"为合格，显示"×"为不合格。

按下车速检测申报开关后，即可踩下制动踏板使车轮与滚筒迅速减速。当工位检验程序指示器显示"前进"指令时，汽车开往下一工位。

（3）HX 工位

1）前照灯检测

汽车沿地面标线缓慢驶入本工位。注意汽车应与前照灯检验仪的导轨保持垂直，并按引导指示器的指令在停车线上停车。这种引导指示器与两组光电开关（入口光电开关和出口光电开关）相互配合，引导汽车"前进"、"停车"和"后退"。当汽车还未到达停车线时，引导指示器亮出"前进"二字，指引汽车前进；当汽车前照灯遮挡入口光电开关时，引导指示器立即亮出"停车"二字，指令汽车停车。此时，汽车停在停车线上，前照灯与前照灯检测仪受光器的距离符合检测要求。如果汽车未及时停住，越过了停车线并遮挡了出口光电开关，则引导指示器亮出"后退"二字，指引汽车后退，直至出口光电开关又导通，引导指示器又显示"停车"二字，汽车立即停车即会符合检测要求。

汽车停在停车线上，微机确认车辆到位，安排检测程序。本工位检验程序指示器指令驾驶员打开远光灯（电源系统应处于充电状态），前照灯检测仪从护栏内自动驶出，分别对前右灯和前左灯进行发光强度和光轴照射方向的检测。当前照灯发光强度不够或无明显光轴时，前照灯检测仪无法自动跟踪光轴，此时需要主控制室人工操作主控制键盘上的辅助控制键，辅助前照灯检测仪的受光器进入光轴投射区，以便实施跟踪。

左、右前照灯中有一项不合格，前照灯的综合判定即为不合格。

2）排气或烟度检测

汽车在前照灯检测停车线上停车后，微机确认车辆到位，安排尾气检测程序。

如果是汽油车，由本工位检验程序指示器指令检测员或汽车驾驶员（须下车）将排气分析仪探头插入急速运转的汽车排气管中，抽取气样。排气分析仪将分析出的 CO 和 HC 浓度转变成电信号供微机采集。微机判定后分别在主控制室微机显示器和工位检验程序指示器上同时显示检测结果,未采集到数据时,检测结果不显示。因此,车辆到位后根据指令应及时将排气分析仪探头插入排气管规定深度,以免错过采集时机。

如果是柴油车,根据检验程序指示器指令,检测员或汽车驾驶员将烟度计探头插入怠速运转的柴油车排气管规定深度,先做三次自由加速的预动作,以熟悉加速方法并把排气管内的炭渣等积存物吹掉,然后在加速踏板上安置踏板开关,再按指令和操作规程进行四次自由加速。烟度计自动完成抽气取样、烟度检测和清洗等动作,并将烟度转变成电信号供微机采集。微机以后三次采集的数据的平均值作为自由加速烟度检测值,判定后分别在主控制室微机显示器上和烟度检验程序指示器上同时显示检测结果。同样,以"O"(合格)或"×"(不合格)的方式显示。在烟度检测操作过程中,加速运转和怠速运转的时间由微机通过烟度检验程序指示器上指令显示的时间间隔进行控制,只要严格、及时地按指令操作,即可保证操作规程顺利执行。

3)喇叭声级检测

汽车在前照灯检测停车线上停车后,微机确认车辆到位,安排喇叭声级检测程序。将声级计连同其支架移至汽车正前方对正汽车,且声级计应平行于地面,其传声器距汽车 2m,距地面 1.2m。驾驶员按工位检验程序指示器的指令按下喇叭 3～5s,声级计测量此时的声级并将其电信号输入微机供采集数据。微机判定后在主控制室微机显示器和工位检验程序指示器上同时显示检测结果。同样,显示"O"为合格,显示"×"为不合格。

本工位的前照灯检测、排气或烟度检测和喇叭声级检测,既可安排同步进行,也可安排按一定顺序进行。一般情况下,前照灯检测与尾气检测要同步进行,喇叭检测则安排在这之前或之后进行。

当本工位检验程序指示器显示"前进"两字时,汽车开入下一工位。

(4)P 工位

汽车沿地面标线驶入本工位。当汽车遮挡本工位入口光电开关时,通知微机车辆到位,同时地沟内报警灯闪烁或报警器响,通知地沟内检查人员车辆到达本工位。汽车停在地沟上,由检查人员按规定项目进行车辆底部人工检查。此时,驾驶员要始终注视前上方的工位检验程序指示器,并按其上的指令操纵有关机件,以配合检查员的检查。

P 工位检验程序,其上指令由检查人员手持有线按钮盒或红外遥控器控制。除此之外,检查人员还可通过地沟内的话筒和地沟上的扬声器通知驾驶员与其配合,以完成检验程序指示器指令之外的检查项目。检查中,若有不合格项目,可通过不合格项目输入键盘报告主控制电脑,并在检测完毕后及时按下该键盘上的"检查结束"键,通知电脑车底检查结束,否则主控制电脑将一直处于等待状态。主控制电脑判定检查结果时,只要有一项不合格,即判定车底检查不合格。同样,检查结果在主控制室微机显示器和工位检验程序指示器上同时显示,显示"O"为合格,显示"×"为不合格。

地沟内的检查人员,可随时通过脚踏开关调节地沟内举升平台的高度,以使两手处于最有利的操作位置。

(5)综合判定及主控制室工位

汽车进入本工位,主控制微机根据该车在前四个工位的检查结果进行综合判定。在 L 检查、ABS 检测、HX 检测和 P 检查各检测项目中,只有各项均合格,整车检测的总评价才判为合格;只要有一项不合格,则总评价判为不合格。

主控制微机将汽车资料、检测项目、检测结果及整车检测总评价等进行存储并发往打印机,由打印机在先期印刷成一定格式的打印纸上自动打印出检测结果报告单。在检测结果报告单上,各检测项目的检测结果和整车总评价,在对应的栏目内,合格以"○"打印,不合格以"×"打印。驾驶员拿到检测结果报告单后,立即将汽车驶出检测线,全线检测结束。

上述全自动五工位安全环保检测线可同时检测 5 辆汽车,检测节奏为 4 辆/min 左右。如果采用同样功能的双线系统,配备 5 名检测员,每日实际工作 7 h,可日检测 200 余辆次汽车,全年可检测 5 万余辆次汽车,工作效率极高。由于自动化程度高,各工位检验程序指示器又十分醒目,因而原车驾驶员在读懂入站规则后,可驾车进入检测线,不一定非要配备专职引车员。

对于手动控制的安全环保检测线,各工位上的检测设备均要配备自身的指示装置。当汽车流经每一检测设备时,由检测人员手动操作,目视读数,大脑判定和笔录检测结果,工作效率远不如全自动检测线,且检测结果有可能出现人为因素等差错。

对于综合检测线,由于汽车技术状况不同,检测目的不同,因而检测、诊断、调试的项目和深度也就不同,有的少至几项,有的多达几十项,不像安全环保检测线那样服务对象单纯,检测项目统一。所以,综合检测线很难实现微机自动控制,多为手动操作各检测设备,检测程序也要视具体情况而定。

【知识拓展】

一、汽车检测线的微机控制系统

全自动检测线与手动检测线的最大区别,在于增加了一套微机控制系统。

1. 微机控制系统的功能和要求

(1)功能

微机控制系统有以下功能。

1)能输入、传输、存储、查询、打印汽车资料。

2)除车上、车底外观检查,汽车资料输入,插入与取出排气分析仪(或烟度计)探头,以及移动声级计等工作仍需人工操作外,其余各检测项目均能由微机实现全自动控制。即检测设备的运行自动控制,数据的采集、处理、判定、显示、打印、存储、统计等,均能自动进行。

3)检测结果既能在主控制室的微机显示器上以数据、图表、曲线等方式进行动态显示,同时又能在微机显示器和工位检验程序指示器上,合格以"○"、不合格以"×"或直接用文字显示,并能集中打印检测结果报告单。

4)主控制室能对全线实行监控和调度。

5)具有指令汽车驾驶员(或汽车引车员)操作的检验程序指示器(灯箱、彩色显示器或电子灯阵)。

6)具有丰富的软件功能。

(2)要求

微机控制系统有以下要求。

1)数据要准确。要特别注意单台试验设备采集处理数据的准确性,要从机电一体化全系统的观点出发进行设计,从机械设备到主控制机应构成一个完整的系统,不能互相脱节。

2)可靠性要高。汽车安全检测系统在汽车审验期间一般不允许停机检修,一旦计算机发生故障将引起质量事故,因而应具有很高的可靠性。必须采取一系列安全措施以确保故障间隔时间 MTBF 达到几千小时,并要求故障修复时间短,运行效率高。

3)适应性要强。检测现场干扰大,供电系统也常有波动,有些现场还有震动、腐蚀、尘埃,因而要求系统能适应较恶劣的环境。特别是现场控制级的机器,对温度和湿度变化的适应范围要宽,必要时采取防尘、防腐蚀措施。现场控制级机器中的元、器件必须符合工业级标准。另外,汽车种类繁多,检测线类型设计不一,微机控制系统还应能满足多种类型汽车的检测诊断,并能根据用户要求装配成不同工位安排、不同检测诊断项目、不同检测诊断工艺、不同规模和不同档次的系统。

4)实时响应性好。要求它即时响应控制对象各种参数的变比,抓住时机进行控制,所以它必须具有实时时钟。此外,由于多种事件和多种设备均请求执行相应的任务,因而要求具有完美的中断系统,保证及时的中断响应。

5)使用方便性要好。微机控制系统应能满足人—机对话方便,操作简单易学,显示直观明了,能汉字显示,数据易存、易查,组线灵活以及维修、管理方便等要求。

6)经济性要好。在不影响功能的前提下,微机控制系统要尽量降低造价,提高检测效率,缩短汽车在线时间,并尽量使用国产器材。

7)系统配套性好。控制系统包括各种类型的过程 I/O 通道,如模拟量、开关量、脉冲量、频率量的实时采集、处理、控制,此外还要求具有一系列外部设备,如人—机对话设备和操作台等。

8)系统通信能力强。为了构成分层分级式管理控制系统或集散型控制系统,要求系统中的所有机器都具有通信能力,从而能将各控制系统有机地连接起来,构成较大规模的控制系统。

9)除微机控制系统对全线的自动控制外,应在主控制室内的主控制键盘上,设置自动/手动开关和一套手动操作键盘,以便必要时对前照灯检测仪辅助操作和当无法实现全自动检测时对全线检测设备实施手动操作。

2. 微机控制系统的组成

微机控制系统由硬件部分和软件部分组成。硬件部分由微机设备和辅助设备组成。其中,微机设备由主控制微机、工位测控微机、汽车资料登录微机和打印机等组成,辅助设备由控制台及主控制键盘、稳压电源、不间断电源、摄像机及显示器、工位检验程序指示器、光电开关、停车位置指示器、报警灯或报警器、不合格项目输入键盘、车速申报开关或遥控器、进线指示灯、工作台与座椅等组成。

主控制微机、工位测控微机和汽车资料登录微机一般以 PC 机为主。

软件部分中除检测程序外,一般还包括数据库管理、设备标定程序、检测诊断标准修正程序和系统自检、自诊断与维护等程序。其中,数据库管理能将已经检测过的全部车辆的数据存档,能按照检测序号、牌照号码或检测日期等进行查询、检索、统计和打印。

3. 微机控制系统的控制方式

汽车综合性能检测站计算机测控系统的任务是数据采集、处理、判断、实时控制、数据处理。目前,国内检测站测控系统的控制方式主要有集中式控制系统、分级分布式控制系统、接力式控制系统和网络式控制系统等 4 种形式。

(1)集中式

如图 1.10 所示为集中式控制系统的构成框图。各个检测设备的模拟信号经放大后,直接送至主控机进行模拟量到数字量的变换。单台检测设备可以用仪表显示,也可以不配备仪表显示,直接由主控机显示测量结果。整个检测系统的数据采集、处理判断、控制、打印全部功能都由主控机完成。这种方案的特点是简单易行、造价低,但由于主控机任务繁多,易受干扰,且由于模拟量的长线传输降低了测量精度。对于不配备单机显示仪表的系统来说,由于没有冗余措施,一旦主控机发生故障,整个检测系统就要停止工作。

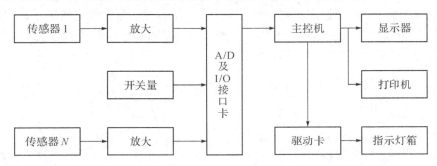

图 1.10　集中式控制系统的构成框图

(2)分级分布式

如图 1.11 所示为分级分布式控制系统的构成框图。分布式控制系统可以分为 3 级,第一级为现场控制级,由分布的各个工位的单片机完成,执行较简单的任务,主要完成数据的采集、显示和通信任务;第二级为监督级,主要用于对各工位的单片机进行监督控制和管理通信任务,这就是接口箱的工作。在这两级之间采用速度较低的低速通道联络;第三级为管理级,完成较复杂的工作,负责管理、生产指挥、调度。第二级和第三级之间,采用高速数据联络。这种控制系统,由于采用了分布控制、单机显示、多级管理、数据通信的措施,有效地防止了由于主控机故障而引起检测系统停止运行的事故。在主控机发生故障时,可由单机显示打印。每台

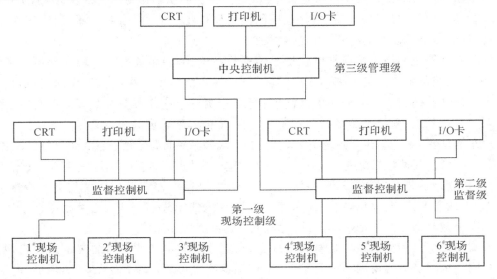

图 1.11　分级分布式控制系统的构成框图

单机仪表靠近检测设备,尽可能避免干扰信号串入,对于单机到监督级之间的信号传输采用数据通信,有效地避免了单机显示和主控机打印数据不一致的问题。由于各个控制机任务单一,对于设备校正、维护很方便,并且很容易建立备用机来提高系统的有效度。

(3)接力式控制系统

如图1.12所示,接力式控制系统实际上也是分级分布式控制系统的一种特例。在这种控制系统中每个工位分别设一个控制机,对本工位检测设备的信号进行采集、处理和显示,并将处理完的数据值传输至下一工位,全部检测数据可以由最后一级控制机进行打印和统计。这种控制方式简单易行,造价也比较低,国内外有相当一部分检测线采用这种方案。但是接力式控制系统由于缺乏高级的指挥调度中心,所以它的功能受到限制,难以实现较高程度的自动控制,对复杂的控制对象适应性较差。

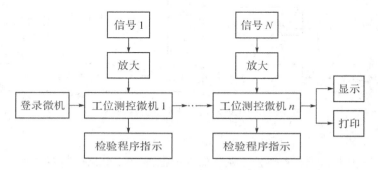

图1.12　接力式控制系统的构成框图

(4)网络式控制系统

随着计算机技术的高速发展,计算机网络技术的广泛使用,汽车综合性能检测站采用网络式控制系统越来越多。下面介绍这种方式的控制系统。

网络式控制系统的汽车综合性能检测站采用了基于服务器—客户机模型的局域网,用一个集线器将所有的工作站与服务器连接起来,并通过调制解调器与广域网连接,实现与上级交通管理部门的信息中心网相连。系统的网络硬件主要有:网络服务器、网络工作站、网络适配器、通信电缆以及集线器和调制解调器。

检测站计算机网络系统通常应包括车辆登录系统、测控系统、监控系统、检测业务管理系统、财务系统及系统维护系统。根据实际情况,各系统可单独用一个工作站完成,也可以用几个工作站共同完成。另外还可以将几个系统合并用一个工作站来实现,如将监控系统、检测业务管理系统、系统维护系统合并起来,就可降低网络建设的成本。

1)车辆登录系统。登录子系统用于输入待检车辆的一些必要数据信息的注册登录。根据这些数据,系统将安排测控系统进行检测。这些数据包括基本数据、特征数据和检测项目数据等。

目前,登录系统有IC卡登录和手工登录。IC卡记载有该车辆的相关信息。检测时,只需将IC卡插入卡读/写器后,按下读卡键,车辆信息便自动登录完毕,这大大区别于以前每辆车每次检测时都需人工依次输入的惯例,大大提高了工作效率。

2)测控系统。测控子系统是对安全环保、动力、经济、可靠性等检测工位上的检测设备进行联网。按照目前的检测标准要求,安全环保检测工位要对车速表、废气、烟度、前照灯、声级、侧滑、制动、车辆外观(车上部分)、底盘(车下部分)等9个项目进行检测,而动力、经济、可靠性检测工位包含的检测项目就更多。因此,系统设计时可将若干个项目组合起来形成一个"工位",设置一个工作站,每个工位只能有一辆车在检测。可见,工位设置越多,则整个系统的检测速度就越快,但相应的硬件成本就越高。测控子系统中各工作站按其性质可分为:安全环保检测工位机,动力、经济、可靠性检测工位机,外检录入机,进线选择机。

3)监控系统。该子系统用于监视测控系统各工位的工作情况以及在线车辆的检测状况和所在位置,以供休息室内的车主和其他有关人员观察检测情况,从而提高检测的透明度。

4)检测业务管理系统。业务管理系统可接收登录系统的车辆资料和测控系统的检测结果,送至系统的信息管理数据库,应用该数据库资料可实现检测数据、车辆资料、送检单位、检测人员、检测设备的档案化管理、快速查询及有关的统计功能,从而实现系统档案资料"无纸化"管理。

5)财务系统。将通用财务软件与汽车检测业务相结合,根据登录资料和检测结果自动计算检测费用并打印发票,自动统计月、季、年的收入与支出,并打印出费用统计清单,款项收入一目了然,从而实现汽车检测的财务电算化。这样不但可以减轻财务人员的工作量,而且避免了收费时各种人为因素的影响。

6)系统维护系统。系统维护系统是为保证检测站网络系统正常工作而特设的。它包括系统各项功能的设置、系统数据的管理以及检测标准的管理。

4. 微机控制系统的使用方法

以国产 CAISM 全自动汽车检测系统为例,介绍微机控制系统的使用方法。

(1)启动微机控制系统

启动微机控制系统的步骤如下。

1)按下控制台各部分的电源开关,使微机控制系统接通电源。

2)启动辅助设备(包括泵气站),并打开各检测设备的电源开关。

3)主控制微机自检。

4)工位测控微机自检。

5)装入 DOS 系统,进入 CAISM 引导程序,屏幕显示系统选单。系统选单及其功能如表1.5 所列。

表 1.5　系统选单及其功能

符号	菜单名称	功　　能
A	使用说明	介绍 CAISM 系统功能及其操作
B	汽车检测	CAISM 系统汽车检测程序
C	自检测试	用系统自检测试程序,完成对系统数据通道、键盘、光电开关及部分控制逻辑等的测试
D	标准设定	对诊断参数标准进行修改
E	设备标定	用系统标定程序,完成对检测系统所有项目通道的标定
F	报告打印	对已检车辆的数据记录、检索等打印报告
G	报表统计	对已检车辆的合格率、不合格率、复检率进行统计
H	数据备份	对标定数据、车辆数据等进行备份
I	操作系统	退到 DOS 操作系统

6）利用光标键或直接键入"B"，选择选单B，按回车键，即可启动汽车检测程序。此时主控制微机将程序模块和数据模块装入工位测控微机，并建立与登录终端的通信线路，然后微机显示器屏幕进入检车画面。从该画面中可观察到检车时所有项目的检测数据、示值范围和动态检测曲线。在画面的左上角还能显示出检车日期、总检车台次和当日检车台次。

检测系统启动后，检测线上的自由滚筒（如果有的话）抱死，制动试验台和车速表试验台的举升器升起，主控制室控制台的状态面板上"电源"灯亮，第一工位、第二工位和第三工位上的"空位"灯均亮，"检车"灯闪烁，等待汽车进线。

（2）启动登录微机

启动登录微机的步骤如下。

1）将登录启动盘（CAISM系统专用）插入登录微机软盘驱动器中，按下登录微机电源开关，电源指示灯亮。

2）登录微机进行自检。

3）自检后屏幕等待输入显示方式选择，键入任意字符后，登录微机开始引导，并完成与主控制微机的通信握手，进入登录工作状态。

4）将即将进线待检的汽车资料按规定的登录项目输入登录微机。

5）当第一工位空闲时，键入"Alt＋F1"，即可将登录的资料发往主控制微机。主控制微机安排检测程序，并使进线指示灯的绿灯亮，待检汽车驶入检测线，停在第一工位上检测。

（3）检测工艺程序

CMISM检测系统设计为3个工位，即LP工位、ABS工位和HX工位。CAISM系统推荐工艺流程如图1.13所示。

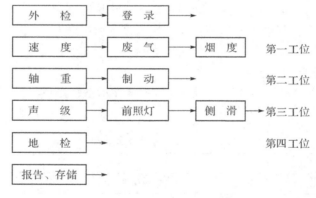

图1.13　CAISM系统推荐工艺流程图

【项目总结】

1.汽车安全环保性能检测的目的是在汽车不解体情况下，建立安全和公害监控体系，确保车辆具有符合要求的外观容貌、良好的安全性能和符合规定的尾气排放量，在安全、高效和低污染下运行。

2.汽车综合性能检测的目的是在汽车不解体情况下，对运行车辆确定其工作能力和技术状况，查明故障或隐患的部位和原因；对维修车辆实行质量监督，建立质量监控体系，确保车辆具有良好的安全性、可靠性、动力性、经济性和环保性。

3.汽车检测诊断的基本知识,检测诊断参数、标准、周期;检测系统通常是由传感器、变换及测量装置、记录及显示装置、结果分析处理装置等组成。

4.汽车检测站按服务功能可分为安全检测站、维修检测站和综合检测站 3 种;安全环保检测线一般由外观检查工位、侧滑制动车速表工位和灯光尾气工位 3 个工位组成。

5.综合检测站分为 A、B、C 3 种类型,A 级站的综合检测线分为全能综合检测线和一般综合检测线。全能综合检测线设有包括安全环保检测线主要检测设备在内的比较齐全的工位,而一般综合检测线设置的工位不包括安全环保检测线的主要检测设备。

【练习题】

一、填空题

1.汽车检测可分为_____和_____两大类。

2.汽车检测诊断参数分为_____、_____和_____。

3.汽车检测诊断标准可分 4 类,即_____、_____、_____和_____。

4.安全环保检测线一般由_____工位、_____工位和_____工位 3 个工位组成。

5.全自动五工位检测线的五个工位分别是_____、_____、_____、_____和_____。

6.车辆检测站中检测线 ABS 工位的检测内容是_____、_____和_____。

二、判断题

1.诊断参数超过极限值后,该车辆仍可使用一段时间。(　　　)

2.发动机的功率是伴随过程参数。(　　　)

3.制动距离是几何尺寸参数。(　　　)

4.异响是工作过程参数。(　　　)

5.最佳诊断周期,是能保证车辆完好率最高而消耗的费用最少的诊断周期。(　　　)

6.车辆定期检测结果是汽车检测站纳入车辆技术管理组织的主要依据。(　　　)

7.汽车检测诊断可以检查车辆维修质量。(　　　)

8.一些新车必须到汽车综合性能检测站检查合格后方可办理上牌手续。(　　　)

9.修理厂大修完工后的车辆,必须到汽车安全性能检测站检测合格后才可交还客户。(　　　)

三、选择题

1.车辆检测诊断是指车辆在(　　　)的状态下,对车辆技术性能进行检查。

A.解体　　　　　B.部分解体　　　　　C.不解体　　　　　D.全部解体

2.下列不属于车辆检测诊断内容的是(　　　)。

A.缸径的大小　　B.动力性　　　　　C.经济性　　　　　D.排放性

3.请指出以下诊断参数的属性。

1)异响、过热、噪声、振动。(　　　)

2)发动机功率、油耗、废气成分、制动距离等。(　　　)

3)气门间隙、气缸缸径、曲轴主轴径间隙、气缸压力等。(　　　)

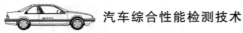

A.工作过程参数　　　B.伴随过程参数　　　C.几何尺寸参数

4.汽车检测诊断参数标准可分为（　　　）。

A.国家标准　　　　　B.行业标准　　　　　C.地方标准

D.企业标准　　　　　E.国际标准

5.汽车检测参数一般由（　　　）组成。

A.初始值　　　　　　B.过程值　　　　　　C.许用值

D.最终值　　　　　　E.极限值

6.ABS工位的检测内容是（　　　）。

A.侧滑　　　　　　　B.灯光　　　　　　　C.制动

D.车速表　　　　　　E.底盘测功

四、问答题

1.何谓检测诊断参数？有哪些类型？

2.何谓最佳诊断周期？确定最佳诊断周期应考虑哪些因素？

3.简述检测系统的基本组成及作用。

4.请简述汽车综合性能检测站的主要任务（功能）。

5.L工位的检测内容有哪些？

6.请简述汽车安全性能检测站的主要任务（功能）。

项目 2
汽车发动机检测与诊断

【项目目标】

 知识目标

1. 掌握发动机功率的测量方法、要求和分析方法。
2. 掌握气缸密封性检测的方法和要求。
3. 能正确描述汽油机点火波形的变化规律、观测方法。
4. 掌握电控燃油喷射发动机的检测内容、方法以及故障的诊断步骤和方法。
5. 能正确描述发动机产生异响的相关因素、异响的诊断方法。

 能力目标

1. 会用检测仪测定发动机的功率并对检测结果进行正确的分析。
2. 会用气缸压力表等常见设备对气缸压力进行检测并对检测结果进行分析。
3. 会用示波器观察汽油机的点火波形,并学会根据图示说明分析、判断故障。
4. 会用汽车解码器检测汽油机故障,会对汽车发动机主要传感器、执行器进行检测。
5. 能够利用异响诊断仪根据异响的波形对异响进行诊断。

任务 2.1　发动机功率检测与分析

【任务引入】

案例导入:一辆装有 6102 AQ 型柴油发动机的货车,发动机大修后行驶约 200km 左右,车主发现发动机功率不足回原厂返修,经检测发现此发动机功率只有原额定功率的 63%;经修理厂家仔细地反复检查后发现是更换的惰轮轮齿磨损过度,更换其他品牌新惰轮后,故障没有再出现,故障是发动机配件质量问题。请问:发动机功率检测的意义是什么? 如何检测发动机的功率?

【任务分析】

发动机有效功率(即曲轴输出功率)是一个综合性评价指标,检测发动机功率,不仅可以定量地获得发动机的动力性,而且可以定性地确定发动机的技术状况,利用合适的检测设备可以检测各缸功率和断火后发动机转速的下降值。检测完毕后,对照诊断标准,对发动机功率检测结果进行分析,可以确定发动机的技术状况,及时查明故障原因并给予排除,所以需要学习掌握发动机功率概念、功率检测的意义和方法等相关知识。

【相关知识】

检测发动机功率的方法,有稳态测功和动态测功两种。

一、稳态测功和动态测功

1. 稳态测功

稳态测功,是指发动机在节气门开度一定、转速一定和其他参数都保持不变的稳定状态下,在测功器上测定发动机功率的一种方法。

发动机有效功率 p_e(kW)、有效转矩 M_e(N·m)和转速 n(r/min)之间的关系为:

$$p_e = \frac{M_e \cdot n}{9549} \tag{2-1}$$

由上式可见,测功仪测出发动机的有效转矩和转速,然后通过计算得到发动机功率。

稳态测功需要将发动机从汽车上拆下来,在大型、固定安装的试验台架上进行,不适于不解体检测,检测时费时费力。但其检测的结果比较准确、可靠,一般为发动机设计、制造、院校和科研单位做性能试验所使用。在一般的汽车维修企业和汽车检测站中采用不多。

2. 动态测功

动态测功是指发动机在节气门开度和转速等参数均处于变动的状态下,测定发动机功率的一种方法。由于动态测功无需对发动机施加外部载荷,所以又称为无负荷测功或无外载测功。

无负荷测功原理是基于动力学的原理,如果把发动机的所有运动部件看成一个绕曲轴中心线转动的回转体,当发动机与传动系统脱开,将没有任何外界负荷的发动机在怠速下突然将节气门打开至最大开度时,发动机产生的动力克服机械阻力矩和压缩气缸内混合气阻力矩后所剩余的有效转矩 M_r,将全部用来使发动机运动部件加速。此时,发动机克服本身惯性力矩迅速加速到空载最大转速。对于某一型号的发动机而言,其运动部件的转动惯量近似为一个定值。如果发动机的有效功率愈大,其运动部件的加速度也愈大。这样,通过测定发动机在某一转速下的瞬时加速度或指定转速范围内的平均加速度、加速时间,就可以确定发动机有效输出功率的大小。

由于动态测功无需向发动机施加负荷,可以在不解体条件下进行就车检测。该测功方法所用仪器轻便,测功速度快,方法简单,但测功精度较低。

二、在用发动机的无负荷测功

从汽车上卸下发动机时,将耗费时间和劳力,并增加汽车的停歇时间。另外配合件的拆装,不仅导致原走合面的改变,并且会造成密封件和连接件的损坏,同时将大大缩短机构的工作寿命。在用发动机无负荷测功,可以在不拆卸发动机的情况下,快速测定发动机的功率。

1. 发动机无负荷测功仪原理

无负荷测功仪不需要外加载装置,能在短时间内测出发动机功率,其测量原理是:对于某一结构的发动机,它的运动部件的转动惯量可认定是一定值,这就是发动机加速时的惯性负荷。因此,只要测出发动机在某一转速下的瞬时加速度或指定转速范围内的平均加速度、加速时间就可以确定发动机功率的大小。瞬时加速度越大,则发动机功率越大。

无外载测功的仪器按测功原理可分为两类,一类是用测定加速时间的方法测定平均功率,另一类是用测定瞬时角加速度的方法测定瞬时功率。

2. 无负荷测功仪的使用方法

无负荷测功仪既可以制成单一功能的便携式测功仪,又可以与其他测试仪表组合制成便携式或台式发动机综合测功仪。

首先使发动机与传动系分离,并使发动机的温度与转速达到规定值,然后把传感器装到离合器壳专用孔中,迅速踩下加速踏板,使发动机加速,此时功率便可显示被测发动机的功率。为了取得较准确的测量值,可重复试验几次,取平均值。

测试时,汽油机有两种加速方法:一种是通过迅速踩下加速踏板;另一种是在发动机运转时切断点火电路,待发动机转速下降后再接通点火电路加速。

无负荷测功仪既可以测定发动机的全功率,也可以测定某一缸的功率。将各缸功率进行对比,可判断各缸技术状况。

三、各缸功率均衡性检测

各缸功率均衡性是判断发动机技术状况的另一个重要指标,是发动机检测诊断的一个重要内容。各缸功率均衡性检测可以通过单缸功率检测和单缸断火后转速变化的检测来评价。

在测得的发动机有效功率较小时,测试发动机单缸功率,可以发现引起发动机动力性下降的具体原因和部位。

1. 单缸功率检测

首先测出各缸都工作时的发动机功率,然后将所测气缸断火(高压断路或柴油机输油管断开)情况下测出所测气缸不工作时的发动机功率,两功率之差即为断火气缸的单缸功率。

采用将发动机各缸轮流断火的方法,测试发动机各单缸的功率,将各缸功率进行对比,可判断各缸技术状况是否良好。

各缸功率相同,则说明发动机各缸功率均衡性好;某缸断火后,测得的功率没有变化,则说明该缸功率为零,该缸不工作;若发动机单缸功率偏低,则一般系该缸高压分火线或火花塞技术状况不佳、气缸密封性不良、气缸窜油（机油）等原因造成，应调整或检修。

2.单缸断火后转速变化的检测

发动机以某一转速稳定运转时，如果交替使各缸点火短路，则每次短路后发动机均应出现功率下降，导致发动机转速下降。若各气缸工作状况良好，则每次转速下降的幅度应大致相等。若某缸断火后，发动机依旧以原来的转速旋转或下降幅度不大，则可以断定该缸不工作或工作状况不良。据此，可以用简单的转速表测定某缸不工作时的转速下降值来判断该缸的动力性好坏。

断火试验时，发动机转速下降的程度与起始转速有关。试验表明：若发动机起始转速为1000r/min，使某缸不工作时，正常情况下发动机转速的下降范围见表2.1。

表 2.1　某缸不工作时发动机转速的下降值

气缸数	平均转速下降值（r/min）	允许偏差（r/min）
4 缸	100	±20
6 缸	70	±10
8 缸	45	±5

应该注意的是：由于某缸断开后，进入该缸的汽油混合气不参与燃烧，汽油会洗刷气缸壁上的润滑油膜，使气缸磨损加剧；同时流入油底壳的汽油会稀释机油。因此，进行断火试验时，其时间不能太长。

【任务实施】

一、便携式无负荷测功仪的使用

近年来，便携式无负荷测功仪在国内发展很快，主要向小型化、使用方便性和适用多车型的方向发展。图2.1为一种国产单一功能便携式无负荷测功仪的面板图。

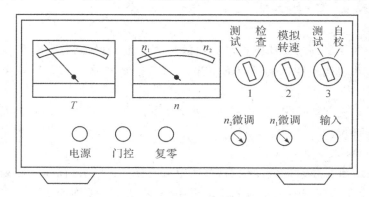

图 2.1　便携式无负荷测功仪面板

便携式无负荷测功仪的一般使用方法如下：

(1)仪器预热和自校。按照使用说明书，对仪器进行预热，然后进行自校。如图2.1所示，把测试检查旋钮1拨向"检查"位置，左边时间（T）表头指针1s摆动一次。把旋钮1拨向

"测试"位置,把旋钮 3 拨向"自校"位置,再缓慢旋转"模拟转速"旋钮 2,注意转速(n)表头指针慢慢向右偏转(模拟增加转速)。当指针偏转至起始转速 $n_1 = 1000$r/min 位置时,门控指示灯即亮。继续增加模拟转速至 $n_2 = 2800$r/min 时,T 表即指示了加速时间,以表示模拟速度的快慢。按下"复位"按钮,指针回零,门控指示灯熄灭,表示仪器调整正常。否则,微调 n_1、n_2 电位器。

(2)预热发动机和安装转速传感器。预热发动机至正常工作温度(80~90℃),并使发动机怠速正常,变速器置空挡,然后把仪器转速传感器两接线卡分别接在分电器低压接线柱和搭铁线路上(汽油机)。

(3)测加速时间。操作者在驾驶室内迅速地把加速踏板踩到底,发动机转速猛然上升,当 T 表指针显示出加速时间(或功率)时,应立即松开加速踏板,切忌发动机长时间高速空转。记下读数,仪器复零。重复操作三次,取平均值。

(4)确定功率。仅能显示加速时间的无负荷测功仪,测得加速时间后应对照仪器厂家推荐的曲线或表格确定发动机的功率值。

有的无负荷测功仪做成袖珍式,带有伸缩天线,可以接受发动机运转时的点火脉冲信号,而不必与发动机有任何有线连接。使用时,用手拿着该测功仪,只要面对发动机侧面拉出伸缩天线,发动机突然加速运转,即可遥测到加速时间和转速。然后查看仪器背面印制的主要机型的功率—时间对照表,即可得知发动机功率的大小(见表 2.2)。

表 2.2　某发动机功率—时间对照表

加速时间(s)	0.31	0.36	0.46
稳态外特性功率值(kW)	99.3	88.3	66.2

不少无负荷测功仪还配备有检测柴油机的传感器,以便对柴油机的功率进行检测。

二、用发动机综合性能检测仪检测发动机的功率

发动机综合测试仪是一种测试项目较多的综合性仪器,常具有无负荷测功的功能。

以元征 EA1000 型发动机综合性能检测仪为例,发动机功率的检测方法如下:

1.检测仪准备

(1)接通电源,打开检测仪总开关、微机开关和微机显示器开关,暖机 20min;

(2)在发动机不工作和点火系关闭的情况下,将检测仪信号提取系统连接到被测发动机上;

(3)检测仪电源线必须可靠接地;

(4)在测试电控燃油喷射发动机电子控制器 ECU 时,除检测仪电源接地外,检测仪地线还必须与发动机共地,测试人员必须随时与汽车车身接触。

2.发动机准备

(1)发动机应预热至正常工作温度;

(2)调整发动机怠速,怠速转速应在规定范围内;

(3)发动机正常运转中。

3.启动检测仪

(1)检测仪已经预热。

(2)鼠标左键双击显示器上"元征发动机检测仪"图标,启动检测仪综合性能检测程序。

(3)检测仪主机对单片机通信和 8 个适配器逐一进行自检。自检通过为绿色显示,未通过将给予提示。

(4)检测仪显示屏出现"用户资料录入"界面。点击"修改"按钮,录入汽车用户资料,然后点击"确定"按钮,显示屏出现检测程序主、副菜单,如图 2.2 所示。

图 2.2　显示屏主、副菜单

(5)在主菜单中点击"柴油机"或"汽油机"。

(6)在柴油机/汽油机下级菜单中选择"无外载测功",进入无外载测功界面,如图 2.3 所示。

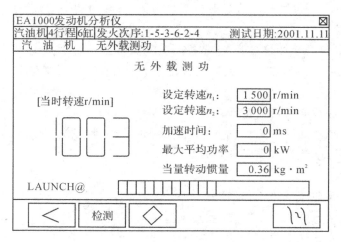

图 2.3　发动机综合性能分析仪无外载测功界面

（7）设定起始转速 n_1 和终止转速 n_2。

（8）键入发动机当量转动惯量（查阅相关资料或使用转动惯量仪器测定）。

（9）点击"检测"按钮，界面出现 5 秒倒计时。

（10）当倒计时为"0"时，迅速踩下加速踏板，至发动机转速超过 n_2 时抬起加速踏板。

（11）读取发动机的加速时间和最大平均功率。

（12）点击"保存报表"按钮，对数据进行保存或打印。

（13）点击"显示菜单"返回。

4. 单缸功率的检测

发动机综合性能检测仪通过提取汽油机一缸点火信号和点火系一次信号，在"动力平衡"菜单启动后，自动使各缸断火一次，从而获得各缸断火前转速、断火后转速及转速下降的百分比，如图 2.4 所示。

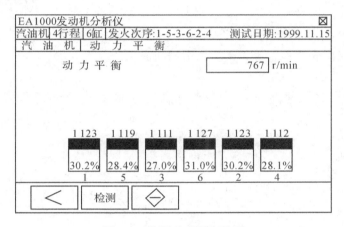

图 2.4　检测动力平衡界面

三、检测结果分析

检测完毕后，应对检测结果进行分析，对发动机技术状况作出判断，及时查明故障原因并加以排除。

在用车发动机功率不得低于原额定功率的 75％，大修后发动机功率不得低于原额定功率的 90％。

若发动机功率偏低，应首先检查燃料供给系统和点火系统技术状况，若该两个系统工作正常但功率仍然偏低时，应结合气缸压力和进气歧管真空度的检查（后面讲述），判断机械部分是否有故障。

对个别气缸技术状况有怀疑时，可对其进行断火后再测功。在某一转速下稳定空转时，若取消任一气缸的工作，要求发动机最高与最低转速下降值之差不大于平均下降值的 30％。如果下降值低于一定的规定值，说明断火之缸工作不良。转速下降值越小，则该缸功率越小，当下降值等于零时，该缸功率也等于零，即该缸不工作。

发动机单缸功率偏低，一般系该缸高压分缸线或者火花塞技术状况不佳、气缸密封性不良、气缸窜机油、喷油器故障等原因造成，应调整或者检修。

发动机功率与海拔高度有密切关系,无负荷测功仪所测得的结果是实际大气压下的发动机功率,如果要校正到标准大气压下的功率,应乘以校正系数。

【知识拓展】

发动机综合性能检测仪,也称为发动机综合性能分析仪或发动机综合参数测试仪,是发动机检测设备中检测项目最多、功能最全、涉及面最广的一种仪器。当然也是一种结构最复杂、技术含量最高的仪器之一。它不仅能检测、分析、判断发动机动静态的工作性能和技术状况,有些还增加了对制动防抱死系统和安全气囊装置等的检测诊断。因此,发动机综合性能检测仪在汽车综合性能的检测诊断中所发挥的作用越来越大。

一、检测仪的功能与特点

1.检测仪的功能

大多数发动机综合性能检测仪具有以下的功能。

(1)发动机常规检测功能

点火系检测:可检测分析点火系的波形、断电器触点闭合角、点火高压值和点火提前角等。

无负荷测功。

动力平稳分析。

转速稳定性分析。

温度检测。

进气管负压检测。

启动机与发电机检测。

废气分析(需附带废气分析仪)。

喷油压力检测:检测喷油压力值,检测供油压力波形。

喷油提前角检测。

烟度检测(需附带烟度计)。

(2)发动机电控系统检测功能

空气流量检测。

转速检测。

温度检测。

进气管负压检测。

节气门位置检测。

爆燃信号检测。

氧传感器检测。

喷油脉冲信号检测。

(3)故障分析功能

故障查询。

信号回放与分析。

（4）参数设定功能功能

（5）数字示波器功能

（6）数字万用表功能

2.检测仪的特点

发动机综合性能检测仪具有以下三个特点：

（1）动态测试检测仪的信号采集系统能迅速、准确地获取发动机运转中各参数值，这些动态参数是对发动机工作性能和技术状况进行判断的重要依据。

（2）通用性检测仪的检测分析过程，不依据被测发动机的数据卡，只针对发动机基本结构和工作原理进行检测，因此具有通用性。

（3）主动性检测仪不仅能适时采集发动机的动态参数，而且还能主动地发出某些指令干预发动机的工作，以完成某些特定的试验。

二、检测仪的基本结构与工作原理

发动机综合性能检测仪一般由信号提取系统、信息处理系统和采控显示系统三大部分组成，图 2.5 所示为国产 EA1000 型发动机综合性能检测仪。

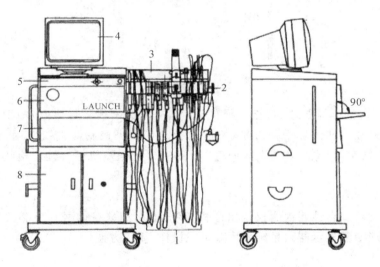

图 2.5　EA1000 型发动机综合性能检测仪

1—信号提取系统；2—传感器挂架；3—前端处理器；4—采集处理与显示系统；

5—热键板；6—主机柜与键盘柜；7—打印机柜；8—排放仪柜

1.信号提取系统

信号提取系统的作用是拾取测量点的信号，配备有多种传感器、夹持器和探针等，直接或间接地与被测点接触。EA1000 的信号提取系统如图 2.6 所示，该系统由 12 组拾取器组成，每一组拾取器根据用途不同，由相应的传感器、夹持器或探针，通过电缆与其适配器或接插头构成。适配器的作用是对采集的信号在进入前端处理器之前进行预处理。

2.信号预处理系统

信号预处理系统，也称为前端处理器，能对所有或部分采集的信号进行预处理，即进行

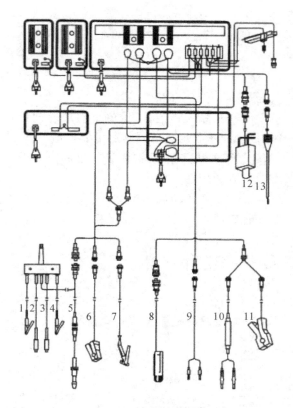

图 2.6　信号提取系统

衰减、滤波、放大、整形等处理,并能将所有脉冲信号和数字信号直接输入 CPU 的高速输入端。从发动机采集来的信号千差万别,不能被检测仪中央控制器直接使用,必须经过预处理,转换成标准数字信号后,才能送入处理器。图 2.7 为发动机综合性能检测仪前端处理器框图。

3.采控与显示系统

现代的发动机综合性能检测仪均由微机控制,能高速采控信号。检测仪的显示装置多为彩色显示器或液晶显示器。系统采用菜单式操作,使用方便。

任务2.2　气缸密封性检测

【任务引入】

案例导入:一辆别克轿车 D 型(压力型)电控发动机怠速不稳,行驶无力,排气管"放炮",诊断仪检测绝对压力传感器(MAP)和氧传感器有故障。更换绝对压力传感器(MAP)和氧传感器后,故障仍然存在,逐缸测量气缸压力时,发现有两个缸的气缸压力仅为 0.2 MPa。初步诊断为气缸压力太低,密封性不良引起。

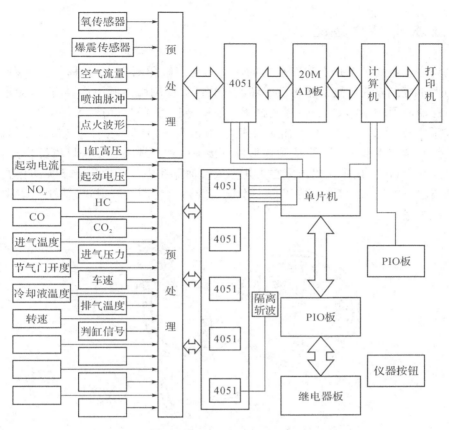

图 2.7　发动机综合性能检测仪前端处理器框图

【任务分析】

经仔细检查,发现缸压低的两缸的排气门磨损严重,更换这两个缸的排气门后,故障排除。由上可知气缸密封性与发动机技术状况有很大的关系;气缸密封性与气缸体、气缸盖、气缸垫、活塞、活塞环和进排气门等零件的技术状况有关。在发动机使用过程中,由于这些零件磨损、烧蚀、结焦或积碳,导致气缸密封性下降,使发动机功率下降,燃油消耗率增加,使用寿命大大缩短。

因此如何检查气缸压力,如何分析引起气缸压力不正常的原因,需要学习和掌握气缸密封性的正确检测方法,根据气缸密封性的标准值,分析检测结果,确定故障部位。

【相关知识】

在不解体的条件下,检测气缸密封性的常用方法有:测量气缸压缩压力;测量曲轴箱窜气量;测量气缸漏气量或气缸漏气率;测量进气管负压等。在就车检测时,只要进行其中的一项或两项,就能确定气缸密封性的好坏。

一、气缸压缩压力检测

活塞到达压缩终了上止点时气缸内的压力称为气缸压缩压力,简称气缸压力。检测气缸压力的大小可以表明气缸的密封性好坏。气缸压力检测由于所用仪器简单,测量方便,因此得到广泛的应用。检测方法有:用气缸压力表检测和用气缸压力测试仪检测。

气缸压力表(图2.8)是一种专用压力表,一般由表头、导管、单向阀和接头等组成。气缸压力表接头有螺纹管接头和锥形或阶梯形橡胶接头两种。螺纹管接头可以拧在火花塞或喷油器的螺纹孔中;橡胶接头可以压紧在火花塞或喷油器孔中。单向阀处于关闭位置时,可保持测得的气缸压缩压力读数(保持压力表指针位置);单向阀打开时,可使压入表指针回零,以用于下次测量。

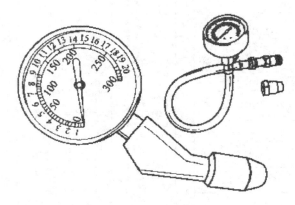

图2.8 气缸压力表

由于用气缸压力表检测气缸压力具有价格低廉、仪表轻巧、实用性强和检测方便等优点,因而在汽车维修企业中应用十分广泛。

二、气缸漏气量(率)检测

气缸的漏气量也可用于对气缸密封性进行检测。检测时,发动机不运转,活塞处于压缩行程上止点;若把具有一定压力的压缩空气从火花塞或喷油器孔充入气缸,通过压力的变化即可检测气缸的密封性。

图2.9为常用QIY-1型气缸漏气量测功仪原理图。测试时,测功仪的充气嘴安装于所测气缸的火花塞孔上,该缸活塞处于上止点位置。外接气源的压力应相当于气缸压缩压力,一般为$0.9\sim1.4$MPa,其具体压力值由进气压力表显示;经调压阀调压至某一确定压力 p_2(0.4MPa)后,压缩空气经过校正孔板上的量孔及快换管接头、充气嘴进入气缸。当气缸密封不严时,压缩空气就会从不密封处逸漏出去,校正孔板量孔后的空气压力下降为 p_2。p_2 和 p_1 的关系为:

$$p_1 - p_2 = \frac{\rho \cdot Q^2}{2\varphi^2 \cdot A^2}$$

式中:Q——空气流量;

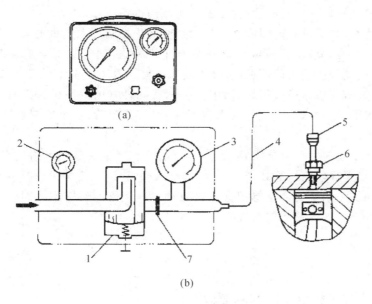

图 2.9　气缸漏气量检测仪

（a）仪器外形图　（b）工作原理图

1—调压器；2—进气压力表；3—测量表；4—橡胶软管；5—快换接头；6—充气嘴；7—校正孔板

A——量孔截面积；

ρ——空气密度；

φ——流量系数，$\varphi=1/\sqrt{1+\varepsilon}$，$\varepsilon$ 为量孔局部阻力系数。

当校正孔板量孔截面积和结构一定时，A 和 φ 为常数；而进气压力及测试时的环境温度一定时，空气密度 ρ 亦为常数，因此校正孔板量孔后的压力（由测量表指示）取决于经过量孔的空气流量 Q。显然，空气流量 Q 的大小（漏气量）与气缸的密封程度有关。由于气缸、活塞、活塞环和气门、气门座等处磨损过大或因故障密封不良时，漏气量 Q 增大而使测量表指示压力 p_2 低于进气压力 p_1 的量增大。因此，根据测量表压力下降值即可判断气缸的漏气量，并据此检测气缸的密封性。

通过气缸漏气量检测，发现某一缸的密封性不良后，可进一步在排气消声器出口、水箱加水口和机油加注口等处，察听有无漏气声，以判断气缸的漏气部位。

对于气缸漏气率检测，无论所使用的是何种仪器、检测方法，还是判断故障的方法，都与气缸漏气量的检测基本一致。所不同的是气缸漏气量的测量表以 kPa 或 MPa 为单位，而气缸漏气率测量表的标定单位为百分数，即：密封仪器出气口，漏气率为 0 时，测量表指针指示 0；而引开仪器出气口，表示气缸内压缩空气完全漏掉，测量表指针指示值为 100%。测量表指示值在 0 和 100% 之间均匀分度，并以百分数表示。这样，把原表盘的气压值标定为漏气的百分数，就能直观地指示气缸的漏气率了。

三、进气歧管真空度的检测

进气管真空度指进气管内的进气压力与外界大气压力之差。通过检测发动机进气歧管

真空度来评价发动机的气缸密封性,主要是针对汽油机而言。

汽油机负荷采用"量"调节,即依靠节气门开度变化控制进入气缸混合气的量,改变发动机输出功率。怠速时,节气门开度小,进气节流作用大,进气管中真空度较高,节气门全开时,进气管中真空度较小。由此可见,进气管真空度首先取决于发动机工作状态。检测进气管真空度,大多数是在怠速条件下进行,因为技术状况良好的汽油机怠速时,进气管真空度有一较为稳定的值,同时怠速时进气管真空度高,对因进气管、气缸密封性不良引起的真空度下降较为敏感。

进气管真空度还与发动机技术状况有关,可以反映气缸活塞组和进气管的密封性。若进气管垫、真空点火提前机构等处密封不良,气缸活塞组、配气机构因磨损或故障间隙增大,以及点火系统和供油系统的调整等都会影响发动机进气管的真空度。因此,通过对进气管真空度的检测也可发现这些部位的故障。

【任务实施】

一、用气缸压力表检测气缸压力

1.检验条件

由于气缸压力受很多因素影响较大,所以,测量气缸压力,必须在下列条件下进行:

(1)蓄电池电力充足。

(2)用规定的力矩拧紧气缸盖螺栓。

(3)彻底清洗空气滤清器或更换新的空气滤清器。

(4)发动机达到正常的工作温度(水温80~90℃)。

(5)用启动机带动卸除全部火花塞的发动机运转,转速为200~300r/min,或按原厂规定。

2.检测方法

(1)发动机正常运转,使水温达70℃以上。

(2)停机后,拆下空气滤清器,用压缩空气吹净火花塞或喷油器周围的灰尘和脏物,然后卸下全部火花塞或喷油器,并按气缸顺序放置。对于汽油机还应把点火系次级高压线拔下并可靠搭铁,以防止电击或着火。

(3)把专用气缸压力表的锥形橡皮头插在被测量气缸的火花塞孔内,扶正压紧。

(4)将节气门(有阻风门的还包括阻风门)置于全开位置,用启动机带动曲轴转动3~5s(不少于4个压缩行程),待压力表表针指示并保持最大压力读数后停止转动。

(5)取下压力表,记下读数。按下单向阀使压力表指针回零。

(6)按上述方法依次检测各个气缸,每缸测量次数不少于2次,每缸测量结果取算术平均值,与标准值相比较,分析结果,判断气缸工作状况。

3.诊断参数标准

气缸压缩压力标准值一般由制造厂提供。根据 GB18565—2001《营运车辆综合性能要求和检验方法》的规定:在用汽车发动机气缸压缩压力不得低于原设计额定值的85%,每缸压力与各缸平均压力的差,汽油机不超过 8%,柴油机不超过 10%。根据根据 GB/

T15746.2—95《汽车修理质量检查评定标准·发动机大修》附录 B 的规定:大修竣工发动机的气缸压力应符合原设计规定,每缸压力与各缸平均压力的差,汽油机不超过 8%,柴油机不超过 10%。大修竣工发动机的气缸压力应符合原设计规定。常见几种车型发动机气缸压缩压力的标准值如表 2.3 所示。

表 2.3　常见几种车型气缸压缩压力值

汽车或发动机型号	压缩比	气缸压力(kPa)	检测压力时的转速(r/min)
帕萨特 1.8T	9.5	1000～1300	250
雅阁 2.3L	10.3	900～1250	250
日产骐达 1.6	8.9	1471～1500	250
夏利 TJ7100	9.5	1029～1225	350
长安羚羊 1.3	9.5	1100～1400	250
桑塔纳 2000GLI	9.0	1000～1300	250

4.结果分析

测得结果如低于原设计规定,可向该缸火花塞或喷油器孔内注入适量(一般 20～30mL)机油,然后用气缸压力表重测气缸压力,比较两次检测结果。

(1)如果第二次测出的压力比第一次高,说明气缸、活塞环、活塞磨损过大或活塞环对口、卡死、断裂及缸壁拉伤等原因造成气缸不密封。

(2)如果第二次测出的压力与第一次相近,说明进、排气门或气缸衬垫不密封。

(3)如果两次检测某相邻两缸压力均较低,说明该两缸相邻处的气缸衬垫烧损窜气。

如果气缸压缩压力高于标准值,并不一定表示气缸密封性好;具体原因应结合使用和维修情况分析。因为燃烧室内积炭过多、气缸衬垫过薄或缸体与缸盖的结合平面经多次修理后加工过甚,均会导致气缸压缩压力过高。同时,气缸压缩压力高于标准值常会导致爆燃、早燃等不正常燃烧情况的发生。

5.泄露部位的确定

为了准确地测出故障部位,可在测量完气缸压力后,针对压力低的气缸,采用如下建议方法(以汽油机为例)。

(1)卸下空气滤清器;

(2)打开散热器盖和加机油口盖,用一根胶管,一头接压缩空气源,另一头通过锥形橡皮头插在火花塞孔内;

(3)摇转发动机曲轴,使被测气缸活塞处于压缩行程上止点位置;

(4)将变速器挂空挡,拉紧驻车制动器操纵杆;

(5)打开压缩空气(600kPa 以上)开关,注意倾听漏气声。如在进气口处听到漏气声,说明进气门不密封;如在排气消声器处听到漏气声,说明排气门不密封;如在散热器加水口处看到有气泡或者听到漏气声,说明气缸衬垫不密封造成气缸与水套沟通;如在相邻气缸火花塞口处听到漏气声,说明气缸衬垫在该两缸之间处烧损窜气;如在加机油口处听到漏气声,说明气缸活塞配合副不密封。

6.检测结果的影响因素

用气缸压力表测得的气缸压缩压力,不仅与气缸密封性有关,还受发动机转速的影响,

即与活塞在缸内压缩行程所持续的时间密切相关。图2.10为气缸压缩压力与发动机曲轴转速的关系曲线。由图可见,当启动机带动发动机在较低转速范围内运转时,即使是较小的转速差 Δn,也能使气缸压缩压力检测结果发生较大的变化 Δp,只有当发动机曲轴转速超过某一值时(一般为1500r/min),检测结果受转速的影响才会较小,因此检测时的转速应符合制造厂规定,见表2.3。

检测时,发动机转速高低取决于蓄电池和启动机的技术状况以及发动机旋转时的摩擦阻力矩,因此,要求蓄电池、启动机的技术状况良好,同时要求发动机润滑条件良好,并运转至正常热状况,以减小运转时的摩擦阻力。

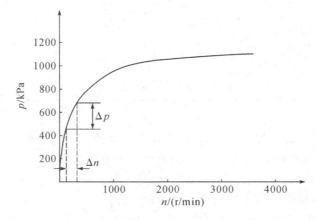

图2.10 气缸压力与曲轴转速的关系

启动转速不符合检测气缸压缩压力时的转速要求是用气缸压力表所得测试结果误差大的主要原因,因此,在检测气缸压力时,如能监控曲轴转速,对于减小测量误差,以获得正确的检测分析结果是非常重要的。

二、用发动机综合性能检测仪检测气缸压缩压力

发动机综合性能检测仪将启动电流的波形变成柱方图显示各缸的气缸压力,非常直观。以元征 EA1000 型为例,检测气缸压缩压力的操作程序如下。

1. 检测仪准备

(1)接通电源,打开检测仪总开关、微机开关和微机显示器开关,暖机 20min;

(2)在发动机不工作和点火系关闭的情况下,将检测仪信号提取系统连接到被测发动机上;

(3)检测仪电源线必须可靠接地;

(4)在测试电控燃油喷射发动机电子控制器 ECU 时,除检测仪电源接地外,检测仪地线还必须与发动机共地,测试人员必须随时与汽车车身接触。

2. 发动机准备

(1)发动机应预热至正常工作温度;

(2)调整发动机怠速,怠速转速应在规定范围内;

(3)发动机正常运转中。

3.启动检测仪

(1)检测仪已经预热；

(2)鼠标左键双击显示器上"元征发动机检测仪"图标,启动检测仪综合性能检测程序；

(3)检测仪主机对单片机通信和 8 个适配器逐一进行自检。自检通过为绿色显示,未通过将给予提示；

(4)检测仪显示屏出现"用户资料录入"界面。点击"修改"按钮,录入汽车用户资料,然后点击"确定"按钮,显示屏出现检测程序主、副菜单。

(5)在选择"启动机及发电机"后,进入启动电流检测功能。

(6)按下"检测"键,启动发动机,分析仪自动发出全部断油指令,屏幕显示出发动机转速、启动电流,同时绘制启动电流曲线和相对气缸压力的柱方图,通过检测启动电流从而达到间接检测气缸压力变化量的目的,如图 2.11 所示。

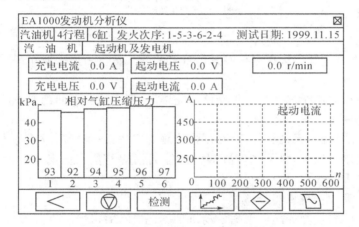

图 2.11　启动电流及启动电压检测

三、用气缸漏气量检测仪检测气缸漏气量及漏气率

1.检测方法

(1)发动机预热至正常工作温度。

(2)用压缩空气吹净火花塞周围,清除脏物,而后拧下所有气缸的火花塞,并在火花塞孔上装好充气嘴。

(3)接好压缩空气源,在测功仪出气口堵塞的情况下,用调压阀调节进气压力,使测量表指针指示 0.4MPa。

(4)卸下分电器盖,安装好活塞定位盘(如图 2.12),使分火头旋转至第一缸跳火位置(此时 1 缸活塞到达上止点,1 缸进、排气门均处于关闭位置),然后转动定位盘使刻度"1"对准分火头尖端(分火头也可用专用指针代替)。

(5)为防止压缩空气推动活塞使曲轴转动,变速器挂高速挡,拉紧手制动。

(6)把 1 缸充气嘴接上快换管接头,向 1 缸充气,此时测量表上的压力读数便反映了该缸的密封件。

(7)摇转曲轴,使分火头(或指针)对准活塞定位盘上下一缸的刻度线,按以上方法检测

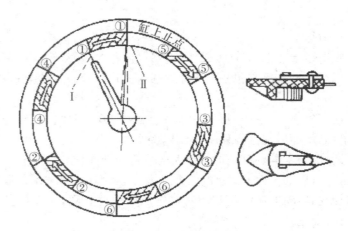

图 2.12　活塞定位盘

下一缸的漏气量。

（8）比较以上方法和点火次序检测其余各缸的漏气量。为使检测结果可靠,各缸应重复检测一次。

本检测方法仅适用于汽油机。仪器使用完毕后,调压阀应退回到原来的位置。

2.气缸漏气率的检测

气缸漏气率的检测,无论在使用的仪器、检测的方法,还是判断故障的方法上,与气缸漏气量的检测是基本一致的,只不过气缸漏气量检测仪的测量表标定单位为 kPa 或 MPa,而气缸漏气率测量表的标定单位为百分数。

3.气缸漏气量(率)的检测标准

气缸漏气量(率)检测标准应根据发动机种类、缸径、磨损情况等因素通过试验确定。对于活塞行程为 102mm 左右的汽油发动机,用 QLY-1 型气缸漏气量测功仪检测时,若测量表上的压力指示值大于 0.25MPa,则密封性良好;而当测量表压力指值小于 0.25MPa 时,说明密封件较差,应进一步察听漏气部位,找出故障原因。气缸漏气率检测标准可参考表 2.4。当气缸漏气率达 30%～40% 时,若能确认进排气门、气缸衬垫、气缸盖等处均不漏气,则说明气缸活塞摩擦副的磨损临近极限值,已到了需换环或镗磨缸的程度。

表 2.4　气缸漏气率参考值

气缸密封状况	仪器读数值(%)
良好	0～10
一般	10～20
较差	20～30
换环或镗缸	30～40

四、用负压表检测进气管负压

1.检测方法

检测进气管真空度的真空表由表头和软管构成,软管一头固定在真空表上,另一头可方

便地连接在进气管上的检测孔上(真空助力或真空控制装置从进气管取真空的孔,即可作为检测孔)。检测步骤如下:

(1)发动机预热至正常工作温度。

(2)把真空表软管与道气歧管上的检测孔连接。

(3)变速器置于空挡,发动机怠速稳定运转。

(4)在真空表上读取真空度读数。

2.检测结果分析

通过对进气管真空度检测结果的分析,可判断发动机的技术状况和故障。

(1)在海平面高度发动机怠速运转时,若真空表指针稳定在 57~70kPa 之间,表明气缸密封性正常,海拔高度每升高 500m,真空度应相应降低 4~5kPa。

(2)当迅速开启、关闭节气门时,指针应能随之在 6.7~84.5kPa 范围内摆动,则进一步说明气缸组技术状况良好。

(3)怠速时,指针低于正常值,主要是由于活塞环、进气管漏气造成,也可能点火过迟或配气过迟有关。在此情况下,节气门若突然开启,指针会回落到 0;若节气门突然关闭,指针也回不到 84.5kPa。

(4)怠速时,指针不时跌落到 13kPa 左右,说明某进气门口有结胶。

(5)怠速时,若指针指示值有规律地下跌至某一数值,为某气门烧毁。

(6)怠速时,指针跌落为 6kPa 左右,表示气门与气门座不密封。

(7)怠速时,指针在 46~60kPa 快速摆动,升速时指针反而稳定,表示进气门杆与其导管磨损松旷。

(8)怠速时指针在 33~74kPa 缓慢摆动,且随发动机转速升高摆动加剧,为气门弹簧弹力不足。

进气管真空度检测是一种综合性检测,能检测多种故障现象,而且检测时不需要拆下火花塞,因此是较实用、快速的检测方法;但不足之处是往往不能确定故障的具体原因。例如,真空度能指示出气门有故障,但不能检测出是哪一个气门有故障,这时需借助于气缸压力表或汽缸漏气量(率)等方法才能检测出。

3.检测标准

根据 GB/T15746.2—1995《汽车修理质量检查评定标准　发动机大修》的规定,大修竣工的汽油发动机在怠速时,进气歧管真空度应在 7~70kPa 范围内。进气歧管真空度波动:六缸汽油机不超过 3kPa,四缸汽油机不超过 5kPa(大气压力以海平面为准)。进气管真空度随海拔高度升向而降低。1000m 真空度将降低 10kPa 左右。因此检测发动机进气管真空度时海拔每升高 1000m,真空度将降低应根据当地海拔高度修正检测标准。

【知识拓展】

一、用气缸压力传感器式气缸压力测试仪检测

用压力传感器式测试仪测试气缸压力时,需先拆下被测气缸的火花塞或喷油器,旋上仪器配置的压力传感器。用启动机转动曲轴 3~5s,由传感器输出的关于气缸压力的信号经放

大后送入 A/D 转换器进行数模转换、输入显示装置即可指示出所测气缸的压缩压力。

二、用启动电流或启动电压降式气缸压力测试仪检测

通过测启动电源——蓄电池的电压降,也可获得气缸压力。这是因为启动机工作时,蓄电池端电压的变化取决于启动机电流的变化。当启动电流增大时,蓄电池端电压降低,即启动电流与电压降成正比。启动电流与气缸压力成正比,因此启动时蓄电池的电压降与气缸压力也成正比,所以通过测蓄电池电压降可以获得气缸压力。用该测试仪检测气缸压力时,无需拆下火花塞。

根据上述原理制成的气缸压缩压力测试仪,称为启动电流式或启动电压降式气缸压缩力测试仪。有的测试仪可以显示各缸压缩压力的具体数值,并能与标准值对照;有的仅能定性显示"合格"或"不合格";也有的只能显示波形。对于后者,如果检测时显示的各缸波形振幅一致,峰值又在规定范围内,说明各缸压缩压力符合要求;若各缸波形振幅不一致,对应某缸电流峰值低于规定范围,则说明该缸压缩压力不足,应借助其他方法测出压缩压力的具体数值,以便分析判断。至于各缸波形峰值对应的缸号,一般是通过点火传感器或喷油传感器(柴油机)确定 1 缸波形位置,其他缸的波形位置按点火次序确定。

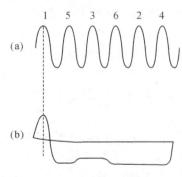

图 2.13　启动电流与缸压波形图
(a)启动电流波形　(b)缸压波形

三、曲轴箱漏气量检测

检测曲轴箱窜气量,也是检测气缸密封性的方法之一。特别是在发动机不解体的情况下,使用该方法诊断气缸活塞摩擦副的工作状况具有明显的作用。

1.检测原理

气缸活塞组配合副磨损、活塞环弹件下降或粘结均会使密封性下降,工作介质和燃气将会从不密封处窜入曲轴箱。窜入曲轴箱的气体量越多,表明气缸与活塞、活塞环间不密封的程度越高。窜入曲轴箱的废气可以溢出的通道有:加机油口、机油尺口和曲轴箱强制通风阀。如图 2.14 所示。显然,曲轴箱漏气量与使用工况有关。但在确定工况下,曲轴箱漏气量,可反映气缸活塞组的技术状况或磨损程度。图 2.15 表明曲轴箱漏气量与功率和油耗的关系。

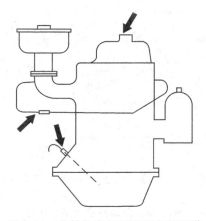

图 2.14 曲轴箱废气可以溢出的通道

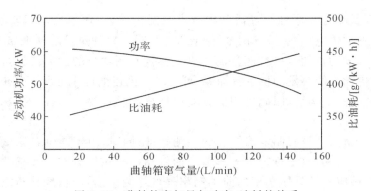

图 2.15 曲轴箱窜气量与功率、油耗的关系

因此,检测发动机工作状态下单位时间内窜入曲轴箱的气体量,可评价气缸活塞配合副的密封性。

2.检测方法

由于从曲轴箱窜出的气体具有温度高、量小、脉动、污浊的特点,因而检测难度较大。曲轴箱窜气量可采用曲轴箱窜气量测功仪检测。早期生产的测功仪由气体流量计及与之相连的软管、集气头构成。曲轴箱窜出的废气经集气头、软管输送到气体流量计,并测出单位时间流过气体流量计的废气流量。目前,曲轴箱窜气量测功仪使用微压传感器。当废气流过取样探头孔道时,在测量小孔处产生负压,微压传感器检测出负压并将其转变成电信号。流过集气头孔道的废气流量越大,测量小孔处产生的负压越大,微压传感器输出的电信号越强。该信号输送到仪表箱,由仪表指示出大小,以反映曲轴箱窜气量的大小。曲轴箱窜气量测功仪如图 2.16 所示。

测试步骤如下:

(1)打开电源开关,按仪器使用说明书的要求对测功仪进行预调;

(2)密封曲轴箱,即堵塞机油尺口、曲轴箱通风进出口等,将取样探头插入机油加注口内;

(3)启动发动机,持其运转平稳后,仪表箱仪表的指示值即为发动机曲轴箱在该转速下的窜气量。

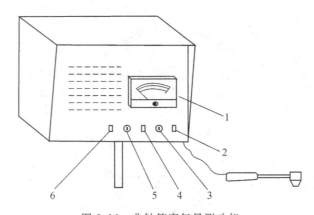

图 2.16　曲轴箱窜气量测功仪

1—指示登记表；2—预测按钮；3—预调按钮；4—挡位开关；5—调零旋钮；6—电源开关

　　曲轴箱窜气量除与发动机气缸活塞副技术状况有关外，还与发动机转速和负荷有关。因此在检测时，发动机应加载，节气门全开（或柴油机最大供油量），在最大转矩转速（此时窜气量最大）测试。发动机加载可在底盘测功机上实现。测功机的加载装置可方便地通过滚筒、驱动车轮和传动系统对发动机进行加载，可使发动机在全负荷工况下从最大转矩转速至额定转速的任一转速下运转，因此可用曲轴箱窜气量测功仪检测出任一工况下曲轴箱的窜气量。

　　对曲轴箱窜气量，还没有制定出统一的检测标准；同时，由于曲轴箱窜气量大小还与缸径大小和缸数多少有关，也很难把众多车型的曲轴箱窜气量综合在一个检测标准内。维修企业和汽车检测站应积累具体车型的曲轴箱窜气量检测数据资料，经分析整理制定企业标准，以作为检测依据。

　　曲轴箱窜气量大，一般是因气缸、活塞、活塞环磨损最大、配合间隙增大或活塞环对口、结胶、积炭、失去弹性、断裂及缸壁拉伤等原因造成，要结合使用、维修和配件质量等情况进行分析判断。

任务2.3　汽油机点火系检测与分析

【任务引入】

　　案例导入：一辆北京切诺基在行驶过程中突然熄火，再次启动发动机时无法启动。故障诊断：启动发动机，确认发动机无法启动且无着火迹象，只是启动机带动发动机空转。通过故障现象可知汽车在行驶中突然熄火，而无法再启动，一般来说造成此故障大多数是点火系故障所致。于是我们首先拔出分电器中央高压线距缸体 7～10mm 的距离，启动发动机试火，发现中央高压线无火，这就初步判断为点火系故障。

【任务分析】

　　汽油机在不同工况下工作时，不仅需要一定数量和浓度的可燃混合气，而且需要按点火次序适时地供给强电火花，以点燃可燃混合气，使发动机产生动力。如果汽油机点火系技术状况不佳,甚至出现了故障,不但严重影响发动机的动力性、经济性、排气净化性,而且无法正常工作。

实践证明,点火系是汽油机各机构、系统中故障率最高者之一,往往是诊断与检测的重点对象。

【相关知识】

一、汽车点火系要求及常见故障

1. 对点火系的技术要求

在汽油发动机中,气缸内的混合气是由高压电火花点燃的,而产生电火花的功能是由发动机点火系统完成的,发动机点火系统的功能如图 2.17 所示。

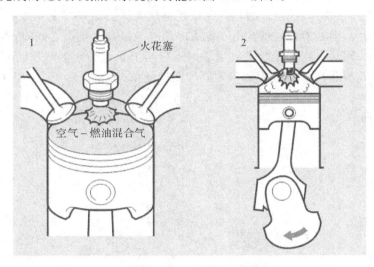

图 2.17　发动机点火系统的功能

具体来说,点火系统的功能有两方面:将汽车电源的低电压转变为高电压,再按照点火顺序送至各缸火花塞上,在压缩终了击穿火花塞,产生电火花,点燃混合气;能够根据发动机工况的变化,进行点火时刻和点火能量的控制,实现可靠而准确地点火。

为了保证在各种工况和使用条件下可靠而准确地点火,点火系应满足以下基本要求。

(1)提供足以击穿火花塞电极间隙的高电压

击穿火花塞电极产生电火花所需要的电压称为击穿电压,点火系产生的次级电压必须高于击穿电压,才能击穿火花塞,产生电火花,点燃混合气。击穿电压与很多因素有关,其中包括火花塞电极间隙,电极的温度、形状和极性,气缸内混合气的密度,以及发动机的工况等。一般来说,汽车发动机启动时常需 $9\sim17kV$ 的高电压,在满负荷低速时需 $8\sim10kV$ 的高电压,而正常点火所需的点火电压一般均在 $15kV$ 以上。考虑到各种不利因素的影响,为了保证可靠着火,点火系统的点火电压必须有一定的电压储备,点火电压均应在 $15\sim20kV$ 以上,但电压过高,又会造成绝缘困难,成本提高,一般次级电压限制在 $30kV$ 以内。

（2）提供足够的火花能量与持续时间

要使混合气可靠点燃，火花塞产生的电火花必须具有一定的能量和持续时间。点燃混合气所必需的最低能量与混合气成分和密度、火花塞电极间隙和电极形状等有关。发动机正常工作时，由于混合气在压缩行程终了时的温度已接近其自燃温度，因此所需要的点火能量很小，只要1～5MJ就可以了；在混合气过浓或过稀，发动机启动、怠速及急加速时，需要有较高的火花能量。并且随着现代发动机对经济性和排放性的提高，都迫切需要提高火花能量。基于上述原因，为了保证可靠点火，一般传统点火系应具有50～80MJ的初级点火能量，电子点火系应具有80～100MJ的初级点火能量，启动时应能产生大于100MJ的火花能量，而且还要保证点火时间不少于$500\mu s$。

（3）提供适时的点火时刻

点火时刻对发动机工作性能的影响比较大，要求点火系统能提供最佳点火时刻。而发动机的最佳点火时刻应从发动机功率、燃油消耗、燃烧是否粗暴以及排气净化等方面综合考虑。对于传统点火系统，最佳点火时刻应保证燃烧最大压力出现在上止点后$10°\sim15°$，此时发动机的功率增大，燃油消耗较低。由于点火时刻一般都在上止点之前，所以点火时刻常用点火提前角表示，即从火花塞开始跳火到活塞运行至上止点为止的一段时间内曲轴转过的角度。如图2.18所示，θ'为最大燃烧压力时的曲轴转角（上止点后$10°\sim15°$），θ为最佳点火提前角。

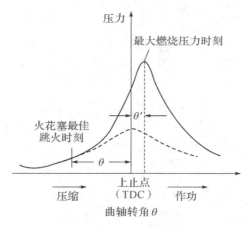

图2.18　最佳点火提前角

发动机的最佳点火提前角与发动机型号、发动机工况和发动机使用条件有关。不同的发动机，发动机的不同工况，最佳点火提前角是不同的。影响最佳点火提前角的主要因素是发动机的转速和负荷，其次是汽油的辛烷值、混合气的成分、发动机压缩比、水温、进气压力、火花塞数量等因素。

2．点火系常见故障

点火系常见故障有缺火、断火、错火和火弱等故障。故障的部位分为一次（初级）线路和二次（次级）线路两部分。

3．点火系的检测和诊断

点火系的检测通常采用高压试火或采用专用仪器进行检测和分析的方式。

二、点火系的检测和故障的仪器诊断

（一）用示波器诊断点火系故障

无论是传统触点式点火系统还是无触点电子点火或计算机控制的点火系统,都是由点火线圈通过互感作用把低压电转变为高压电,通过火花塞跳火点燃混合气做功的。点火系统低压部分、高压部分的变化过程是有规律的。因此,把实际测得的点火系统点火电压波形与正常工作情况下的点火电压波形进行比较并分析,可判断点火系统的技术状况好坏及故障所在。用示波器的波形直观诊断点火系故障是汽车维修常用的手段,汽油机点火系技术状况,可通过汽车专用示波器或发动机综合性能分析仪上的示波器来观察分析。

1.示波器工作原理

示波器主要由示波管、传感器和一组电子电路等部分组成。其中示波管为阴极射线管,由电子枪、偏转板和荧光屏组成,如图 2.19 所示。在管内的电子枪将电子束射至管前的荧光屏上,能产生一个光亮点。在管子内部有两组金属板,水平的两块称为垂直偏转板,垂直的两块称为水平偏转板。当从示波器电路得到电荷时,水平偏转板会使电子束在管内的水平方向上产生弯曲,从而使在荧光屏上显示光亮点的电子束从左至右横掠屏幕扫过一条光亮的线条,然后再从右至左变暗回扫。由于光的运动非常快,以致光亮点以一条实线出现在观察者眼前。当示波器接上运转的发动机点火系时,垂直偏转板可通过示波器电路接收到电荷,且此电荷的大小与点火系电压的瞬时变化成比例。随着电子束从左到右的扫描,变化着的电荷使其在垂直方向产生弯曲,因而光亮点在阴极射线管的屏幕上扫出一条曲线图形。该曲线图形与点火系电荷的大小相对应,并代表了点火系中电压随时间的变化,显示了断电器触点开闭时每一点火循环的瞬时变化情况。

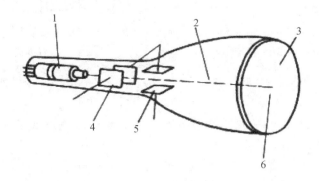

图 2.19　示波器上的阴极射线管
1—电子枪;2—电子束;3—荧光屏;4—水平偏转板;5—垂直偏转板;6—光亮点

示波器屏幕上的曲线图形,在垂直方向上表示电压,在水平方向上表示时间,走向从左至右。并且,以基线为准,向上为正电压,向下为负电压。

发动机诊断用的示波器,既可以制成单一功能的专用示波器,如采集点火信号显示点火波形的发动机点火示波器;也可以制成带有多种传感器显示多种波形的多功能示波器,如显示点火波形、柴油机高压油管压力波形、喷油器针阀升程波形、总成或零件的异响波形等；也可以和其他仪表,如转速表、电压表、电流表、无负荷测功仪、点火提前角测试仪、供油提前角测试仪、气缸压力测试仪等组合成多功能综合测试仪。

2.点火波形介绍

利用示波器可显示发动机点火过程的波形图,包括一次电流、一次电压和二次电压,如图 2.20 所示,在示波器上可显示如下三类点火波形。

1)多缸平列波:按点火次序从左至右首尾相连的波形,如图 2.21 所示。它用于诊断点火系初、次级电路接触情况以及电容器、低压线、高压线和火花塞等元件的性能。

2)多缸并列波:按点火次序从下至上排列的波形,如图 2.22 所示。它可以比较火花线长度和一次电路闭合区间的长度。

3)多缸重叠波:将多缸发动机各缸点火过程的曲线重叠到同一图形上的波形,如图 2.23 所示。它可以比较各缸点火周期、闭合区间和断开区间的差异。

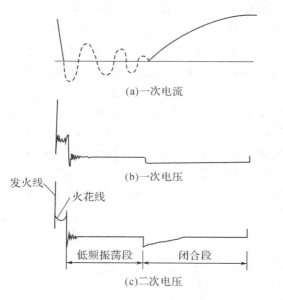

图 2.20　发动机点火过程波形图

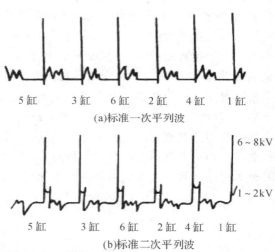

图 2.21　多缸平列波

图 2.24 为单缸直列波标准波形图(图 2.20)的放大显示,它反映了一个气缸点火工作的情况。波形上各点的意义如下:

a.断电器触点打开,一次电流下降,而二次电压急剧上升。

b.火花通过时间。这时二次电压输送到火花塞上,一旦火花塞电极间放电,二次电压便随之下降,并保持在火花塞电极间放电所要求的电压值。

c.第一次振荡波。当保持火花塞持续放电的能量消耗完毕,电火花消失,点火线圈中的残余能量以阻尼振荡形式耗完。

d.断电器触点闭合,这时点火线圈的初级电路有电流通过,而导致一个反向电压。

e.断电器触点打开的全部时间。

f.断电器触点闭合的全部时间,水平直线表示点火线圈与初级电路接通,形成磁场和积

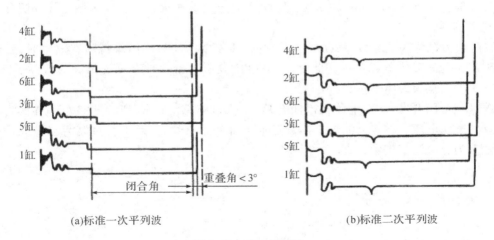

(a)标准一次平列波　　　　　　　　(b)标准二次平列波

图 2.22　多缸并列波

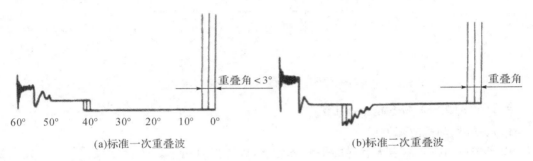

(a)标准一次重叠波　　　　　　　　(b)标准二次重叠波

图 2.23　多缸重叠波

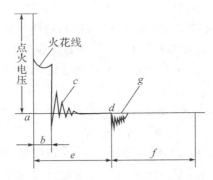

图 2.24　单缸直列波标准波形放大图

蓄能量准备下一周期工作。

　　g. 第二次振荡波,即点火线圈的磁化曲线。

　　如果所测波形曲线与标准波形有差异,这些差异可能出现在四个区域,见图 2.25。

　　C 区域为点火区:当一次电路切断时,电火线圈一次绕组内电流迅速降低,所产生的磁场迅速衰减,在二次绕组中产生高压电(15000~20000V),火花塞间隙被击穿时,二次电压随之下降。C 区域异常说明电容器或断电器触点不良。

　　D 区域为燃烧区:当火花塞电极间隙被击穿后,电极间形成电弧使混合气点燃。火花放

电过程一般持续 0.6～1.5ms,在一次点火电压波形上形成火花线。D 区域差异说明分电器或火花塞不良。

B 区域为振荡区:在火花塞放电终了,点火线圈中的能量不能维持火花放电时,残余能量以阻尼振荡的形式消耗殆尽。此时,点火电压波形上出现具有可视脉冲的低频振荡。B 区域异常说明点火线圈不正常。

A 区域为闭合区:一次电路再次闭合后,二次电路感应出约 1500～2000V 与蓄电池电压相反的感应电压。在点火波形上出现迅速下降的垂直线,然后上升过渡为水平线。A 区域异常多为分电器不正常。

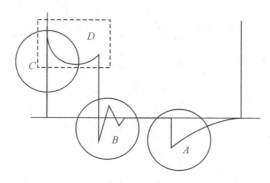

图 2.25　常见二次波形异常区域

3.典型故障波形和参数检测比较

(1)多缸发动机故障波形

以多缸发动机各缸点火状况的平列波为例,该波形可用于比较检测。如某四缸发动机波形接点火次序排列为:1—2—4—3,图 2.26 所示为该四缸发动机常见的几种故障波形。

1)4 缸发动机正常直列波形,见图 2.26(a)。

2)各缸点火电压均高于标准值(图 2.26(b)),说明高压回路有高阻,多为点火线圈的高压线插孔、分电器高压线插孔及分火头等有积炭,或高压线内有高阻(断线、接插不牢固)等。个别缸在点火线下端出现多余波形。为该缸火花塞故障(如图中第 2 缸),火花塞电极烧毁或间隙增大。

3)个别缸点火电压过高(如图 2.26(c)中第 2 缸),为该缸火花塞间隙偏大,或高压线接触不良,以及分火头与该缸高压线接触刷间隙过大。

4)全部气缸点火电压低于标准(图 2.26(d)),为火花塞脏污或间隙太小。

5)个别缸点火电压低(图 2.26(e)中第 4 缸),为该缸火花塞间隙小或脏污,以及该缸高压线(绝缘损坏)或火花塞(瓷芯破裂)有漏电等情况。

6)为诊断点火线圈发火能力,可拔掉某缸高压线(图 2.26(f)中第 2 缸)。此时,该缸点火电压应高达 20kV 以上为点火线圈性能良好,而且点火电压线下端伸长应为上端的 1/2 左右。

7)全部直列波上下颠倒(图 2.26(g)),为点火线圈极性接反所致。

(2)闭合角检测

利用并列波可以诊断出分电器凸轮磨损情况和断电器触点闭合角。汽油机点火过程中,一次电路导通阶段所对应的凸轮轴转角称为闭合角。对于传统点火系统,闭合角为断电器触点闭合时期所占的凸轮轴转角;对于电子点火系统,则是三极管导通所占的凸轮轴转

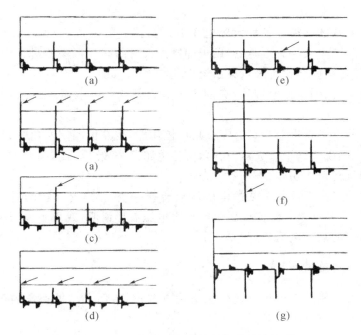

图 2.26　四缸发动机常见的几种故障波形

角。利用一次并列波（见图 2.21）可方便地观测各缸的闭合角，其闭合角的大小应在以下范围内：

4 缸发动机：50°～54°；

6 缸发动机：38°～42°；

8 缸发动机：29°～32°。

对于传统有触点点火系统而言，若测出的闭合角过小，说明触点间隙太大，触点闭合时间短，一次电流增长不到需要的数值，会使点火能量不足；若闭合角太大，说明触点间隙小，会使触点间发生电弧放电，反而削弱了点火能量，不利于正常点火。

在闭合角相同时，发动机转速高则闭合时间短，转速低则闭合时间长。因此，为保证点火可靠，闭合角应随发动机转速而变化。电子点火系统中的点火控制器可对闭合角的大小进行控制和调节：低速时，减小闭合角；高速时，增大闭合角。

（3）重叠角检测

各缸点火波形首端对齐，最长波形与最短波形长度之差所占的凸轮轴转角称为重叠角（见图 2.20），重叠角不应大于点火间隔的 5%，具体数据如下：

4 缸发动机≤4.5°；

6 缸发动机≤3°；

8 缸发动机≤2.5°。

重叠角的大小反映多缸发动机点火间隔的一致程度。重叠角越大，则点火间隔越不均匀。这不仅会影响发动机的动力性、经济性，还影响发动机运转的稳定性。重叠角太大是由分电器凸轮磨损不匀或分电器轴磨损松旷、弯曲变形等原因造成的。

4. 电子点火系统示波器检测波形与传统点火系统的区别

电子点火系统用示波器检测其波形，其检测原理和方法与触点式点火系统基本相同，但

有以下区别。

1)电子点火系统的初级和各种次级电压波形与传统的触点式点火系统的波形相似,由于电子点火系统除了少数配有电容器,用于抑制点火时的高频振荡波对无线电的干扰外,大都无电容器,故其振荡度会比传统点火系统少些。

2)电子点火系统无触点、电容等,有的电子点火系统无分电器。因此,与这些有关的故障原因就没有了。

3)目前的一些电子点火器都具有闭合角可控功能,故在检测闭合角时,闭合角度变化是正常的,而不变化则说明电子点火器闭合角可控电路已失效。因此,在检测前应了解电子点火系统是否有闭合角可控功能。

4)不同的电子点火系统其正常的电压波形会有一些差异,为在检测时判断迅速而又准确,平时应注意查看各型汽车维修手册上的点火电压波形说明,或用示波器记录下各型汽车在正常工作状态下的点火电压波形。

(二)点火正时的检测

凭经验可对发动机的点火正时进行粗略检查并校正,但点火提前角的精确检测必须借助于仪器。常用的检测方法有频闪法和缸压法。

1.频闪法

用频闪法检测点火提前角使用的点火正时仪又称为正时灯,如图2.27所示。该仪器由闪光灯、传感器、整形装置、延时触发装置和显示装置构成,其基本工作原理建立在频闪原理的基础上。即:如果在精确的确定时刻,用一束短暂(约1/5000s)的且频率与旋转零件转动频率相同的光脉冲,照射相对转动的零件,由于人们视力的生理惯性,似乎觉得零件是不转动的。

点火正时仪工作原理:在发动机飞轮或曲轴带轮上,一般都刻有正时标记,在与之相邻的固定机壳上也刻有标记。曲轴旋转至活动标记与固定标记对齐时,第一缸活塞刚好到达上止点。如果用第一缸的点火信号触发闪光灯,并使之发出短暂光脉冲,当用闪光灯照射刻有活动定时标记的飞轮或曲轴带轮时,若发动机转速稳定,则活动标记与闪光灯闪光在光学上是相对静止的,活动标记似乎不动。当闪光灯在第一缸点火信号发生的同时闪光时,一缸活塞尚未到达上止点,活动标记与固定标记尚未对齐,此时两标记之间所对应的发动机曲轴转角即为点火提前角,如图2.28所示。

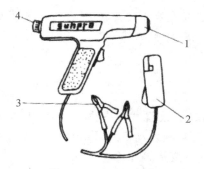

图2.27　点火正时仪

1—闪光灯;2—点火脉冲传感器;3—电源夹;4—电位计旋钮

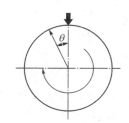

图2.28　飞轮及壳上的标记和点火提前角

检测时,先接上正时灯,再把点火脉冲传感器串接在一缸火花塞与高压线间或外卡在一缸高压线上(感应式传感器),擦拭飞轮或曲轴带轮使之清晰显露出正时标记。使发动机于怠速工况下运转。打开正时灯并使之对准正时标记,调整电位计旋钮,使活动标记与固定标记对齐,此时所显示的读数即为怠速工况下的点火提前角。

发动机怠速运转时,离心式和真空式点火提前装置未起作用或起作用很小,此时测得的点火提前角为初始提前角。测出的各工况下的点火提前角若符合规定,说明初始点火提前角调整正确,同时说明离心点火提前装置和真空点火提前装置工作正常。也可对各种工况下的离心提前角和真空提前角进行测试。拆下分电器真空提前装置的真空软管,用在真空提前装置不起作用时各种转速下的点火提前角减去初始点火提前角,即可得到在各种转速下的离心提前角;在连接真空提前装置真空软管的情况下,用在同样转速下测得的点火提前角减去离心提前角和初始提前角,则又可得到真空点火提前角。

对于计算机控制电子点火系统而言,其点火提前角的检测应按制造厂规定的校准点火正时的步骤进行。检测时,一般应先把发动机罩下的点火正时检验接线柱搭铁,使计算机控制点火提前不起作用。首先检测基本提前角(即发动机自动控制点火提前装置不起作用时的点火提前角),检测完后再把搭铁导线拆除,具体检测方法和步骤应查阅说明书。

2.缸压法

当某缸活塞到达压缩行程上止点时,气缸内压缩压力最高。用缸压传感器检测出这一时刻,同时用点火传感器检测出同一缸的点火时刻,二者间所对应的曲轴转角即为点火提前角。用缸压法制成的点火正时仪,由缸压传感器、点火传感器、处理装置和指示装置等构成。如果正时仪带有油压传感器,还可以用来检测柴油机的供油提前角。图 2.29 为缸压法检测发动机点火提前角或供油提前角的原理图。

发动机点火提前角的检测步骤如下。

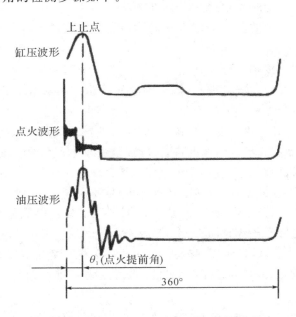

图 2.29　缸压法检测点火、供油提前角

1）运转发动机使其达到正常工作温度后停机。

2）拆下某一缸的火花塞,把缸压传感器装在火花塞孔内。

3）把拆下的火花塞固定在机体上使之搭铁(注意:中心电极不能与机体相碰),并把点火传感器插接在火花塞上,连接好该缸的高压线。此时,该缸火花塞可缸外点火。

4）启动发动机运转,由于被测缸不工作,该缸压信号反映气缸压缩压力大小,其最大值产生于活塞压缩终了上止点,连接在该缸火花塞上的点火传感器输出点火脉冲信号或点火电压波形信号。

5）按仪器使用说明书的要求操作,可从指示装置上测得怠速、规定转速或任一转速下的点火提前角。对具有打印功能的检测仪,在按下打印键后,还可打印出检测结果。

缸压法与闪光法一样,可测得初始点火提前角和不同工况下的总提前角、离心提前角、真空提前角以及计算机控制电子点火系统的基本点火提前角。检测点火正时时,一般只测一个缸(如1缸),其他缸的点火提前角决定于点火间隔,而点火间隔可从示波器屏幕上显示的并列波上得到。当各缸点火波形的重叠角很小时,可认为各缸的点火间隔相等,因而其他缸的点火提前角与被测缸相同,此时,被测缸的点火提前角即是整台发动机的点火提前角。

【任务实施】

(一)用示波器检测汽油机点火波形

1. 示波器组成和类型

示波器的基本功能是显示电压随时间的变化,除用于观察变化外,还可以检测电压、频率和脉冲宽度等参数。数字式万用表和解码器等检测设备,一般都能显示电压峰值、统计值或平均值,但信息的更换比较慢。示波器能改变这一不足,其显示信号的速度比一般电子检测设备快得多,是唯一能即时显示瞬态波形的仪器。

(1)示波器的组成。示波器一般由传感器(包括夹持器、测试探头和测针等)、中间处理环节和显示器组成。

(2)示波器的类型。按基本形式分类,示波器可分为模拟式示波器和数字式示波器两种类型;按显示器形式分类,示波器可分为阴极射线管式示波器和液晶式示波器两种类型;按用途分类,示波器可分为通用式示波器和专用式示波器两种类型。

1）模拟式示波器。其扫描速度非常快,能即时反映被测线路和状态,是最有效的检测设备之一。模拟式示波器的波形显示速度快,其速度取决于电压信号的速度和波形的重现率,但因显示速度快而使波形有点闪烁。由于模拟示波器没有记忆功能,因此无法记录、打印线路状态或将波形存储于数据库,给波形重现带来困难,不利于进一步分析判断故障。

2）数字式示波器。由微处理器控制,能将模拟电压信号转换成数字信号。虽然微处理器的速度非常快,但也需要耗费时间将信号数字化,因而波形显示速度相对较慢,致使显示的波形轨迹不是即时状态,但显示图像较为稳定,也不闪烁。数字式示波器实际上是一台微机,可以编程和自行设定,并能与数据库连接,因而成为一种有效、快捷、方便的检测设备之一。

3）阴极射线管式示波器。该种示波器的显示器为阴极射线管(CRT)。阴极射线管与电视机的显像管为同一类型,由电子枪、偏转板和荧光屏等组成。

4)液晶式示波器。该种示波器的显示器为液晶式显示器(LCD)。液晶式显示器的屏幕为夹层结构,有两种玻璃组成,中间夹有液晶。当在液晶上加上电场时,液晶分子重新排列,是光线按照控制的方式通过。

通用式示波器主要用于电子器件测量,当然也可以用于汽车测量。专用示波器,例如汽车专用示波器,主要用于汽车有关波形和参数的观察和分析。

2.示波器功能

尽管示波器的种类多种多样,但其基本功能是一样的。以美国 OTC3820 汽车专用示波器为例,介绍示波器功能如下。

(1)可测试发动机各传感器、执行器、电路和点火系,并能进行故障诊断。

(2)具有汽车万用表功能,可测试电压、电阻、周期、触点闭合角、正负峰值、峰值电压、喷油脉冲、喷油时间、点火电压和燃烧时间等。该功能还能在一个屏幕上同时显示三个检测项目,并能将全部测量数据的变化以曲线的形式显示出来。

(3)内部置有汽车数据库和标准波形,可随时调出,使判断故障更为方便。

(4)能提供在线帮助,包括提供系统工作原理、测试连接方法、接线颜色、汽车缩略语词典,并有图形辅助显示。

(5)有记录、回放功能,可捕捉到瞬间出现的故障。

(6)提供 RS-232 接口,使用 OTC GT1 软件可直接与 PC 机进行数据通信。

(7)借助 BBS 软件(标准配置),可通过网络免费更新数据并升级。

3.示波器波形走向与含义

示波器显示的波形,在垂直方向上表示电压,在水平方向上表示时间,走向从左至右,并且以基线为基准,向上为正电压,向下为负电压。

示波器显示的波形是信号电压的轨迹。当波形为一水平线时,表示电压恒定;当波形为一斜线时,表示电压稳定地变化,变大或变小;当波形为一垂线时,表示电压突变。有波形都有上升、下降、振幅和峰值。此外,还可能有干扰波形。

需要注意的是,汽车线路多为直流(DC),直流电压信号在示波器屏幕上为一水平线;交流(AC)电压信号为一正弦波;在汽车交流发电机输出线路上测不到正弦波,这是因为发电机有一个整流线路,已将交流电转换为直流电的缘故;有些速度传感器输出正弦波波形,这是由于该传感器使用了磁感应线圈,产生了交流信号;屏幕上显示阶梯波形时,表示直流电压发生突变,通常是由开关或继电器断开引起的;屏幕上显示脉冲链波形时,是开关连续不断的周期信号。

4.点火示波器观测的项目

点火示波器可观测、分析、判断点火系的项目如下:

(1)断电器触点闭合角;

(2)各缸波形重叠角;

(3)点火提前角;

(4)断电器触点是否烧蚀;

(5)断电器活动触点臂弹簧弹力是否正常;

(6)火花塞是否"淹死"或断续点火;

(7)各缸点火高压值;

（8）火花塞加速特性；

（9）点火系最高电压值；

（10）分火头跳火间隙；

（11）点火线圈次级线圈是否断路；

（12）电容器性能是否良好等。

（二）用示波器检测汽油机点火波形

用元征 ADC2000 型示波器检测普通桑塔纳电喷发动机点火波形的操作程序如下：

1. 车辆准备

（1）发动机怠速调整正确。

（2）发动机预热至正常工作温度。

2. 点火示波器的联机与准备工作

（1）各种测试的接线方法。在主菜单选择测试项目后，屏幕提示用户将测试电缆连接好。不同测试项目有不同的接线方法。ADC2000 在测试普通型桑塔纳发动机时的接线如表 2.5 所示。

表 2.5 　 用 ADC2000 型测试仪检测普通型桑塔纳轿车发动机时的接线方法

通道号	连接电缆	连接地点	备注
CH1	示波器电缆（带针）	初级线圈负极用探针刺入	测试次级波形时不接
CH2	次级信号电缆（无针）	分电器中心线探头加在中心线表面	测试初级波形时不接
CH3	1♯缸信号电缆	1♯缸次级高压线上	注意方向
CH5	接地线	汽车任意金属部件	接触良好

接线时应注意以下几个问题：

①初级信号电缆采用示波器电缆，用探针刺入初级线圈负极。因探针有高压，注意使用过程中，不要用手触摸探针。

②使用 1♯缸信号电缆时，注意将信号夹表面刻有"SPARK PIUG SIDE"字的一面朝向第一缸火花塞。

③次级信号电缆连接到次级高压线时，一定要将探头的铜弧面与高压线接触严密，不能留有空隙。

④测量初级/次级点火波形时，一定要连接地线。

（2）打开电源开关，示波器通电预热，完成自检查校正，待符合要求后再投入使用。

（3）进入系统。在系统主菜单中按［4］键，选择进入点火波形测量主菜单。

（4）选择功能。根据所测量的车型和测试项目选择相应测试功能，按对应的数字键或用［↑］，［↓］键移动到相应位置后按［确认］键，即可进入相应的点火波形测试。

3. 测试波形

（1）初级点火波形测试。按测试初级点火波形的接线方法连接好示波器后，在点火波形主菜单选择需要的菜单项进入后，屏幕提示用户连接好测试电缆。如果测试电缆连接正确，并且检测到有信号输入，初级点火波形立即在屏幕上显示出来。

如果电缆连接错误，探针损坏或者没有检测到初级信号，屏幕将提示错误信息"没有检测到输入信号,请检查电缆连接"。

如果出现信号输入错误信息,可以退出点火波形测试,从主菜单中选择示波器功能。选择[2]。自动设定通道[CH1]进入,传感器类型选择[10]初级点火波形。

(2)次级点火波形测试。按测试次级点火波形的接线方法连接好示波器后,在点火波形主菜单选择需要的菜单项进入后,屏幕提示用户连接好测试电缆。因示波器默认为测初级点火波形状态,所以此时会提示"没有检测到输入信号,请检查电缆连接",此时需点按[确认]键,然后点击[1]键,再点击[2]键,屏幕上即显示次级点火波形。

4.显示控制

用户可以根据自己的要求改变波形的显示模式。如放大/缩小,移动/改变,存储/打开等等。在屏幕上,上部显示扩展功能菜单,中间部分显示波形,底部显示当前状态,例如时间和电压的分辨率,发动机的转速,蓄电池电压和电流等。各功能菜单可完成的功能如下:

[0 保持]锁定波形显示和显示扩展功能菜单。

[1 初级]选择显示初级点火波形和次级点火波形。

[2 时间和电压]可以设置时间和电压的分辨率。

[3 当前页]显示当前的页码。

[4 气缸]选择气缸波形的显示模式。

[5 移动]可以上下和左右的移动波形。

[6 显示]可以把波形转换成单一波形、并列波形、棒形波。

[7 正极/负极]选择放电极性,不通用于分电器形式,仅适用于无分电器类型的车辆。

[8 英文]进行中文和英文的切换。

[9 网格]显示或隐藏画面上的横竖虚线的功能。

[0 恢复]恢复先前存储的波形数据。

ADC2000可以保存在闪存中的8个地址的波形。当按下[恢复]键,8个存储地址将显示出来。储存的数据的地址标有 * 号。

按[十]或[●]键选择所需地址,按确认键恢复波形。

按[十]或[0]键将光标固定在所需删除的地址,按 ERASE 键删除。

5.打印输出

ADC2000可以利用打印机打印示波器波形。可以打印当前显示波形或打印从存储地址恢复的存储波形数据。

当要打印的波形选择完毕后,按下[确认]键,打印开始。这时出现打印提示信息。

如果打印失败,"打印机初始化错误,打印机是否正确"信息出现,用户按[退出]键退出打印。如果条件准备好,则开始打印。

【知识拓展】

用发动机综合性能检测仪检测汽油机点火波形

带有点火示波器功能的元征 EA1000 型发动机综合性能分析仪的联机方法如下:

1．联机准备

（1）传统点火系的联机。EA-1000 型分析仪的电源夹持器夹持在蓄电池正、负极上，红色夹持器为正极，黑色为负极。初级信号红、黑小鳄鱼夹分别夹在点火线圈的初级接线柱上，红为正极，黑为负极。1 缸信号传感器（外卡式感应钳）卡在第 1 缸高压线上。次级信号传感器（外卡式电容器感应钳）卡在点火线圈中心高压线上，如图 2.30 所示。通过次级信号传感器的信号可获得次级点火波形，通过 1 缸信号传感器信号的触发，可获得按点火次序排列的各缸波形。

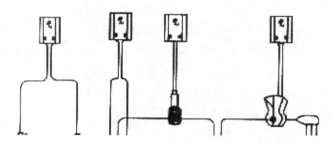

图 2.30　分析仪传感器与传统点火系联机方法

（2）无分电器点火系的联机。对于单缸独立点火线圈式，须采用分析仪的金属片式次级信号传感器联机，连接方法如图 2.31 所示。对于双缸独立点火线圈式，在检测任一点火波形时，须将 1 缸信号传感器和次级信号传感器共同卡在该缸高压线上，如图 2.32 所示。

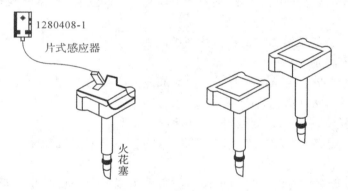

1280408-1

片式感应器

火花塞

图 2.31　分析仪传感器与单缸独立点火线圈式点火系的联机方法

2．检测方法

（1）在分析仪主菜单上选择"汽油机"，在副菜单上选择"点火系统"，在点火系统的下级菜单中选择"次级点火信号"，于是分析仪屏幕显示点火系次级检测界面。

（2）点击界面下端的波形切换软按钮，可分别观测到次级多缸平列波、次级多缸并列（三维波形）初次级多缸重叠波，需要指出的是，显示屏幕上击穿电压的坐标刻度具有智能性，当击穿电压值大于 20kV 时，量程会自动切换为 40kV。

（3）在点火系统的下级菜单中选择"初级点火信号"，于是分析仪屏幕显示点火系初级检测界面。

（4）点击界面下端的其他按钮，可实现数据存储、图形存储、故障诊断、图形打印和返回主菜单功能。

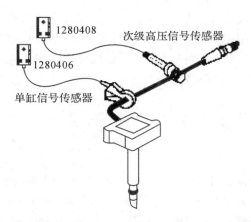

图 2.32　分析仪传感器与双缸独立点火线圈式点火系的联机方法

任务 2.4　汽油机油电故障检测与诊断

【任务引入】

　　案例导入：一辆行程为 12 万 km 的奥迪 A6 1.8T(M/T)轿车,发动机不能启动。进厂维修时,使用专用诊断仪检测发现该车存在故障代码 17748,该故障代码的含义是"凸轮轴位置传感器或曲轴位置传感器位置装错"。维修人员分别更换过凸轮轴位置传感器和曲轴位置传感器,故障未排除,分别检查凸轮轴位置传感器和曲轴位置传感器的连接线束和插接器,未发现故障。维修进入困境。

　　在与客户沟通过程中,客户透露该车之前是事故车,在其他修理厂大修过发动机,刚开始发动机还能启动,后来就这样了。重新梳理诊断思路,经检查发现该车进排气凸轮轴上的花键槽之间有 17 个传动链节,正常应该有 16 个传动链节。将进排气凸轮轴上的花键槽之间的传动链节调整为 16 个后装复,清除故障码,故障代码 17748 不再出现,发动机启动正常,经试车故障完全排除。

【任务分析】

　　汽油机在不同工况下工作时,需要一定数量和浓度的可燃混合气,而汽油机可燃混合气供给受发动机电控系统的控制。如果汽油机可燃混合气浓度不合适,不但影响发动机的动力性、经济性、排气净化性,甚至无法正常工作。

　　因此,保障供给合适的可燃混合气浓度,是汽油机正常行驶的重要条件。油电系故障是汽油机各机构、系统中故障率最高者之一,往往是诊断与检测的重点对象。

【相关知识】

一、汽油机常见故障及诊断方法

　　根据发动机的故障性质与现象特征,可以将发动机油电系统故障分为发动机不能启动、发动机冷启动困难、发动机怠速不良、发动机动力不足、发动机耗油量大、发动机进气管回火、发动机排气管放炮等不同的故障。在排除上述故障案例过程中,我们不难看出,一要正确理解故障代码的含义,不能盲目换件维修;二要按照规定的诊断流程,特别要重视与客户之间的沟通,第一时间获取有益的维修信息。

二、电控发动机故障诊断的基本流程

1.填写用户调查表

为了迅速地查找出故障发生点,首先要询问用户,了解故障出现时的情况、自然条件,了解故障的发生过程以及检修历史等。然后详细填写维修车辆登记表。此表与诊断测试结果一起作为查找故障点的依据,同时也可作为检修后验收、结账的参考依据。

2.外观初步检查

电控汽油喷射系统的故障大多数是小故障,如线路短路或断路或人为的装错,以及一些传感器、执行器的规定值的失调。

所有进气胶管均不能有破裂。检查各种卡箍紧固是否适度。检查各种真空管是否有破裂、扭结、插错。插错真空管会造成发动机怠速不稳,甚至使发动机无规律地出现工作不良。

喷油器应安装正确,密封圈完好。密封圈上部安装或密封不良会导致漏油,会造成严重事故,下部密封不良会导致漏气,使发动机真空度下降,运行不良,还会使进气压力传感器信号增加,喷油量增加,从而致使混合气变浓等。

3.故障再现

在填写维修车辆登记表后,按照车主所叙述的故障现象,在车速、负荷、道路条件达到产生故障的条件下驾驶汽车,尽力使故障现象再度出现。从故障表现的形式上,结合外观仔细检查结果,对该车故障有一个初步的诊断。

4.读取故障码

启动发动机故障自诊断系统,读取故障码并结合该车故障诊断有关资料查找故障根源。

(1)读取故障码。查阅该车故障码表,掌握故障码的确切含义,确定故障的产生部位。

(2)如无故障码输出(显示正常码)或没有故障码含义注释表,那么可根据故障现象,读取数据流,分析故障原因,确定故障部位。

5.分析诊断

根据故障码、数据流、油压表、真空表、波形分析等手段对发动机电控系统进行综合分析诊断,查出故障部位。

6.排除故障并验证故障排除结果

对已确诊的故障点进行维修或更换,排除故障后,清除故障码,并试车验证故障是否排除。

三、电控发动机故障诊断的基本方法

根据所采用的手段与方法的不同,故障诊断的基本方法可分为:直观诊断法、自诊断法和仪器诊断法三种。

1.直观诊断法

直观诊断法就是通过人的感觉器官对车辆故障现象进行问、看、听、摸、嗅、试等初步的、直观的检查。通过"问"可以了解故障出现的时间、出现的过程(是自然产生还是人为造成)、故障现象的特征等。通过"看"可以观察到元件损坏的表面现象,如断裂、脱落、松旷、泄漏、堵塞、脏污、烧蚀等。通过"听"可以听到各种正常和不正常的响声,如漏气、高压漏电、爆燃、放炮、回火、电磁阀动作等响声。通过"摸"可以感觉到抖动、温度、湿度等。通过"嗅"可以嗅出漏油、异常的尾气排放和高温烧糊味等。通过"试"可以直观地试验出某些元件或系统的性能好坏,如火花塞的跳火、油压调节器的调压性能、点火的时刻、发动机的动力性、自动变速器的各项检验效果和 ABS 的工作效果等。诊断时要做到认真、细心和完全。

通过以上诊断,可以再现故障的全过程,了解和掌握故障现象的详细特征,根据积累的经验,通过大脑的分析和判断,可以直接找到故障的具体部位。这种方法简单、实用,不需要任何仪器与设备,有很多的故障都是通过这种方法得以排除的。

2.自诊断法

自诊断法是通过读取电控单元内存故障自诊断代码进行故障分析和诊断。

当汽车电控系统出现故障时,故障自诊断系统便通过仪表板上的故障指示灯(发动机电控系统的故障指示灯为"CHECK ENGINE"灯)来提示驾驶员。至于故障的类型和故障部位,则需通过启动故障自诊断系统,读取故障码,再由故障码表查找出该故障码所代表的故障。读取故障码的方法有利用故障诊断仪法和人工读码法两种。

(1)故障自诊断模式的类型

在现代汽车故障自诊断系统中,对于电控系统故障的诊断主要采用两种不同的诊断模式。

一种是静态诊断,在进行这种模式的诊断时,只需打开点火开关,不启动发动机,主要是在发动机静态时,将电控单元中所存储的故障码读取出来,利用电控单元内已存有的汽车电控系统的故障码进行诊断。

第二种故障诊断模式是动态诊断模式,主要是在发动机运行状态下,利用故障自诊断系统测取故障码或进行混合气成分的监测。

(2)进入故障自诊断系统的方法

在利用故障自诊断系统进行故障自诊断测试,读取电控单元随机存储器 RAM 中存储的故障码时,首先须进入故障自诊断测试状态。由于汽车制造厂家的不同,进入故障自诊断测试状态的方法也有一定的区别,归纳起来大体上有以下几种。

①接导线读取法

有些现代汽车中,在利用故障自诊断系统读取故障码时,需要将诊断盒中的"诊断输入端子"和"搭铁端子"用导线进行跨接,方可进入微机故障自诊断测试状态,读取 RAM 中存储的故障码。例如,20 世纪 90 年代丰田汽车公司生产的电控汽车。

②打开专用诊断开关读取法

在一些车上,设置有"按钮式诊断开关",或在电控单元控制装置上设置有"旋钮式诊断模式选择开关"。按压或旋转这些专用诊断开关,即可进入故障自诊断测试状态,进行故障码的读取。例如,日产汽车等。

③打开兼顾诊断开关功能的共用开关读取法

在一些汽车电控系统中，空调控制面板上的相关控制开关可兼作故障诊断开关。一般是将空调控制面板上的"WARM（加温）"和"OFF（关机）"两个按键同时按下一段时间，即可使故障自诊断系统进入故障自诊断状态，读取微机随机存储器中存储的故障码，例如，林肯、凯迪拉克轿车等。

④利用点火开关的约定操作程序读取法

美国克莱斯勒汽车公司生产的轿车电子控制系统就采用这种方法，即在规定时间内，将点火开关进行"ON－OFF－ON－OFF－ON"循环一次，便可使微机进入故障自诊断系统。

⑤利用加速踏板的约定操作程序读取法

如宝马3系列、5系列、7系列、8系列和M5系列车型装备的DME3.1发动机电控系统即采用这种方法，在规定时间内，将加速踏板连续踩下5次，即可使故障自诊断系统进入故障自诊断状态。

（3）故障自诊断系统故障码的显示方法

归纳起来，一般常见的故障码显示方法有以下几种。

①利用仪表板上故障指示灯的闪烁规律显示故障码

大部分现代汽车采用这种方法进行显示。当系统进入故障自诊断测试状态读取故障码时，故障自诊断系统便控制仪表板上的故障指示灯以闪烁次数和点亮时间长短来表示故障码。这种显示方式有一位数码、二位数码、四位数码和五位数码四种。

利用故障指示灯显示二位数故障码的方式是应用最广的一种，如丰田、通用、克莱斯勒等汽车公司生产的汽车大都采用此种显示方式。

不同的故障自诊断系统，两位数故障码显示的方法略有不同，一般有以下三种表示方法。

a.仪表板上的故障指示灯以点亮时间较长的闪烁信号，显示完一个故障码的十位数码，其闪烁的次数代表故障码的十位数码；故障指示灯将关闭一小会儿，然后再以点亮时间较短的闪烁信号，接着显示该故障码的个位数码，其闪烁次数代表故障码的个位数码；一个故障码的两位数码全部显示完毕后，仪表板上的故障指示灯关闭，较长一段时间，再进行下一个故障码的显示。图2.33(a)所示为以这种显示方式显示的故障码"23"和"12"。

b.故障指示灯点亮时间不变，由灯的关闭时间长短来区分一个故障码的个位与十位以及不同的故障码。位与位之间有一个较短的关闭时间，码与码之间有一个较长的关闭时间。

c.故障指示灯点亮时间不变，在故障码的位与位之间关闭一小会儿，在码与码之间点亮略长一段时间。如图2.33(c)所示。

②发光二极管（LED）显示法

在有些汽车的故障自诊断系统中，故障码可由一个或多个发光二极管进行显示，这些发光二极管通常安装在电控单元控制装置上。采用不同数量的发光二极管时，其显示方法和意义也不相同。

如利用两个发光二极管显示故障码：两个发光二极管选用不同的颜色，红色发光二极管的闪烁次数为故障码的十位数码，绿色发光二极管的闪烁次数为故障码的个位数码，如图2.34所示。

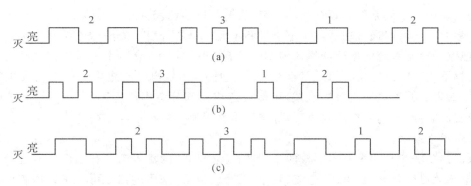

图 2.33 用故障等显示故障码"23"和"12"的三种方法

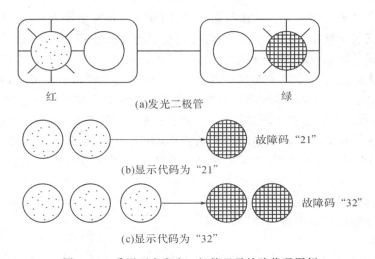

图 2.34 采用两个发光二极管显示故障代码图例

③利用车上的数字式仪表进行数字显示

在许多高级轿车上,已采用较先进的数字方式显示故障码的方法。进行读取故障码操作时,电控单元内存中的故障码将以数字的形式显示在组合仪表显示器的某一部位(一般是显示在数字式显示屏上)。

(4)故障码的内容与故障码表

故障码对于不同的车型、不同的出厂年代和制造厂家有不同的含义,它由程序设计人员在进行微机控制单元的程序设计时预先约定。当微机的控制程序不变时,其故障码也不会改变。

故障码表是由各制造厂家提供的,以表格的形式对故障码及其所代表的故障加以解释和描述,以便汽车工程技术人员和汽车维修技术人员进行维护和修理时参考。

要了解各种故障码的内容 ,必须查阅各种车型的维修手册或有关技术资料。

(5)车用电控单元内存储中故障码的清除

在对汽车电子控制系统进行维修、排除各种故障后,存储在电控单元内存中的故障码必须清除,以便在今后的工作中记录和存储新的故障码。如果不清除旧的故障码,当汽车电子控制系统中再次出现故障时,电控单元把新、旧故障码一并输出,使用和维修人员便不知道

哪些是汽车微机控制系统真正存在的故障,哪些是以前已经排除的故障。

清除故障码可以通过切断汽车电子控制单元(主要指微机部分)的电源来实现。具体做法是:把电子控制系统的熔断器拔掉约10s或更长时间即可,有时也可以直接把蓄电池负极搭铁线拆下约10s或更长时间。但是在有些车型上,其他电子装置也可能有需要电源维持的信号,如果断开蓄电池负极搭铁线,可能会造成这部分有用信息丢失,如电子石英钟和音响等装置。因此,在清除故障码时,最好按照维修手册中所指示的方法进行。

3.仪器诊断法

仪器诊断法是利用最基本的检测仪器对控制电路中的输入信号和输出信号进行直接测量,测量参数可以是电阻、电压、电流、频率、信号波形等,采用的仪器可以是万用表、诊断仪、示波器等。

在车辆线束总成上有一个故障诊断插座,该插座有的布置在仪表台下方的转向柱周围,有的布置在副驾驶一侧杂货箱的下方,有的布置在发动机机仓的左侧等,故障诊断插座上设有一个串行数据传输线,接上故障诊断仪,操作键盘即可将ECU内贮存的故障代码读出并显示在显示屏上。这样的故障诊断仪有两类,一类是专用故障诊断仪如TECH2、GT1、IT-Ⅲ、V.A.G1552等,每一种故障诊断仪只能适用于少数的几种车型;另一类是通用故障诊断仪,每一种诊断仪都能够适用于较多的车型,对于过去采用的都是OBD-Ⅰ型故障诊断插座,不同型号的车辆都配有形状各不相同的连接插头,对于OBD-Ⅱ型的故障诊断插座,都是采用国际统一的16端子的连接插头,常用的故障诊断仪有元征431、修车王、车博士、金德、金奔腾等。

(1)读取和清除故障码

可以通过诊断仪对系统进行读码和清码。

(2)数据流

利用故障代码进行故障诊断虽然在一定程度上方便、快捷,但存在两方面的局限性,一是故障代码只能指明某一部分电路有故障,只是一个范围,不能具体到故障部位;二是ECU只能监测到信号的范围,不能监测到被测信号的变化特性,即只对值域区和时域区超出有效范围的信号设置故障,而对于没有超出有效范围,但不合理的数据则无法判断。所以,故障代码只是一个重要参考,不能完全依赖于对故障代码的检测,在排除故障时还必须作更进一步的检测。

许多车辆的自诊断系统除了具有故障代码的设置功能外,还有行车记录功能,能记录车辆在行驶过程中的传感器、执行器及相关电路的数据和资料,将故障诊断仪通过故障诊断插座与车辆ECU相连,在故障诊断仪的显示屏上便可以显示出所测的数据,通过分析、比较这些数据,可以为进一步故障诊断和排除疑难故障提供更多的信息和线索。同时,利用故障诊断仪还可以通过车辆ECU向执行器发出控制指令,使某些执行器产生动作,以测试其功能的好坏,如喷油器动作的测试、活性炭罐电磁阀动作的测试、换挡电磁阀动作的测试等。目前一般的故障诊断仪都具有这样的功能,即数据流功能。

(3)基本设定

在大众系列的某些车型中,更换元件之后需要进行参数匹配,又称基本设定。例如更换节气门体,该车的节气门体上有节气门电位计、节气门定位器、节气门定位电位计和怠速开关,更换后需要将节气门体与ECU进行匹配,如果更换了ECU,也需要在节气门体与新

ECU 之间进行匹配,否则会出现发动机怠速抖、行驶无力等现象,这一工作必须由故障诊断仪来完成。V. A. G. 1551、V. A. G. 1552 及一些通用型故障诊断仪都已具备这样的功能,具体设定方法可以参考故障诊断仪的使用说明书。

(4)万用表法

此方法应选用高阻抗的数字万用表或汽车专用万用表,这种万用表一般都具有测量电阻、电压、温度、频率、电容等功能,可直接用于测量元件或电路的电阻、电压和通断情况,对于交流信号和脉冲信号可以测量其频率,外接上温度传感器后还可以测量外界的温度。在确定故障具体部位时,万用表往往是最简单而实用的诊断仪器。

(5)示波器法

能够用作示波器的设备有汽车示波器、故障诊断仪和发动机综合分析仪等。采用示波器可以"截取"ECU 与传感器或执行器之间的电子信号,并以波形的方式显示出来。波形记录了信号的幅值与时间之间的关系,从波形上可以得到信号的幅值(电压的大小)、频率、占空比、脉冲宽度、特性和信号的变化规律等,通过对波形的分析,理论上讲可以将导致汽车故障的所有原因一一检查出来,尤其在对付疑难杂症时特别有效,它是现代汽车故障诊断中一种重要的诊断仪器。

四、电控燃油喷射汽油机燃油系统的检测与诊断

随着汽车电子技术的发展,装备电控燃油喷射系统的汽油机逐渐取代了化油器式汽油机,我国也已经禁止生产化油器轿车,电控燃油喷射汽油机与化油器式汽油机供给系的故障诊断差别很大,电喷汽油机供给系一般来说故障率较低。

1. 检测燃油压力

通过检测发动机运转时燃油管路内的油压,可以判断电动汽油泵或油压调节器有无故障,汽油滤清器是否堵塞等。检测燃油压力时,应准备一个量程为 1MPa 左右的油压表及专用的油管接头,按下列步骤检测燃油压力。

(1)油压表的安装

1)将燃油系统卸压。启动发动机,在发动机运转中拔下电动汽油泵继电器(或拔下电动汽油泵电源插头),待发动机自行熄火后,再转动启动开关,启动发动机 2~3 次,燃油压力即可完全释放,然后将点火开关置于 OFF 位置,装上电动汽油泵继电器(或插上电动汽油泵电源接线)。

2)拆下蓄电池负极搭铁线。

3)拆除冷启动喷油器油管接头螺栓(拆开螺栓时,要用一块棉布包住油管接头,以防汽油喷溅),将油压表和油管一起安装在冷启动喷油器油管接头上(见图 2.35(a))。油压表也可以安装在汽油滤清器油管接头,分配油管进油接头,或用三通接头接在燃油管道上便于安装和观察的任何部位(见图 2.35(b))。

4)重新装上蓄电池负极搭铁线。

(2)测量静态油压

1)用一根短导线将电动汽油泵的两个检测插孔短接。

2)将点火开关转至 ON 位置(但不要启动发动机),让电动汽油泵运转。

3)测量燃油压力。其正常油压应为300kPa左右。若油压过高,应检查油压调节器;若油压过低,应检查电动汽油泵、汽油滤清器和油压调节器。

4)拔掉电动汽油泵检测插孔的短接线,将点火开关转至OFF位置。

(3)测量保持压力

测量静态油压结束5min后,再观察油压表指示的油压。此时的压力称为燃油系统保持压力,其值应≥147kPa。若油压过低,应进一步检查电动汽油泵保持力、油压调节器保持力及喷油器有无泄漏。

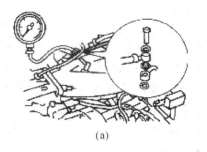 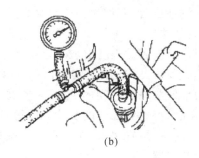

(a)   (b)

图2.35　油压表的安装

(4)测量运转时燃油压力

1)启动发动机。

2)让发动机怠速运转,测量此时的燃油压力(见图2.36(a))。

3)缓慢开大节气门(踩下加速踏板),测量在节气门接近全开时的燃油压力(见图2.36(a))。

4)拔下油压调节器上的真空软管,并用手堵住(见图2.36(b)),让发动机运转,测量此时的燃油压力。该压力应和节气门全开时的燃油压力基本相等。

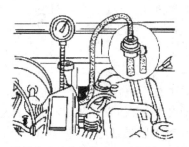 

(a)测量怠速及节气门全开时的燃油压力   (b)测量拔下油压调节器真空软管后的燃油压

图2.36　燃油压力的测量

不同车型燃油系统的燃油压力各不相同,请参阅具体车型维修手册。油压过高,应检查油压调节器及其真空软管;若测得的油压过低,则应检查电动汽油泵、汽油滤清器及油压调节器。

(5)测量电动汽油泵最大压力和保持压力

1)将燃油系统卸压。

2)拆下蓄电池负极搭铁线。

3)将油压表接在燃油管路上,并将出油口塞住(如图2.37)。

4)接上蓄电池负极搭铁线。

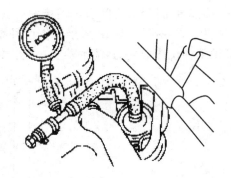

图 2.37　测量汽油泵的最大压力和保持压力

5)使用一根导线将电动汽油泵的两个检测插孔短接。

6)将点火开关转至 ON 位置,持续 10s 左右(不要启动发动机),使电动汽油泵工作,同时读出油压表的压力,该压力称为电动汽油泵的最大压力。它应当比发动机运转时的燃油压力高 200~300kPa,通常可达 490~640kPa。如不符合标准值,应更换电动汽油泵。

7)将点火开关转至 OFF 位置,5min 后再观察油压表的压力,此时的压力称为电动汽油泵的保持压力。其值应大于 340kPa。如不符合标准值,应更换电动汽油泵。

8)拆下油压表。

(6)测量油压调节器保持压力

当燃油系统保持压力不符合标准值(<147kPa)时,应作此项检查,以便找出故障原因。其检查方法如下。

1)将油压表接入燃油管路。

2)用一根短导线将电动汽油泵的两个检测插孔短接。

3)将点火开关旋至 ON 位置,并保持 10s,让电动汽油泵运转。

4)将点火开关旋至 OFF 位置,拔去电动汽油泵检测插孔上的短接导线。

5)用包上软布的钳子将油压调节器的回油管夹紧。

6)5min 后观察燃油压力,该压力称为油压调节器保持压力。

(7)油压表的拆卸

1)释放燃油系统的油压。

2)拆下蓄电池负极搭铁线。

3)拆下油压表。

4)重新装好油管接头。

5)接好蓄电池负极搭铁线。

6)再建立燃油系统的油压。

7)检查油管各处有无漏油。

2.检测喷油信号

对于电控燃油喷射系统而言,燃油压力由调节器控制,使其与进气歧管的压力之差为恒定值,则从喷油器喷出的燃油量仅取决于喷油器的开启时间,该时间是由微处理器向喷油器电磁线圈发出指令信号控制的。

为测得电控喷油系统的喷油压力脉冲信号,可拆开喷油器电路插头,中间接入专用 T 形接头。其一端接喷油器,另一端接电路插头,中间引出端接发动机综合检测仪(或示波器)的信号提取系统的信号探针,如图 2.38 所示。该 T 形接头有两种型式,一种是直接插头引出式,另一种是鱼夹引出式,可供多种传感器(包括喷油器)信号引出之用。

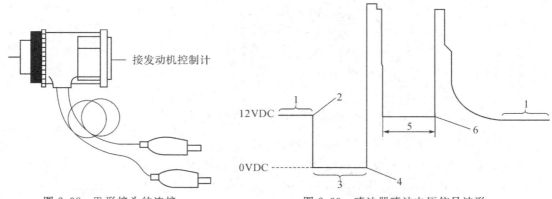

图 2.38 T 形接头的连接　　　　图 2.39 喷油器喷油电压信号波形

图 2.39 为发动机综合检测仪采集到的喷油器喷油电压信号波形。图中:1 为喷油器关闭时的信号;2 为电子控制元件(ECU)给出喷油信号开始喷油的时刻,3 为针阀全开提供给发动机基本喷油量的时期,该时期长短由 ECU 根据传感器输送的空气流量、发动机冷却液温度、进气温度、进气压力等信号计算确定,一般为 0.8～1.1ms;4 为基本供油电压信号终止时刻,喷油器线圈因自感而产生约 35V 的电压脉冲;5 为补偿加浓时期,该时期长短由 ECU 根据各种传感器输送的有关转速、负荷、进气温度、进气歧管压力的信息计算确定;一般约为 1.2～2.5ms;6 与 4 相似,为补偿加浓电压信号终止时在喷油器线圈中产生的自感电压脉冲,一般为 30V。

【任务实施】

一、发动机不启动故障检测与诊断

1.故障现象:曲轴转动正常,有启动转速,但发动机长时间不能启动。

2.故障主要原因及处理方法:电子控制系统引起发动机不能启动的基本原因是无高压火、点火正时严重失准和不喷油。引起无高压火的故障部位一般为火花塞、点火放大器与点火线圈、曲轴位置(或凸轮轴位置)传感器、ECU 以及上述元件的线路故障。引起点火正时严重失准的原因一般为曲轴位置(或凸轮轴位置)传感器及电路。引起不喷油的故障部位一般为喷油器及其电路、汽油泵及其电路、汽油压力调节器或丧失点火信号等。处理的方法一般为更换。

3.故障诊断流程:故障诊断流程如图 2.40 所示。

二、任务实施过程

1.实训目标
能正确检测并排除发动机不能启动故障,并完成发动机不能启动故障排除记录表。

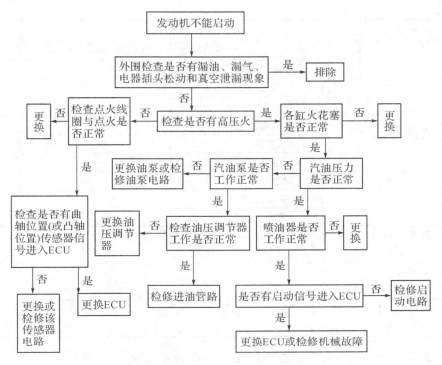

图 2.40　发动机不能启动故障诊断流程图

2. 实训设备

(1)完好的电控发动机台架(或整车)若干台;

(2)完好的万用表、诊断仪、示波器、油压表、常用工具箱和维修手册若干组。

(3)设置发动机不能启动故障的道具若干组。

3. 实训步骤

(1)启动发动机,观察发动机的故障现象,填写表 2.6;

表 2.6　发动机不能启动故障排除记录表

序号	操作步骤		记录内容		备注
1	故障现象描述				
2	基础性检查		检查项目	检查结论	
		1	蓄电池指示灯		
		2	发动机故障指示灯		
		3	油量指示表		
		4	电控元件线束插接器		
		5	分缸线连接		
		6	其他		

续表

序号	操作步骤	记录内容					备注
3	分析诊断		检测项目	元件位置	检测方法	检测结果	
		1	故障码				
		2	ECU电源保险丝				
		3	油泵保险丝				
		4	油泵继电器				
		5	油泵线束接头				
		6	油泵搭铁线				
		7	转速传感器				
		8	喷油器保险丝				
		9	其他				
4	排除故障记录						
5	验证故障排除结果						
6	故障诊断与排除思路						

(2)按照表2.6所示基础性检查项目进行检查,并填写表2.6相应内容;

(3)连接诊断仪,读取故障码,并填写表2.6相应内容;

(4)按照表2.6要求检测ECU电源保险丝,油泵保险丝,油泵继电器,油泵线束接头,油泵搭铁线,转速传感器,喷油器保险丝等项目,并填写表2.6相应内容;

(5)对检测结果进行综合分析,确定故障元件部位,排除故障,填写表2.6;

(6)重新启动发动机,使用诊断仪读取/清除故障码,验证故障排除结果,填写表2.6;

(7)根据故障现象和检测过程总结故障诊断与排除思路,填写表2.6。

【知识拓展】

一、其他故障检测与诊断

1. 数据流综合分析步骤

(1)数据综合测量

①发动机故障代码测量。这是一项基本测量,也是故障表现的一种形式。当发动机故障指示灯点亮时,故障代码一定存在,此时经过查阅维修手册,便可明确故障类型,并相应地找到解决办法。

②发动机数据流测量。这是进一步的测量。当系统中没有故障代码时,读取标准工况下的ECU数据比较关键,特别要注意数据标准及数据变化量。常规测量工况应选择热车状态下的怠速工况和发动机转速在2000 r/min时的无负荷工况。

③发动机真实数据流测量。这一步为利用设备工具进行的实际测量,一般需要测量的数据应该是车辆工作的基本数据,例如对于发动机系统,这些数据包括:进气歧管的真空度、

气缸压缩压力、点火正时、发动机转速、燃油系统压力、机油压力、发动机冷却液温度、进气阻力(真空法测量)、废气排放值、排气阻力及曲轴箱通风压力等。测量完成后需要将实测值与故障检测仪读取的数值进行对比,差值过大的数据即为故障所在。例如,发动机 ECU 显示冷却液温度为 60℃,而实测冷却液温度为 85℃,则说明发动机冷却液温度传感器数据存在偏差,故障原因可能在于线路接触电阻过大,ECU 的 A/D 转换器数值偏差等。

(2)数据综合分析

①建立数据群模块。所谓建立数据群模块,即将某一故障现象所涉及的数据集中起来,逐一检查、对比及分析。例如,发动机怠速转速过高,达到 1000 r/min,那么所涉及的数据将包括冷却液温度、节气门开度、怠速控制阀步数(或开度)、点火提前角、进气歧管绝对压力、氧传感器信号、喷油脉宽、燃油系统压力、蓄电池电压、空调开关状态、转向助力开关状态、车速、挡位开关状态及发动机废气排放等。

②分析数据。分析数据时应注意以下几点:

a.将 ECU 的数据与实际测量数据进行对比,差值越小,说明 ECU 及传感器越精确。

b.将 ECU 数据与维修手册标准对比,若误差值超过极限,说明相应的数据为工作不良数据。

c.找出疑问数据进行分析。例如,氧传感器信号电压变化值为 0.1~0.9 V,无故障代码。简单看氧传感器无故障,数据也在维修手册规定范围内,但与新车 0.3~0.7 V 的正常值相比却有了很大变化。由此说明氧传感器接触到的发动机废气中的氧含量变化不稳定,即燃烧的混合气的空燃比不稳定。而导致此种故障发生的原因包括:发动机进气管漏气、气门积炭、气门关闭不严、曲轴箱通风阀堵塞及发动机活塞环密封不严等。

③综合分析。为了准确地分析故障,需要将几个问题数据间的关联关系逐一进行分析。

例如,一只火花塞工作不良,其关联关系为:部分燃油不能有效燃烧—发动机怠速抖动—废气中的 HC 值过高—氧传感器信号电压偏低—发动机油耗增加—发动机动力不足—三效催化转化器温度过高(烧坏)—发动机 ECU 记录失火故障。

二、发动机怠速不良故障诊断

1.故障现象:发动机经过初始状态调整获得了准确的怠速后,在实际运转中,经常产生怠速偏低、抖动、游车或熄火现象,发动机低温、空调运转与转向助力的时候都有提速现象,但都不是很稳定,有时在其他工况下伴有动力不足的现象。

2.故障主要原因及处理方法:怠速不良情况往往是由于发动机在怠速时所发出的动力较小,难以克服发动机自身运转与附件运转的摩擦阻力。引起发动机怠速动力的故障原因有个别缸不工作或工作不良、怠速进气量较少或怠速时混合气浓度不正常等,引起上述情况的故障部位有火花塞、高压线、漏气、漏油、汽油泵、油压调节器、汽油滤清器、喷油器、空气流量计(或进气管绝对压力传感器)、氧传感器、节气门位置传感器等。处理的方法一般是清洗、调整和更换。

3.故障诊断流程:故障诊断流程如图 2.41 所示。

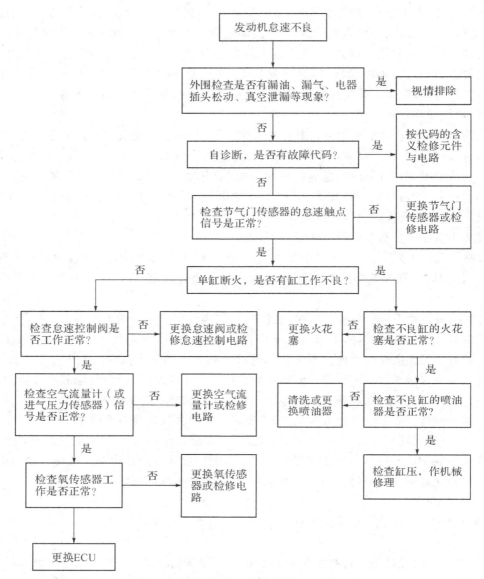

图 2.41 发动机怠速不良故障诊断流程图

任务2.5 发动机异响的检测与分析

【任务引入】

案例导入:一辆装有 CA492 型的发动机出现一种很轻的"嘚嘚"声,急加速时较明显,中低速时声音较大,增大点火提前角响声变重,但单缸断火变化不明显,减小点火提前角,至消声器产生"突突"声为止,此时 3、4 缸分别断火,响声变大;3、4 缸同时断火响声减弱。通过对3、4 缸活塞连杆组进行检查,诊断为 3 缸连杆铜套磨损严重引起异响。

【任务分析】

如果发动机运转中出现异常响声(即异响),表明发动机存在着不同性质和不同程度的故障,而且其中某些异响还可预告发动机将可能发生的事故性损害等。因此对于有异响的发动机,应根据故障现象,分析产生的原因,找出异响的位置,准确地将故障诊断出来。

在发动机上,不同的机件、部位和所处的工况,声源所产生的振动是不同的,因而发出的异响在声调、声频、声强、出现的位置和次数等方面均不相同。汽车发动机产生异响的原因是什么? 如何诊断发动机的异响故障? 因此需要学习和掌握发动机的异响产生的原因,诊断常见异响的方法。

【相关知识】

技术状况良好的发动机,运转中仅能听到均匀的排气声和轻微的噪声,这是正常的响声。如果发动机运转中出现异常响声(即异响),表明发动机存在着不同性质和不同程度的故障,而且其中某些异响还可预告发动机将可能发生的事故性损害等。发动机的常见异响,主要有曲轴主轴承响、连杆轴承响、活塞销响、活塞敲缸响、气门响、气缸漏气响、定时齿轮响、汽油机点火敲击响和柴油机着火敲击响等。

一、发动机产生异响的原因

发动机产生异响的原因很多,但归纳一下,大致上有如下几点:

1)爆燃或早燃所引起的声响,是一种金属敲击声。

2)某些运动件因润滑不良、自然磨损或调整不当使其配合间隙过大,并超出允许限度而引起响声,如活塞与缸壁的敲击响声、连杆轴承与轴颈的敲击声响、气门与调整螺钉的敲击声响等。

3)某些运动件因紧固不良而引起撞击异响,如飞轮固定螺栓松动、连杆盖螺栓松动,凸轮正时齿轮固定螺母松动等所致的异响。

4)个别机件损伤而引起异响,如气门弹簧折断、凸轮轴正时齿轮破裂等所引起的异响。

5)某些机件因维修不当或调整不当,使其配合间隙不准而引起异响,如活塞销(浮式)装配不当、过盈量太小而造成的配合松动,气门间隙调整不当、点火时间过早所引起的异响。

二、发动机产生异响的相关因素分析

发动机产生异响的相关因素主要包括:发动机的工作循环、转速、温度、负荷和润滑条件等。

(1)异响与转速的关系

发动机异响与转速之间存在着一定的对应关系,像有些异响在发动机急加速时出现,如主轴承松旷、连杆轴承松旷发响等;有些异响则在发动机急减速时更明显,如凸轮轴正时齿轮破裂损坏发响、凸轮轴轴向间隙过大发响等;而另有些异响则仅在发动机怠速或低速运转期间出现,当转速提高后则消失,如活塞与缸壁间隙过大、活塞销装配过紧或连杆轴承装配

过紧引起的异响。

（2）异响与温度的关系

有些异响与发动机温度有关，而有些异响与发动机温度无关或关系不大。在机械异响诊断中，对于热胀系数大的配合副要特别注意发动机的热状况，最典型的例子是活塞与缸壁间隙过大而产生的敲缸现象。发动机冷启动后，该响声非常明显，然而一旦温度热起，响声即消失或减弱。所以，诊断该响声应在发动机低温下进行。热胀系数小的配合副所产生的异响，如曲轴主轴承响、连杆轴承响、气门响等，发动机温度的变化对异响的影响不大，对温度就无特别要求。

（3）异响与负荷的关系

许多异响与发动机的负荷有关。如曲轴主轴承响、连杆轴承响、活塞敲缸响、气缸漏气响、汽油机点火敲击响等，均随负荷增大而增强，随负荷减少而减弱；柴油机着火敲击声随负荷增大而减少。但是，也有些异响与负荷无关，如气门响、凸轮轴轴承响和定时齿轮响等，负荷变化时异响并不变化。

（4）异响与润滑状态的关系

不论什么机械异响，当润滑条件不佳时，异响一般都显得严重，而且对发动机的损坏也特别严重。因此润滑条件的检查往往成为异响诊断的首要因素。

（5）异响与发动机工作循环的关系

对于四行程发动机来讲，其异响故障是否与发动机工作循环有关，要视发响机件所处位置和工作状态而定。

① 与工作循环有关的异响

在发动机运转过程中，如果曲柄连杆机构内或配气机构中某些运动件发响，则明显与工作循环有关。例如，活塞与缸壁间隙过大所引起的敲击声，曲轴每转一转，就会响一次。这是因为在做功行程中，作用在活塞上的力 P，将分解成为两个力 T 和 N（见图 2.42）。分力 T 传到连杆使曲轴旋转，分力 N 则将活塞压向其缸壁的右边，引起活塞碰击缸壁。而在压缩行程中，分力 N 改变了方向，又将活塞压向气缸壁左边，再引起活塞碰击缸壁，所以曲轴每旋转一周，就会产生一次敲缸声响。同理可推得与工作循环有关的各种声响，通常曲柄连杆机构引起的声响与工作循环有关时，均为火花塞跳火一次就发响两次，如活塞销敲击声、连杆轴承松旷响等；而配气机构引起的响声与工作循环有关时，均为火花塞跳火一次就发响一次，如气门响、气门弹簧折断响、凸轮轴正时齿轮响等。

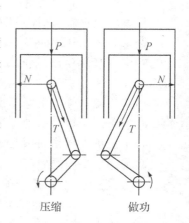

图 2.42　活塞受力简图

② 与工作循环无关的异响

在发动机运转过程中，有些异响的发响次数与曲轴转速不成规律。例如发动机怠速运转时所出现的间歇声响，或金属连续摩擦声音或金属连续敲击声响等。查听这类声响，应注意其发响区域。通常与工作循环无关的间隙声响，多为发动机附件故障，其异响为发电机、水泵、空气压缩机等安装不良或其带轮固定螺母松动等引起。

三、发动机异响诊断仪的使用

常见的发动机异响诊断仪器主要为示波器异响诊断仪。利用示波器异响诊断仪,可通过观测到的异响产生位置、波形特征和波形幅度等,实现故障诊断定位。

把发动机气缸体、气缸盖和油底壳等机件的外表面作为声源的测试部位时,测试信息为主声源发出的二次声源,它们的振动规律(频率、振幅、相位、持续时间等)由主声源的振动规律和该点固有振动频率等因素共同决定。以 6 缸发动机为例,曲轴主轴承的振动频率较低,它在面积较大而固有振动频率也较低的油底壳或曲轴箱侧壁上,能激发出 400Hz 的低频振动;连杆轴承响,则在离其最近的曲轴箱侧壁上激发出 800Hz 的振动;活塞销响,在正对该气缸活塞顶的气缸盖上激发出约 1200Hz 的振动;由于振动方向的原因,活塞敲缸响,则在正对该气缸体左侧(面对发动机)上部产生的振幅最大,振动频率约为 1200Hz;配气机构的响声是比较复杂的,气门落座响,在正对活塞顶的缸盖上激发出约为 2800Hz 的振动。而同一主声源在正对该气门的缸盖上激发出的振动频率会更高。

用示波器诊断发动机异响,就是利用振动传感器,把各种异响对应的振动信号拾取出来,经过选频、放大处理后送到示波器显示出振动波形,对异响进行频率鉴别和幅度鉴别,再辅之以单缸断火(或单缸断油)、转速变化等手段,就能迅速准确地判断出异响的种类、部位和严重程度。

【项目实施】

用异响示波器检测发动机异响波形。

通过专用异响诊断仪,以及国产和一些进口的带有示波器功能的发动机综合性能测功仪均能观测发动机异响波形。下面以 WFJ-1 型微电脑发动机测功仪为例,说明异响波形的观测方法。

一、曲轴主轴承响

1. 按仪器使用说明书的要求键入规定的操作码,进行异响选择。

2. 将加速度传感器抵在发动机油底壳中上部稍前的位置上,如图 2.43(a)中黑点所示。

3. 提高发动机转速,找出响声明显的转速,并在该转速下稳定运转或微抖节气门反复加速运转。若示波器屏幕上有瞬时的波形出现,发出的响声又沉重有力,说明是主轴承响。

4. 在稳定运转或者不断微抖节气门加速的情况下按下"储存"键,则主轴承响故障波形存储在仪器内,复位后键入规定的操作码即可重显已存入的波形。

5. 按下"全缸"键,可显示主轴承响全缸波形,如图 2.43(b)所示。

从图中可以看出,有一个在第 5 缸和第 3 缸之间的波形其幅度最大。再按下"单缸"键,依次单独显示各缸对应波形,可发现幅度最大的波形源自第 5 缸,显然是靠近第 5 缸的主轴承响,如图 2.43(c)所示。在波形存储之前,视需要可结合经验判断法进行诊断。若第 5 缸断火或相邻两缸同时断火时,波形减弱或消失,这样不仅可确诊为是主轴承响,而且还可以诊断出是与第 5 缸相邻的那一道主轴承响。

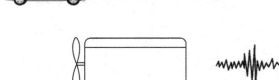
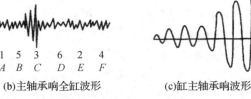

| (a)加速度传感器位置 | (b)主轴承响全缸波形 | (c)缸主轴承波形 |

图2.43　曲轴主轴承响故障波形

二、连杆轴承响

　　按仪器说明书的要求键入规定的操作码,进行异响选择。将加速度传感器抵在曲轴箱上部对正连杆轴承处。测1、2、3缸时抵在 A 点处,测4、5、6缸时抵在 B 点处,如图2.44(a)所示。提高发动机转速,找出响声明显的转速,并在该转速下微抖节气门。若屏幕上有瞬时波形出现,发出的响声较主轴承轻而短促,说明是连杆轴承响。调整电位器使波形清晰,可按照主轴承响的方法进行波形存储、全缸波形重显和缸位判断,并将波形打印出来。视需要可结合经验法诊断。连杆轴承响的全缸波形和2缸连杆轴承响的故障波形如图2.44(b)、图2.44(c)所示。

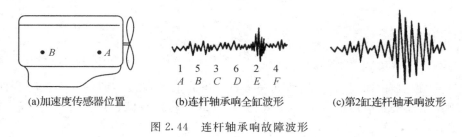

| (a)加速度传感器位置 | (b)连杆轴承响全缸波形 | (c)第2缸连杆轴承响波形 |

图2.44　连杆轴承响故障波形

三、活塞敲缸响

　　按仪器说明书的要求键入规定的操作码,将加速度传感器抵在气缸的上部,如图2.45(a)所示。在低速下微抖节气门,若屏幕上出现瞬时波形,响声清晰明显,说明是活塞敲缸响。调电位器使波形清晰,与诊断主轴承一样,也可以存储、全缸重显、缸位判断和打印。视需要可结合经验法诊断,如向气缸内加机油确诊等。活塞敲缸响的故障波形如图2.45(b)、图2.45(c)所示。

四、活塞销响检测

　　按仪器说明书的要求键入规定的操作码,将加速度传感器抵在缸盖上对准各缸活塞处,如图2.46(a)所示。采用微抖节气门的方法找出响声最明显的转速,若屏幕上有窄而尖的瞬时波形出现,响声又清脆而连贯,说明活塞销响。调电位器使波形清晰,与诊断主轴承响一样,也可以存储、全缸重显、缸位判断和打印。视需要也可以结合经验法诊断,如察听复火时是否有连续的两响等等。活塞销响的全缸波形和第 3 缸活塞销的故障波形如图 2.46(b)、图 2.46(c)所示。

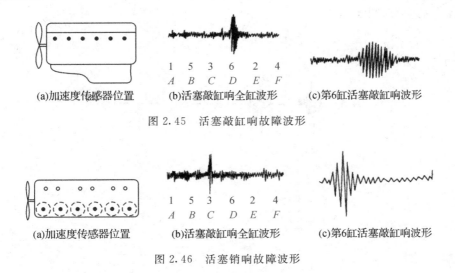

(a)加速度传感器位置　　　(b)活塞敲缸响全缸波形　　　(c)第6缸活塞敲缸响波形

图 2.45　活塞敲缸响故障波形

(a)加速度传感器位置　　　(b)活塞敲缸响全缸波形　　　(c)第6缸活塞敲缸响波形

图 2.46　活塞销响故障波形

五、气门落座响

按仪器说明书的要求键入规定的操作码,将加速度传感器抵在缸盖上对应进排气门附近,如图 2.47(a)所示。调电位器使波形清晰,屏幕上出现并列线和进排气门的落座波形,如图 2.47(b)所示。

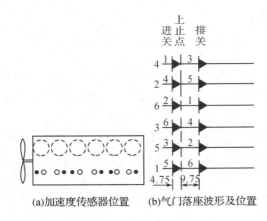

(a)加速度传感器位置　　　(b)气门落座波形及位置

图 2.47　气门落座波形

当某个气门落座时有异响时,其波形幅度明显增大,因而很容易判断。如异响波形相对于其他同名气门波形左移,这一般是气门间隙太大造成的。反之,若发现气门落座波形相对于其他同名气门波形右移,这一般是气门间隙太小造成的。如前所述,对气门落座波形也可以存储、重显、缸位判断和打印。图 2.48 所示为 1 缸的气门落座波形与缸压波形。

综上所述,用示波器诊断发动机异响时应注意的要点有:在响声明显的转速下稳住或微抖节气门,使发动机稳定运转或反复加速运转;加速度传感器的拾振位置应与异响位置相一致;要始终配合以经验诊断,如听诊法、单缸断火、相邻两缸同时断火等经验诊断法;观察分析示波器上的波形,判断异响。

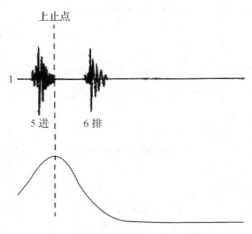

图 2.48　在 1 缸的气门落座波形和缸压波形

【知识拓展】

技术状况良好的发动机在运转过程中仅能听到均匀的排气声和轻微的噪声,当发动机运转过程中出现异常响声时,就表明相关部位出现故障。对于有异响的发动机,重要的是找出异响的特征和规律,分析产生原因,找出异响部位。

一、曲轴主轴承响

1. 故障现象

1)发动机在工作时产生一种粗重而沉闷的"哐、哐"异响。该响声是一种有节奏的周期性闷响。一般情况下,发动机在稳定运转时并无这种声响,当发动机转速突然变化时,这种异响就会出现。

2)发动机转速越高,响声越大;发动机转速由中速向高速过渡时,响声最明显。

3)此异响声随负荷增大而增大,在中速抖动油门时最明显。

4)单缸断火时,响声无变化;相邻两缸同时断火,则响声明显降低。

5)发动机在中、高速运转时,机油压力明显不足。

2. 故障原因

1)主轴承盖的固定螺栓松动。

2)主轴承减磨合金烧蚀或脱落。

3)主轴承和轴颈磨损过多,或轴向推力装置磨损过大,造成径向和轴向间隙过大。

4)曲轴弯曲。

5)机油压力或机油黏度太低。

3.故障诊断与排除

发动机在低、中速状态下抖动节气门时,会发出明显的沉闷而连续的敲击声,同时发动机伴随有振抖现象,则可以诊断为曲轴轴承响。

进行单缸断火试验时,声响变化不大;而相邻两缸断火时,声响明显减弱或消失,则可以诊断为两缸之间的曲轴主轴承响。

分别对 1 缸和最末缸进行单缸断火试验,若响声减弱或消失,则分别是曲轴最前端或最后端的主轴承响。

发动机高速运转时,机体振动较大,同时伴有机油压力显著下降的现象,则可诊断为曲轴轴承与轴颈间隙过大或轴承合金脱落。

在发动机转速不高时,机体振动较大,甚至有摆动摇晃现象,同时发出沉重、粗闷而较大的"蹦、蹦"敲击声,则可以诊断为曲轴断裂。

发动机的声响随温度升高而增大,到高速时声响变得杂乱,则可能是曲轴弯曲。

如在低速下采用微抖节气门的方法可听到较沉重的"咯噔、咯噔"响声,踩下离合器后响声减弱或消失,则可以诊断为轴向窜动。

二、连杆轴承响

1.故障现象

1)发动机在怠速、低速和从怠速向低速抖动节气门时,可听到清脆而又连贯的"铛、铛"金属敲击声。

2)做断火试验时,声响明显减弱或消失,但在复火瞬间声响又出现。

3)当发动机负荷增加时,声响也随之增大。

2.故障原因

1)连杆轴承盖的紧固螺栓松动。

2)连杆轴承合金烧蚀、脱落。

3)连杆轴承与轴颈的磨损量过大,或径向间隙过大。

4)机油压力过低或机油黏度太低。

3.故障诊断与排除

采用微抖节气门的方法,使发动机从低速向中高速,甚至从中速向高速加速空转,找到响声明显的转速,然后在该转速下稳定运转或微抖节气门加速运转,打开加机油口盖听诊;也可以用一字螺丝刀等简单工具在发动机气缸下部听诊。若可以听到"铛、铛"连续而明显、轻而短促的敲击声,则可以初步诊断为曲轴连杆轴承响。

对某缸进行断火试验,若响声减弱或消失,则说明该缸连杆轴承响。

响声发生时,若机油压力不减低(连杆轴承响,并伴随有机油压力降低现象,这有别于活塞销响和活塞敲缸),说明曲轴内通发响连杆轴承的油道被堵塞或发响轴承的间隙尚不大,也可能是机油黏度太大。

三、活塞冷态敲缸响

1.故障现象

1)活塞在低温时有敲缸声,当温度正常后响声减弱或消失。

2)发动机在怠速、低温或在负荷重、速度低时响声清晰;在温度或转速提高后,响声减弱或消失。

3)发动机在急加速时,响声频率更快,声音更强。

4)有火花塞跳火1次发响2次的规律。

5)对某气缸进行单缸断火试验,声响减弱或消失。

2.故障原因

1)活塞和缸壁的间隙过大,超过极限值。

2)缸壁润滑不良。

3)机油压力过低。

3.故障诊断与排除

将发动机转速控制在声响最明显时的转速,查看机油加注口是否冒烟,排气管是否冒蓝烟,并用螺丝刀抵在机油加注口处一侧的缸壁上,然后将耳朵贴在螺丝刀的木柄上,查听是否有振动的敲击声。若有以上状况,则为活塞敲缸响。

逐缸进行断火试验。若某缸断火后其响声减弱或消失;而复火时,其声响在明显增大一二声后,又恢复为原来的声响,且当发动机温度升高后声响减弱或消失,即可诊断为活塞裙部与缸壁敲击。

将有声响气缸的火花塞拆下并注入少量机油,然后装上火花塞并摇转曲轴数转后,再启动发动机进行试验。如声响消失或明显减弱,但不久复现,则可确诊为该缸活塞敲缸。

若发动机仅在冷缸时敲缸,热车后响声消失,则该发动机尚可继续使用,择机再对其进行修理。

四、活塞热态敲缸响

1.故障现象

1)发动机在怠速时发出"嗒、嗒"声,在高速时发出"嘎、嘎"的连续金属敲击声,且机体伴有抖动现象。

2)发动机温度升高,响声变大。

3)火花塞有跳火1次发响2次的规律。

4)对某气缸做单缸断火试验,声响很大。

2.故障原因

1)活塞与缸壁的间隙很小。

2)活塞与活塞销装配过紧而导致活塞变形或呈反椭圆形。

3)连杆轴颈与曲轴轴颈不平行,连杆弯曲、扭曲或连杆呈衬套轴向偏斜。

3. 故障诊断与排除

发动机在低温时不响,而在温度升高后,在怠速时出现"嗒、嗒"敲击声,并伴有机体振动现象,且温度越高,响声越大,则可诊断为活塞变形或活塞环过紧,导致活塞与缸壁配合间隙过小且润滑不良。

发动机在低温时不响,而在温度升高后,在中、高速时则发出剧烈而有节奏的"嘎、嘎"声,做断火试验时,其响声变化不大,则可诊断为连杆变形或连杆装配位置不准。

对某缸做断火试验时,该缸声响反而加大,则可诊断为该缸敲缸。

发动机在热启动后敲缸,而单缸断火后声响加大。遇到这类情况应停机检修,以免拉缸或使故障恶化。

五、活塞冷热态均敲缸

1. 故障现象

1)发动机在低速时有"嗒、嗒"敲击声,在转速提高后声响消失;或在低速时发出节奏分明的"杠、杠"声响,且该响声有时会短暂消失,但很快又复现,而在转速升高后消失。

2)对某缸做断火试验,声响减弱或者反而加大,并由有节奏的声响变为连续声响。

3)火花塞有跳火 1 次发响 2 次的规律。

2. 故障原因

1)活塞销与连杆小头的装配过紧。

2)活塞裙部的圆柱度误差过大。

3. 故障诊断与排除

逐缸做断火试验,若某缸声响减小但不消失,即可诊断为该缸连杆与曲轴或活塞销的装配过紧。

做断火试验时,若某缸的声响加重且由间断声响变为连续声响,则可诊断为活塞磨损变形。

发动机在低速时由"嗒、嗒"敲击声,当转速提高后声响消失,则可诊断为活塞裙部的圆柱度误差过大。

发动机在冷热态均敲缸,一般是活塞连杆组的技术状态恶化所致,应及时恢复其技术性能。

六、活塞销响

1. 故障现象

1)在发动机处于怠速、低速或从怠速向低速抖动节气门时,若可以听到清晰而又连续的"嗒、嗒"的金属敲击声;当突然加大节气门时,响声也随之加大;发动机在高速时,该响声变得浑浊不清。

2)响声严重时,异响声随转速升高而增大,随负荷增大而加重。

3)在做单缸断火试验时,响声明显减弱或消失,而在复火瞬间,响声又复现。

4)略将点火时间提前,响声加剧。

2. 故障原因

1) 活塞销与连杆衬套磨损过甚而松旷;活塞销与活塞销座孔配合松旷活塞销锁环脱落而导致活塞销窜动;活塞销折断。

2) 润滑不良引起的活塞销严重烧蚀。

3. 故障诊断与排除

使发动机处于怠速位置,抖动节气门到中速位置,如声响能灵活地随之变化,并且每抖动 1 次节气门,都能听到明显、清晰而连贯的"嗒、嗒"异响声,则可以初步诊断为活塞销响。

将发动机转速控制在声响最明显处,然后对某缸做断火试验。若断火后异响声减轻或消失,复火后异响立即恢复,且在气缸的上、中部听到的响声比在下部听到的响声大,则可以诊断为活塞销响。

响声较严重,且发动机转速越高,响声越大。如在对应响声最大的转速下对有异响的气缸做断火试验,若声响不仅不消失,反而变得更加杂乱,则可以诊断为活塞销与衬套配合松旷。

七、气门脚响

1. 故障现象

1) 发动机在怠速时,在气门室处发出有节奏"嗒、嗒"声响。

2) 发动机转速增高,声响也随之增大;在中速以上时,声响往往很嘈杂。

3) 发动机有温度变化或做断火试验时,声响不变。

2. 故障原因

1) 气门杆端和摇臂之间磨损或调整不当致使气门间隙过大而产生碰击声。

2) 气门间隙调整螺钉磨损偏斜。

3) 气门弹簧座脱落。

4) 气门杆与气门导管之间的间隙过大。

3. 故障诊断与排除

诊断气门脚响可以在气门室罩处听诊。

在气门室罩查听频率随发动机转速的变化而出现的变化状况。当发动机有温度变化或做断火试验时,声响并不随之变化,可诊断为气门响。

拆下气门室罩逐个检查气门间隙,一般是间隙过大的气门发响。

调整气门间隙至其规定值后仍发响,则可诊断为气门杆与气门导管磨损过量或气门弹簧座脱落而发响。

【项目总结】

1. 发动机功率的检测是汽车不解体检测中的重要内容。通过功率检测可以掌握发动机的技术状况,确定发动机是否需要大修或鉴定发动机的维修质量。

2. 发动机功率检测有稳态测功和动态测功两种方法,一般采用动态测功(无负荷测功)方法。

3. 发动机功率检测后,应参照标准进行检测结果分析。

4.对个别气缸技术状况有怀疑时,可进行气缸均衡性检测,通过测试单缸功率,判断各缸技术状况。

5.气缸密封性与发动机气缸活塞组的技术状况直接相关,气缸密封性的检测参数可作为气缸活塞组技术状况的评价指标。

6.气缸密封性在就车检测时,只要进行其中的一项或两项检测参数,就能确定气缸密封性的好坏。

7.气缸压力检测的结果应结合实际情况进行分析。

8.发动机点火系统的功能是在合适的时刻产生电火花点燃混合气。发动机点火系统的要求是提供足以击穿火花塞电极间隙的高电压、提供足够的火花能量与持续时间、提供适时的点火时刻。

9.点火系统工作过程具体可以分为初级电路闭合、初级电路断开和火花放电三个阶段。在维修过程中发现发动机燃烧"失火"是造成发动机加速无力、抖动、排放超标的最大罪魁祸首。造成发动机燃烧失火的原因很多,大致归结为可燃混合气的形成过程,发动机机械方面的原因(主要影响压缩终了的气缸压力)以及点火系统的故障三个方面。

10.汽车发动机油电系统故障是指发动机故障率较高故障。其主要表现为发动机不能启动、发动机冷启动困难、发动机怠速不良、发动机动力不足、发动机耗油量大、发动机进气管回火、发动机排气管放炮等不同的故障。

11.影响汽车发动机油电系统故障主要因素有:发动机电控系统、燃油供给系统、点火系统和机械系统等。

12.汽车发动机油电系统故障检测可以使用专用解码器、示波器、万用表、油压表等多种仪器和设备。一般情况下,诊断和检测遵循原则进行,但特殊故障还要从多方面下手和考虑。

13.利用异响示波器,可观测到异响的波形特征、幅度和产生的气缸部位。通过分析、判断异响波形,再辅之以单缸断火(或单缸断油)、转速变化、听诊等传统手段,可快速诊断异响种类、部位和严重程度。

14.异响的产生一般与发动机的转速、温度、负荷、润滑状态、发动机的工作循环等因素有关。

【练习题】

一、填空题

1.发动机功率的检测可分为＿＿＿＿＿＿、＿＿＿＿＿＿两种方法。

2.在用车发动机功率不得低于原额定功率的＿＿＿＿,大修后发动机功率不得低于原额定功率的＿＿＿＿。

3.无负荷测功通过测定＿＿＿＿＿＿或＿＿＿＿＿＿来确定发动机输出功率的大小。

4.气缸功率均衡性检测有＿＿＿＿＿＿和＿＿＿＿＿＿两种方法。

5.某缸断火后,测得的功率没有变化,则说明＿＿＿＿＿＿；若发动机单缸功率偏低,则一般系＿＿＿＿＿＿等原因造成。

6.气缸密封性与＿＿＿＿、＿＿＿＿、＿＿＿＿、＿＿＿＿等零件的技术状况有关。

7.气缸压力表按表头的不同有＿＿＿＿＿＿、＿＿＿＿＿＿两种。

8. 气缸密封性的诊断参数主要有_____、_____、_____、_____等。

9. 发动机产生异响的相关因素有_____、_____、_____、_____等。

10. 用万用表测量元件的_____或_____，用示波器测试元件工作时的_____均可判断元器件或线路是否工作正常。

11. 当故障码显示某传感器有故障时，既可能是传感器本身有故障，也可能是传感器的_____或_____出了问题。

12. 需要拆开任何油路部分进行检修时，首先应_____，以防止高压燃油喷洒出来引起事故。

13. 按基本形式分类示波器可分为_____、_____两种类型。

14. 点火示波器主要检测项目有_____和_____等参数。

15. 示波器一般由_____、_____和_____组成。

二、判断题

1. 发动机稳态测功是在专门的测功器上测定的，也可称为有负荷测功。（   ）

2. 进气歧管真空度越大且指针表现也较稳，则表明发动机汽缸密封性好。（   ）

3. 测得的气缸压力高于原设计规定，说明气缸密封性好。（   ）

4. 在其他因素相同的情况下，启动电流越大，说明气缸压力越高。（   ）

5. 曲轴箱漏气量主要是诊断气缸活塞摩擦副的工作状况。（   ）

6. 气缸断火后转速下降值越小，则该缸功率越小，当下降值等于零时，该缸功率也等于零，即该缸不工作。（   ）

7. 随着汽车电子技术的发展，车载故障自诊断系统可以诊断出汽车中各种类型的故障。（   ）

8. 不同厂家生产的汽车，故障代码的存储方式是不同的。（   ）

9. 汽车有故障症状时，故障自诊断系统一定有故障显示。（   ）

10. 一个完整的点火波形对应的时间，即表示点火间隔。（   ）

11. 应用发动机综合性能检测仪检测某缸点火波形时，应将1缸信号传感器于1缸高压线上，二次信号传感器装于该缸高压线上。（   ）

12. 如果测得的点火闭合角太小，说明断电器触点间隙太大。（   ）

13. 对于无触点电子点火系统，若点火波形的低频振荡波异常，可能是点火圈和电容有故障。（   ）

三、选择题

1. 在用发动机功率不得低于原额定功率的（   ）。

A. 70%   B. 75%   C. 80%   D. 85%

2. 在用发动机各气缸压力应不小于原设计值的（   ）。

A. 70%   B. 75%   C. 80%   D. 85%

3. 若实际测得的发动机功率偏低，其原因不可能是（   ）

A. 气缸密封性不良   B. 进气系统不密封

C. 燃料供给系故障   D. 传动系效率低

4. 测量发动机单缸功率时，要求最高与最低转速下降值之差不大于平均下降值的（   ）

A. 20%   B. 25%   C. 30%   D. 35%

5. 下列（　　）不能表征气缸组的密封性。

A. 排气温度　　　　B. 进气负压　　　　C. 曲轴箱窜气量　　　D. 气缸压缩压力

6. 按照 GB18565—2001《营运车辆综合性能要求和检验方法》的规定：汽油机每缸压力与各缸平均压力的差值不超过（　　）。

A. 8％　　　　　　B. 9％　　　　　　　C. 10％　　　　　　D. 12％

7. 发动机气缸密封性不良会导致（　　）。

A. 发动机功率不变，燃油消耗率增加　　　B. 发动机功率下降，燃油消耗率不变

C. 发动机功率下降，燃油消耗率增加　　　D. 发动机功率不变，燃油消耗率减少

8. 若是测得气缸压缩压力偏低，向气缸内加入少量机油后测量，结果基本不变，可能的原因是（　　）。

A. 气缸磨损　　　　　　　　　　　　　B. 活塞环磨损

C. 气缸密封性不良　　　　　　　　　　D. 进气管密封性差

9. 下列（　　）不是曲轴箱漏气量大的原因。

A. 排气门不密封　　　　　　　　　　　B. 气缸磨损

C. 活塞环对口　　　　　　　　　　　　D. 活塞磨损

10. 进行进气歧管真空度检测时，应对检测结果进行修正，一般海拔每升高 500m，真空度将（　　）。

A. 增加 10kPa　　　B. 减少 10kPa　　　C. 增加 5kPa　　　D. 减少 5kPa

11. 下列对单缸功率偏低的原因叙述，（　　）是不正确的。

A. 分缸高压线或火花塞技术状况不良　　　B. 气缸密封性不良

C. 喷油器技术状况不良　　　　　　　　　D. 油泵技术状况不良

12. 检测曲轴主轴承异响波形时，传感器应抵触在（　　）的位置上。

A. 曲轴箱上部对正连杆轴承处　　　　　B. 发动机油底壳中上部稍前

C. 气缸上部　　　　　　　　　　　　　D. 气缸盖上对准各缸活塞处

13. 检测活塞敲缸承异响波形时，传感器应抵触在（　　）的位置上。

A. 曲轴箱上部对正连杆轴承处　　　　　B. 发动机油底壳中上部稍前

C. 气缸上部　　　　　　　　　　　　　D. 气缸盖上对准各缸活塞处

14. 车载故障自诊断系统的英文简称是（　　）。

A. DTC　　　　　　B. OBD　　　　　　C. CAN—BUS　　　D. ECM

15. 在大众/奥迪车系中，如果读出的故障代码后面带"/SP"，则说明该故障代码是（　　）。

A. 偶发性故障代码　　　　　　　　　　B. 当前存在的故障代码

C. 虚假性故障代码　　　　　　　　　　D. 难以确定

16. 示波器上显示的波形，在垂直方向上表示的是（　　）。

A. 电流　　　　　　B. 电压　　　　　　C. 电感　　　　　　D. 电容

17. 如果同时测量各缸的点火高压值，最好观测（　　）。

A. 一次多缸平列波　　　　　　　　　　B. 二次多缸平列波

C. 一次多缸并列波　　　　　　　　　　D. 二次选缸波

18. 对各缸点火高压值规定，各缸击穿电压值应一致，相差不大于（　　）kV。

A. 1　　　　　　　　B. 2　　　　　　　　C. 3　　　　　　　　D. 4

19. 下列( )不是某缸的点火高压值过高的原因。

A.该缸高压线未插到底　　　　　　　B.该缸火花塞间隙大

C.分电器中央高压线未插到底　　　　D.分电器轴弯曲

20. 下列对于单缸短路高压值过高的原因分析( )不正确。

A.该缸高压线未插到底　　　　　　　B.该缸火花塞间隙大

C.分电器盖有破损　　　　　　　　　D.分火头磨损严重

21. 能够同时测量各缸闭合角的波形是( )。

A.一次多缸平列波　　　　　　　　　B.二次多缸平列波

C.一次多缸并列波　　　　　　　　　D.二次多缸并列波

22. 如果二次并列波在触点闭合处有杂波(第一缸均如此),说明( )。

A.断电器触点烧蚀　　　　　　　　　B.电容器漏电

C.次级线路接触不良　　　　　　　　D.触点间隙太小

23. 如果首次并列波不时有上下跳动现象,说明( )。

A.断电器触点烧蚀　　　　　　　　　B.电容器漏电

C.次级线路接触不良　　　　　　　　D.次级线圈漏电

四、问答题

1. 发动机的检测项目有哪些?

2. 发动机功率检测的方法有哪些,各自的特点是什么? 检测参数的诊断标准是什么?

3. 气缸密封性与哪些零件的技术状况有关? 用于检测气缸密封性的方法有哪些?

4. 请简述电控发动机故障诊断的基本方法。

5. 请画出发动机不能启动故障的诊断流程。

6. 点火示波器可显示点火过程的哪几类波形?

7. 试分析单缸直列波常见的故障波形。

8. 电子点火系统与传统点火系波形相比有何异同?

五、分析题

1. 若发动机功率偏低,请分析发动机功率偏低的原因和诊断步骤。

2. 分析气缸压力过低或过高的原因。

项目 3
汽车安全性能检测

【项目目标】

知识目标

1. 掌握汽车安全性能检测的主要任务、内容和要求。
2. 能正确描述汽车安全性能检测车辆交接及系统登录方法。
3. 能正确描述汽车外检和底检的主要内容和要求。
4. 能正确描述车速表误差及前照灯检测参数、方法、检测原理及要求。
5. 能正确描述汽车侧滑量检测的参数、方法、检测原理及要求。
6. 能正确描述汽车制动性能检测的评价指标、方法、检测原理及要求。

能力目标

1. 会正确交接检测车辆及进行检测系统登录。
2. 会对汽车外观、底盘、车速表误差进行检测与分析。
3. 会正确检测汽车前照灯各参数并进行分析与调整。
4. 会对汽车侧滑量及制动性能进行检测与分析。

任务 3.1　车辆交接与登录

【任务引入】

　　汽车从发明到今天已经一个多世纪了。在现代社会,汽车已成为人们工作、生活中不可缺少的一种交通工具。汽车在为人们造福的同时,也带来大气污染、噪声和交通安全等一系列问题。现代机动车安全运行的问题越来越突出,因此加强机动车的定期检验制度是我国机动车辆管理的重要措施,那么如何进行机动车安全性能的检验呢?

【任务分析】

　　随着我国汽车保有量的迅速增加,汽车安全环保性能年度检验工作量相当大,所以现代汽车安全性能检验采用了室内检测线,这样可以大大提高车辆检验的速度和质量,由于汽车检测工作的专业性很强,必须交给专业检测人员来完成,所以我们要学习了解各工位任务和职责,以典型检测系统为例,学习掌握车辆交接的要求和登录的方法。

【相关知识】

一、主控机操作员主要工作任务

1. 实时监控现场情况,发现调度异常应及时调整系统状态;
2. 处理检测报表,当出现异常报表,应核查原因,并可利用在线数据管理功能合理调整数据。

二、报检机的功能

严格按照操作规章报检待检车辆,并在传送到主控机前检查输入是否完全正确,对误输入应及时通知主机房采取人工干涉措施。

三、一工位机的功能

1. 监控项目检测情况,发现异常情况及时通知主机房查找原因;
2. 当引车员错误操作引起测量失败,可采取半自动进行干预(CTRL-1);
3. 定位失败应及时检查光电开关工作状态,适时采取人工干预手段(定位人工模拟或人工强行中断)。

四、二工位机的功能

1. 监控项目检测情况,发现异常情况及时通知主机房查找原因;
2. 当引车员错误操作引起测量失败,可采取半自动进行干预(CTRL-1);
3. 定位失败应及时检查光电开关工作状态,适时采取人工干预手段(定位人工模拟或人工强行中断);
4. 制动测量出现异常,应检查制动台机械部件。

五、三工位机的功能

1. 监控项目检测情况,发现异常情况及时通知主机房查找原因。
2. 当引车员错误操作引起测量失败,可采取半自动进行干预(CTRL-1)。
3. 定位失败应及时检查光电开关工作状态,适时采取人工干预手段(定位人工模拟或人工强行中断)。
4. 灯光、废气检测出现异常,应检查灯光、废气检测仪机械及电子控制系统。

六、外检工位机(适用于选用外检机的检测站)的作用

底盘外检作为固定工位,须保证对每一辆被检车向主机传送外检结果。

七、引车员的工作任务

1.保证检测线顺利检测,不发生漏检和错检,引车员必须在看到屏幕提示后再移动车辆,否则应就地等候。

2.为保证测量数据的准确性,在车辆驶上制动台后举升器开始下降时应松开刹车,待举升器开始举升时应踩下刹车,以防止举升器上升后车辆位移。

3.车辆在检测线内应低速行驶,一般要求时速不高于 4km/h。

4.复检车辆应在线外等候,等屏幕出现提示后再进入检测线,不能随意进入检测线,而应在各工位处等候。

5.为避免在线内发生撞车事故和检测数据错误,应尽量不在检测线内倒车,严禁在线内高速行驶。

6.烟度测量时应按要求踩下油门,每次踩下油门的时间不得小于 5s。

7.速度表测量时应观察车上的路码表,稳定车速在 40km/h,然后按下遥控开关,平时不得随意按遥控开关,以免影响检测。检测完毕后,应缓慢停车,车速表已损坏的车辆,在车速台上就不用起步测量。

8.制动检测时,待提示过后,迅速踏下制动踏板,稳定两秒,然后松开,制动复检时应等到举升器下降到底后再踩刹车。

9.车辆驶过侧滑试验台时不可转动方向盘,也不可在侧滑台上刹车和停车,以免影响测量的准确性或损坏设备。

10.应随时核对本车号与工位机上显示车号是否相符。

【任务实施】

一、车辆交接流程

1.交接流程图

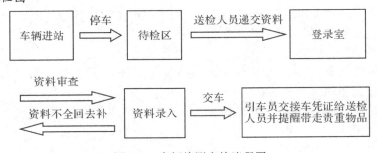

图 3.1　车辆检测交接流程图

2.引车员接车的检查

核对被检车辆的车牌号与行驶证、营运证的车牌是否相符,检查被检车辆的外观是否整齐、清洁,发动机及总成是否严重漏水,轮胎规格、气压是否符合规定,变速器等各操纵杆是否可靠,发动机、传动系统及其他附件总成是否有异响,确认正常后再引车上检测线。

二、系统启动

初始完成后,双击图标,即可启动本系统。系统启动画面如下:

系统启动后,必须经过几个连续的阶段,才能进入系统。这几个阶段是连接主控机,主模块启动,子模块启动,用户登录。

1.连接主控机

系统启动后,会要求主控机从中心数据库中读取所有必需的启动信息,所以必须先建立与主控机的网络连接。

如果画面中的"正在连接上位机"提示一直保持不变,表明未能成功连接主控机。此时可以按启动画面右上方的关闭按钮,终止连接主控机的过程,直接进入主模块启动阶段。

如果连接上位机成功,则请求从中心数据库中取出登录选择系统的用户。

2.主模块启动

启动主模块的任务,是从主模块的界面文件中读出界面配置内容,然后根据这些内容,创建主模块界面,同时向中心数据库请求各控件的初始化信息。

系统将请求初始化信息的命令显示在初始化界面上。也就是说,在正常的启动过程中,应该可以看到初始化界面的左下方是不断变化的提示信息。通过这些提示信息,可以直观地了解到系统的当前状态。

根据硬件系统的性能,这个过程可能会持续几分钟,请耐心等待。

主模块启动完毕后,紧接着启动子模块。

3.子模块启动

启动子模块的任务,是从界面文件中读出界面配置内容,并创建子模块窗口。该过程与主模块的启动过程相同。

子模块启动后,紧接着进入登录阶段。

三、用户登录

模块启动完毕后，系统显示用户登录界面，如下：

在账号后的下拉表中，列出了主模块启动时取到的用户编码。

从下拉列表中选择自己的编码，然后在下面的密码框中输入分配给自己的密码，点击【确定】按钮后，进入系统。

如果忘记自己的密码，或者不是登录选择系统的用户，也可以通过点击【取消】按钮进入系统，但进入后，系统的功能大大受限，称此时的用户为"受限用户"。受限用户的界面被封锁，无任何登录选择功能。

系统的用户可被分为三类：

超级用户：可以完成登录功能，选择功能，可以对系统进行重新配置；

普通用户：可以完成登录功能，选择功能；

受限用户：不能完成任何功能；

四、登录系统

1.登录系统的作用与功能

（1）登录车辆数据

● 录入，修改车辆基本数据；

● 非初次登录车辆，自动寻找车辆；

● 厂牌型号具有"自动完成"功能，拥有像 Windows 输入法那样的"步步提示"功能；

● 提供一种厂牌型号到多种发动机型号的映射关系；

● 对非正常的数据及必需的数据给出明确提示。"非正常"和"必需"的判断依据从文本文件中读入。通过编辑该文本文件，就可以增加、修改、删除这些判断依据。该文本文件采用业界标准的脚本语言 LUA 格式。

（2）维护厂牌型号数据

● 就地编辑厂牌型号和发动机型号数据。可以不用打开"厂牌型号"和"发动机型号"维护程序来维护厂牌型号和发动机型号的数据（必须拥有相应权限的用户）。详细的发动机参数维护由"发动机型号参数维护"子模块完成，而详细的厂牌型号由"厂牌型号参数维护"子模块完成。

（3）登录检测信息

● 检测项目与检测类别关联，用户选择某检测类别后，此检测类别对应的检测项目自动被选择。检测类型与检测项目的对应关系由"管理系统"维护。

● 有权限的用户可以再次增删检测项目。

● 根据底盘型式，自动判断选择要检的制动轴数。

● 根据燃油类型，自动判断选择要检的排放类型。

（4）发送车辆上线

● 发送，删除复检车。

● 发送初检车有两种方式：直接发送，暂存发送。

2.登录系统界面

（1）登录界面全览

以下是典型的登录系统界面：

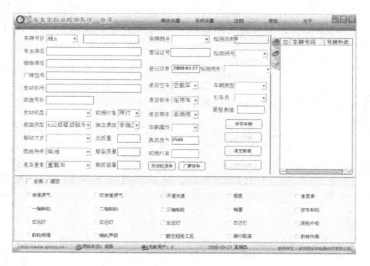

（2）登录界面分解

登录系统的界面按逻辑功能相关性，被分为以下七个区域：

● 模块提示栏

● 功能导航栏

模块设置	系统设置	注销	帮助…	关于…

对普通用户和受限用户而言,【模块设置】和【系统设置】按钮处于不可操作状态。只有超级用户才能使用所有的系统功能按钮。

- 系统按钮栏

- 车辆信息区

车牌号码			车辆类型		检测类别	
车主单位					营运证号	
维修单位					行驶证号	
挂车号牌			车牌颜色		发动机号	
厂牌型号		厂牌资料			底盘号码	
发动机型号		发动机资料			出厂日期	2007-02-07
底盘类型					单位辖区	
制动方式			燃油种类		经济性质	
是否重载车			额定功率		是否新车	
独立悬挂			额定功率转速		乘用标志	
整备质量			额定扭矩		是否营运	
总质量			额定扭矩转速		车辆系列	
载质客量			进气方式		MN类型	
最大车速			等速油耗测试速度		高怠废气测试转速	2500

车辆信息区又可分为两个部分:

- 车辆状态:车籍,车况;此部分信息对拥有"登录车辆"权限的用户,为可操作状态。
- 技术参数:厂牌型号数据,发动机型号数据;此部分信息对拥有"维护厂牌型号"权限的用户,为可操作状态。

- 检测项目区

- 状态栏

状态栏上的内容从左到右依次是:开发公司网址,网络状态,当前用户,当前日期,开发公司名称。如果用户在登录阶段是以取消进入的话,则当前用户显示的是"未登录",否则显示用户账号对应的用户名。

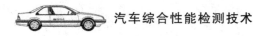

● 功能按钮区

● 待检车及其他

3. 新登车录入

新登车是指以前从未在本检测单位接受检测的车辆,注意与"新车,旧车"区分。

（1）输入车辆唯一标识

如果系统配置的车辆唯一标识为"车牌号码＋车辆类型",先选择车牌前缀,再输入车牌号码,最后单击车辆类型后的下拉箭头,显示供选择的车辆类型,然后选中车辆类型。

如果系统配置的车辆唯一标识为"车牌号码＋车牌颜色",先选择车牌前缀,再输入车牌号码,最后单击车牌颜色后下拉箭头,显示供选择的车牌颜色,然后选中车牌颜色。

配置为其他方式的车辆唯一标识,参照以上的操作执行。

> 何为车辆唯一标识
>
> 车辆唯一标识,是用来确定一辆车的充分必要条件。可以是一个条件,也可以是两个条件。一般常用的有车牌号码＋车辆类型;车牌号码＋车牌颜色,车牌号码＋号牌种类。车辆唯一标识由管理系统统一维护。

（2）请求车辆信息

选中车辆类型后,系统会自动向主控机请求该车辆的信息。由于是"新登车录入",在中心数据库中无该车的任何信息,所以主控机返回的关于该车的信息为空。

（3）录入数据

由于车辆信息为空,所以必须依次录入车辆的各种信息。

（4）保存数据

点击【保存】按钮来保存车辆数据,对于系统认为必要的,而登录员未输入的数据,系统

会给予弹出式提示,如下:

保存数据时,登录按钮全部变成"失效"状态,只有保存完毕后,才恢复为"有效"状态,而不管保存成功不成功。

(5)选择检测项目

单击检测类别后的下拉箭头,从下拉列表中选择正确的检测类别,系统会根据当前自动选择该检测类别对应的检测项目。更进一步,系统会根据当前车辆的底盘类型来确定制动的检测轴数,根据当前车辆的燃油类型来确定排放的检测项目。

有权限的登录员进一步修改检测项目。

(6)发送检测车辆

①选择检测线号

②发送车辆

点击【发送车辆】按钮,将车辆发送给主控机。

任务 3.2   汽车外检与底盘检验

【任务引入】

案例导入:有一位曾先生买了一辆 1.8L 的高尔夫二手轿车,但是他认为高尔夫提速不够快,想要有更快的发动机响应速度,对外形和色彩也不满意,所以他私自对发动机的进、排气系统进行了改装,同时对汽车外形和色彩进行了较大的改变。在年度检验时被发现不符合车辆技术要求,同时在进行底盘检查时发现右前轮制动管有碰擦磨损,存在严重的安全隐患。

【任务分析】

为了加强机动车辆的管理,防止机动车偷盗等犯罪案件的发生,对车辆的改装有严格的要求。同时为了保证行车安全,定期对车辆底盘的技术状况进行检验,汽车外检和底盘检验如何进行检验? 需要检验哪些项目呢?

【相关知识】

一、汽车外检要求

送检机动车应停放在指定位置,发动机停转("发动机运转状况"项目除外)。

检查时常用的设备和工具主要有:轮胎气压表、轮胎花纹深度计、透光率计、长度测量工具、手锤、铁钩及照明器具。

二、汽车外检项目

表 3.1　车辆外观检查项目

序号	检验项目	内　容	项目属性
1	车身外观	保险杠	注册登记检验时为否决项
		后视镜、下视镜、车窗玻璃	否决项
		车体周正、尖锐突出物	否决项
		漆面	建议维护项
		货厢、安全架、车外顶行李架	否决项
		外部喷涂与文字标志、标识和车身广告	否决项
		自行加装装置对号牌识别的影响	否决项
		号牌板（架）	注册登记检验,否决项
		商标（或厂标）	注册登记检验,否决项
2	照明和电气信号装置	前后位灯/后牌照灯/示廓灯/挂车标志灯	否决项
		转向信号灯（前、侧、后），危险警告信号灯	否决项
		前照灯（远光、近光）	否决项
		制动灯、后反射器、后雾灯、倒车灯	否决项
		侧标志灯、侧反射器	否决项
		道路运输危险货物车辆标识	否决项
		特种车辆标志灯具	否决项
		附加的灯具、反射器或附属装置	否决项
		喇叭（功能性检查）	否决项
		车身反光标识	否决项
3	发动机舱	发动机各系统机件	建议维护项
		蓄电池桩头及连线	建议维护项
		电器导线、各种管路	否决项
		储液器（使用液压制动的汽车）	否决项
		发动机标识	注册登记检验,否决项
4	驾驶室（区）	门锁及门铰链	建议维护项
		驾驶员座椅	否决项
		安全带	否决项
		前风窗玻璃及其他风窗玻璃用于驾驶员视区的部位	否决项
		刮水器	否决项
		洗涤器	建议维护项
		汽车行驶记录仪	否决项
		驾驶室固定	否决项
		仪表数量类型.操纵件、指示器及信号装置图形标志	注册登记检验,否决项
		警告性文字的中文标注,车辆产品标牌	注册登记检验,否决项

序号	检验项目	内　　容	项目属性
5	发动机运转状况	启动性能	否决项
		怠速、电源充电、仪表及指示器	建议维护项
		加速踏板控制	建议维护项
		漏水、漏油、漏气,水温、油压	建议维护项
		关电熄火/(柴油车)停机装置	否决项
6	客车内部	座椅/卧铺数量、座椅间距	否决项
		扶手和卧铺护栏	建议维护项
		车厢灯、门灯	建议维护项
		客车地板、车内行李架	建议维护项
		灭火器、安全出口标识、安全手锤、安全门	否决项
		安全带	否决项
		安全出口的数量、位置和尺寸	注册登记检验,否决项
		乘客通道,通往安全门的通道	注册登记检验,否决项
7	底盘件	燃料箱、燃料箱盖	否决项
		挡泥板/牵引钩、蓄电池、蓄电池架	建议维护项
		贮气筒排污阀	建议维护项
		钢板弹簧	否决项
		侧面及后下部防护装置	否决项
		牵引连接装置	建议维护项
8	车轮	轮胎型号/规格/速度级别	否决项
		轮胎胎冠花纹深度,胎面破裂/割伤/磨损/变形	否决项
		轮胎螺栓、半轴螺栓	否决项
		备胎标识	注册登记检验,否决项
9	其他	整车 3C 标志	注册登记检验,记录项
		其他不符合 GB7258 等机动车国家安全技术标准的情形	注册登记检验时为否决项

三、汽车底盘外检要求

1.待检车辆准备

车辆停放在地沟上方的指定位置,发动机停止运转。

2.转向系检查

由驾驶室操作人员配合来回转动方向盘,检查转向器固定情况(宜使用汽车悬架转向系间隙检查仪);检查转向机构各部件紧固、锁止、限位情况;检查在转向过程中有无干涉或摩擦痕迹/现象;检查各机件有无损伤和横、直拉杆是否有拼焊情况。

注意:检查各部件有无损伤、管线是否固定时应使用专用手锤,以下同。

3.传动系检查

1)检查变速器及分动器支架连接是否可靠;

2)检查传动各部件连接是否可靠;传动轴、万向节安装是否正确及中间轴承及支架有无裂纹和松旷现象；检查有无漏油现象。

4.行驶系检查

1)检查钢板吊耳及销有无松旷；中心螺栓、U形螺栓是否紧固；检查有无车桥移位现象（必要时用卷尺测量左、右侧轴距差值）；

2)检查车架纵梁、横梁有无变形、损伤，铆钉、螺栓有无缺少或松动；

3)检查车桥与悬架之间的拉杆和导杆有无松旷和移位；检查减震器有无漏油。

5.制动系检查

1)检查制动系部件有无擅自改动；

2)检查制动主缸、轮缸、制动管路等有无漏气、漏油，制动软管有无老化；

3)检查制动系管路与其他部件有无摩擦和固定松动现象。

6.电器线路检查

检查电器导线是否布置整齐、捆扎成束、固定卡紧及线路有无破损现象；检查接头是否牢固并有绝缘套，在导线穿越孔洞时是否装设绝缘套管。

7.底盘其他部件检查

1)检查发动机的固定是否可靠；

2)检查排气管、消声器是否完好，固定是否可靠；排气管口指向是否符合要求；

3)检查燃料箱、燃料管路是否固定可靠；燃料管路与其他部件有无碰擦及软管有无明显老化现象。

四、汽车底盘外检项目

表3.2　底盘动态检验项目

序号	检验项目	内　　容	项目属性
1	转向系	方向盘最大自由转动量	否决项
		转向沉重	否决项
		自动回正、保持直线行驶能力	建议维护项
2	传动系	离合器	建议维护项
		变速器	建议维护项
		传动轴/链	建议维护项
		驱动桥	建议维护项
3	制动系	点制动跑偏(20km/h)	建议维护项
		低气压报警装置	否决项
		弹簧储能制动器	建议维护项
		防抱制动装置指示灯(自检功能)	注册登记检验,否决项
4	驾驶区	仪表和指示器	否决项

表3.3　车辆底盘检查项目

序号	检验项目	内　　容	项目属性
1	转向系	转向器固定	否决项
		转向各部件	否决项

序号	检验项目	内　　容	项目属性
2	传动系	变速器及分动器支架	否决项
		传动各部件	否决项
3	行驶系	钢板吊耳及销	否决项
		中心螺栓、U形螺栓	建议维护项
		车桥移位	否决项
		车架纵梁、横梁	建议维护项
		悬架杆系	建议维护项
4	制动系	制动系部件、结构改动	否决项
		制动主缸、轮缸、制动管路漏气、漏油	否决项
		制动软管老化	否决项
		制动管路固定	否决项
5	电器线路	电器线路检查	否决项
6	底盘其他部件	发动机固定	否决项
		排气管、消声器	否决项
		燃料管路	否决项

五、引用标准

检测标准、方法依据《GB21861—2008 机动车安全技术检验项目和方法》。

【任务实施】

一、汽车外检项目记录表

机动车安全技术检验记录单(人工检验部分)

号牌号码(编号):　　　　　　车辆类型:　　　　　　里程表读数:　　　　km

车辆出厂日期:　年　月　日　初次登记日期:　年　月　日　检验日期:　年　月　日

方式	检验项目	检验内容	判定	方式	检验项目	检验内容	判定
车辆外观检察	车辆唯一性认定*	1.车辆号牌 2.车辆类型、品牌/型号 3.车身颜色 4.VIN(整车出厂编号) 5.发动机号码		车辆外观检察	车身外观	11.漆面	
		6.主要特征及技术参数				12.货箱/安全架/车外顶行李架*	
	车身外观	7.保险杠				13.车身广告与文字标志、标识*	
		8.后视镜*/下视镜*				14.自行加装装置*	
		9.车窗玻璃*				15.整车3C标志	
		10.车体周正、尖锐突出物*				16.其他注册登记检验增加项目*	

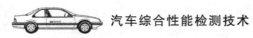

续表

方式	检验项目	检验内容	判定	方式	检验项目	检验内容	判定
车辆外观检查	照明和电气信号装置*	17.前位灯/后位灯、侧标志灯		车辆外观检查	发动机运转状况	48.启动*	
		18.后牌照灯				49.怠速、仪表、电源充电	
		19.示廓灯/挂车标志灯				50.加速踏板控制	
		20.转向信号灯(前、后、侧)、危险警告信号灯				51.漏水、油、气/水温、油压	
		21.前照灯(远光、近光)				52.关电熄火/柴油车停机装置*	
		22.制动灯			客车内部	53.座椅/卧铺数量,座椅间距*	
		23.后反射器、侧反射器				54.扶手和卧铺护栏	
		24.后雾灯				55.车厢灯、门灯	
		25.倒车灯				56.客车地板、车内行李架	
		26.道路运输危险货物车辆标识				57.灭火器、安全出口标识、安全手锤、安全门*	
		27.特种车辆标志灯具				
		28.附加灯具、反射器或附属装置				58.安全带*	
		29.喇叭				59.安全出口的数量、位置和尺寸*	
		30.车身反光标识				
	发动机舱	31.发动机各系统机件				60.乘客通道,通往安全门的通道	
		32.蓄电池桩头及连线			底盘件	61.燃料箱、燃料箱盖*	
		33.电器导线、各种管路*				62.挡泥板/牵引钩、蓄电池、蓄电池架	
		34.液压制动储液器液面*				63.贮气筒排污阀	
		35.发动机标识*				64.钢板弹簧*	
	驾驶室(区)	36.门锁及门铰链				65.侧面及后下部防护装置*	
		37.驾驶员座椅*				
		38.安全带*				66.牵引连接装置	
		39.风窗玻璃驾驶员视区部位*			轮胎	67.轮胎型号/规格/速度级别*	
		40.刮水器				
		41.洗涤器				68.胎冠花纹深度、胎面*	
		42.汽车行驶记录仪*				69.轮胎螺栓、半轴螺栓*	
		43.驾驶室固定、安全带*				70.备胎标识*	
		44.仪表数量和类型*			其他	71.其他不符合规定的情形	
		45.操纵件、指示器及信号装置的图形标志*				
		46.警告性文字的中文标注*				
		47.车辆产品标牌*				

二、汽车底盘外检项目记录表

机动车安全技术检验记录单(人工检验部分)续

号牌号码(编号):　　　　　　车辆类型:　　　　　　　里程表读数:　　　km

车辆出厂日期:　年　月　日　初次登记日期:　年　月　日　检验日期:　年　月　日

方式	检验项目	检验内容	判定	方式	检验项目	检验内容	判定
底盘动态检验	转向系	72.方向盘最大自由转动量*		车辆底盘	行驶系	89.钢板吊耳*	
		73.转向沉重*				90.吊耳销*	
		74.自动回正、直线行驶能力				91.中心螺栓	
	传动系	75.离合器				92.U形螺栓	
		76.变速器				93.车桥移位*	
		77.传动轴/链				94.车架纵梁	
		78.驱动桥				95.车架横梁	
	制动系	79.点制动跑偏(20km/h)				96.悬架杆系	
		80.低气压报警装置*			制动系*	97.制动系部件、结构改动	
		81.弹簧储能制动器				98.制动主缸、轮缸、制动管路漏气、漏油	
		82.防抱制动装置*				99.制动软管老化	
	驾驶区	83.仪表和指示器*				100.制动管路固定	
车辆底盘	转向系*	84.转向器固定			电器线路	101.电器线路检查*	
		85.转向各部件			底盘其他部件*	102.发动机固定	
	传动系*	86.变速器支架				103.排气管、消声器	
		87.分动器支架				104.燃料管路	
		88.传动各部件					

检验方式	不合格项	检验员签字
车辆外观检查		
底盘动态检验		
车辆底盘检查		

备 注

(VIN拓印膜粘贴区)

注:判定栏中 √ 为合格;数字为相应不合格项。带 * 项为否决项,否决项不合格,车辆检验为不合格

任务 3.3　车速表误差检测

【任务引入】

案例导入:小张有一次自驾出游,在途中使用了定速巡航功能,小张突然发现定速巡航设定 80km/h 的速度行驶,车速表指针对准 80km/h,但 GPS 显示却只有 72.6km/h,当定速巡航 120km/h 行驶时候 GPS 却只有 107km/h。小张回来后,经测试 GPS 正常。所以初步估计是车速表误差太大。后经车速表检验,检测结果发现是车速表误差过大所致。

【任务分析】

从以上案例分析可知,车辆行驶主要是通过车速表来判断车速,车速表的准确性对汽车的实际车速影响很大,为避免车速表误差过大而引起交通事故,所以必须对汽车车速表进行定期检测,同时应该学习和掌握车速表误差形成的原因、危害及技术要求;了解车速表种类、结构原理;掌握车速表检测的方法及有关标准;了解车速表试验台的工作原理和测试方法;了解车速表故障的调整。

【相关知识】

一、汽车车速表及误差原因

1.汽车车速表结构

现代车速表通常与里程表复合在一起,并由同一根轴驱动或使用同一传感器。传感器的形式主要有磁感应式和电子式两种。下面以磁感应式汽车车速里程表的结构原理为例,说明车速表误差形成的原因。

磁感应式车速里程表利用磁感应的作用,使汽车运行时表盘上的指针摆角与汽车行驶车速成正比,而指示出汽车行驶的瞬时速度,其结构如图 3.2 所示。

带刻度的表盘 10 固定在壳体上,指针活动盘 6、指针轴 9 与指针 11 连成一体。游丝 8 的一端与指针轴相连,另一端固定在壳体的支架上。不工作时,指针活动盘在游丝 8 的作用下使指针 11 指向刻度盘的零位。永久磁铁 5 固定在驱动轴 4 的一端,驱动轴的另一端通过软轴与变速器第二轴后端的车速表驱动涡轮连接。

汽车行驶时,车速表的驱动轴 4 带着永久磁铁 5 旋转,旋转的永久磁铁的磁场在指针活动盘内产生涡流,涡流的磁场与永久磁铁的磁场相互作用,产生了使指针活动盘顺着永久磁铁旋转方向转动的转矩,指针活动盘连同指针旋转时,与指针轴相连的游丝 8 被旋紧,当游丝作用在指针活动盘上的反力矩与永久磁铁使指针活动盘转动的力矩相平衡时,指针活动盘已转过了一个与车速表驱动轴转速成比例,即与汽车行驶速度成比例的角度,与指针活动盘相连的指针,在车速表的刻度盘上指示出相应的车速。

汽车速度越高,永久磁体旋转速度越快,指针刻度盘内的涡流及产生的转矩也越大,指针则摆过更大的角度,因此车速表也指示出更高的车速。

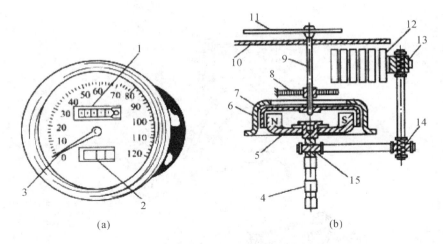

图 3.2 磁电式车速表结构示意图

1—总里程表；2—单程里程表；3—车速表指针；4—车速里程表驱动轴；5—永久磁铁；6—指针活动盘
7—磁屏；8—游丝；9—指针轴；10—表盘；11—车速表指针；12—里程表计数轮；13、14、15—蜗轮蜗杆传感器

2.汽车车速表指示误差形成的原因

由汽车车速里程表结构原理可以看出，磁感应式车速表是通过机械传递、磁电作用使指针摆动来显示汽车行驶速度的，这些零件在使用过程中的自然磨损、磁性元件的性能下降等变化都会造成车速表的指示误差。此外，在变速器输出轴转速不变的情况下，车速表指示值为定值，而汽车的轮胎因磨损、气压变化等使车轮的滚动半径发生变化，因而使车速表指示值与实际值产生误差。

车速表是汽车驾驶员行车判断车速的重要依据，显然，若车速表的指示误差较大，驾驶员就很难准确地掌控车速，因而很容易出现超速行驶，甚至可能导致交通事故的发生。

因此，为了使驾驶员准确控制车速，保障行车安全，必须经常或定期对车速表进行检测校准，使其精度符合规定。

二、车速表检测台结构与工作原理

车速表检测台主要有标准型车速表检测台和驱动型车速表检测台两种类型。此外，还有将车速表检测台与制动检测台组合在一起构成多功能复合型检测台。

1.标准型车速表检测台

标准型车速表检测台本身不带驱动装置，它的滚筒由被检汽车的驱动车轮带动旋转。标准型车速表检测台如图 3.3 所示。

标准型车速表检测台由速度测量装置、速度指示装置、速度报警装置和举升装置等组成。

（1）速度检测装置

速度检测装置主要由滚筒、速度传感器、联轴器等组成。

滚筒通常为左、右各 2 个，滚筒直径因检测台型号的不同而异，常见的滚筒直径为 185mm。滚筒用轴承将它们支撑在检测台的框架上，并用万向节联轴器或普通联轴器把左、右两个前滚筒连在一起，以防止检测时汽车差速器齿轮的滑转。

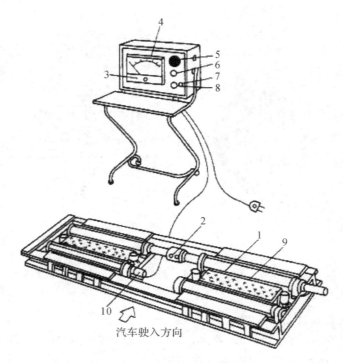

图 3.3　标准型车速表检测台

1—滚筒;2—联轴器;3—零点调整螺钉;4—速度指示仪表;5—蜂鸣器

6—报警灯;7—电源灯;8—电源开关;9—举升器;10—速度传感器(测速发电机)

采用脉冲信号发生器时,速度检测装置在滚筒每转过一转时发出定数的电脉冲,然后对脉冲进行测定以得到转速,速度检测装置由传感器和指示测量仪两部分组成,其间由导线相连,用于产生电脉冲的传感器及用于测定脉冲的方法很多,所以由它们组合而成的脉冲转速检测装置也很多,它们大都具有体积小、重量轻、读数准、使用方便及可进行远距离测量等特点。常用的测速传感器有磁电式、光电式及触点开关式 3 种。

磁电式测速传感器结构如图 3.4 所示。它由一个装于被测转轴上的齿轮及一个装于外支架上的磁头组成,磁头为一个带线圈绕组的永久磁铁,永久磁铁距齿轮顶端间隙很小,通常为 0.5~1.0mm,在被测轴开始运转时,永久磁铁驱动齿轮一同旋转,使齿轮切割磁力线,在磁头的线圈中就感应出与齿数相同的电压脉冲信号,经测量仪处理后,即可得到被测轴的转速。

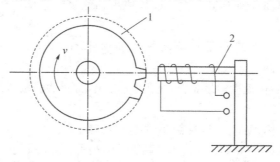

图 3.4　磁电式测速传感器

1—齿轮;2—线圈绕组

（2）速度指示装置

速度指示装置按照测速发电机发出的电压或脉冲数来进行计量。它根据滚筒外圆周长和转速计算出滚筒表面曲线速度，以 km/h 为单位在检测台速度指示仪表上指示出来。

（3）速度报警装置

速度报警装置是为了能在检测时更快地判断车速表是否合格而设置的，这个装置设有红色报警灯和蜂鸣器。

（4）举升装置

为使汽车进、出检测台方便，在前、后滚筒之间设有举升装置。举升装置由压缩空气的作用而上升或下降。当汽车需要进入或驶离检测台时，举升装置升高；而检测的时候，则降下举升装置，让车轮与前、后滚筒接触。由于举升装置和滚筒固定装置联动，因此在举升装置上升时，滚筒不会转动。

2. 驱动型车速表检测台

驱动型车速表检测台本身带驱动装置，使用滚筒带动被检测汽车的从动车轮旋转，带动车速表指示车速。

前置发动机汽车的车速表都是由变速器的输出轴通过软轴来驱动的，但后置发动机的汽车由于变速器距驾驶室仪表板上的车速表距离太远，仍采用软轴由变速器输出轴驱动，因而会出现软轴使用寿命缩短和传动精度低等问题。因此，这类汽车的车速表都改由从动车轮（转向轮）驱动。电动机驱动型车速表检测台就是为检测后置发动机的汽车车速表而设计的，它的构造基本上与标准型车速表检测台相同，不同的是在滚筒的一端装有电动机，用以驱动滚筒，再带动汽车从动轮旋转。其结构如图 3.5 所示。

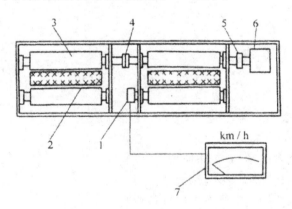

图 3.5　电动机驱动型车速表检测台

1—测速发电机；2—举升器；3—滚筒；4—联轴器；5—离合器；6—发电机；7—速度指示仪

驱动型车速表检测台的滚筒和电动机之间一般都装有离合器，如果用离合器将电动机与滚筒脱开，即和标准型车速表检测台具有同样的功能。

三、车速表性能的国家评价标准

GB 7258—2004《机动车运行安全技术条件》中，对汽车车速表的检查作了如下的规定。

1. 车速表的误差范围

车速表指示车速 v_1（单位：km/h）与实际车速 v_2（单位：km/h）之间应符合下列关系式：

$$0 \leqslant v_1 - v_2 \leqslant (v_2/10) + 4$$

2. 车速表指示误差的检验方法

①车速表指示误差的检验宜在滚筒式车速表检验台上进行，对于无法在车速表检验台上检验车速表指示误差的机动车（如全时四轮驱动汽车、具有驱动防滑控制装置的汽车等），可路试检验车速表指示误差。

②将被测机动车的车轮驶上车速表检验台的滚筒上使之旋转，当该机动车车速表的指示值（v_1）为 40km/h 时，车速表检验台速度指示仪表的指示值（v_2）为 32.8～40km/h 为合格。

当车速表检验台速度指示仪表的指示值（v_2）为 40km/h 时，读取该机动车车速表的指示值（v_1），当 v_1 的读数在 40～48km/h 范围内时为合格。

从安全角度出发，车速表的读数应不小于实际车速，但考虑到在用车的实际情况，应允许车速表有一个小的下偏差，故将原来车速表的允许误差范围由 +15% ～ -10% 改为 +20% ～ -5%。

车速表校验方法通常有道路试验法和室内台架检测法两种。道路试验法是汽车以不同车速通过某一预定长度的试验路段，测定通过该路段的时间，然后计算出实际车速，并与驾驶室内车速表指示值相对照，即可求出不同车速下车速表的指示误差。台架检测是在滚筒式车速表检测台上进行的。

【任务实施】

一、检测仪器与实施要求

1. 检测器材

汽车车速表、车速表检测台。

2. 实施要求

①了解车速表检测台的结构、工作原理。

②掌握车速表的结构和车速表检测台的使用方法。

③掌握使用车速表检测台对汽车车速进行检测。

④对检测不符合标准要求的汽车车速表进行校正。

二、检测实施步骤

1. 汽车车速表检测步骤

尽管车速表试验台品牌、生产厂家不一，但同一种形式的车速表检测台使用方法基本相同。但为了安全起见，使用车速表检测台应以随机使用说明书为准进行操作。通常使用车速表检测台应按如下步骤进行：

①检查被测车辆轮胎气压，使其符合汽车制造厂的规定。

②轮胎台面应清洁、干燥、无污物,轮胎花纹应符合相关国家标准。

③车速表检测台接通电源。

④打开压缩空气阀,升起前、后滚筒间的举升器托板。

⑤将被测车辆驶入车速表检测台(车速表检测台开启电源时间达到使用说明书的要求后,被测车辆方可驶入车速表检测台),让被测车速的车轮尽可能与滚筒成垂直状态地停放在试验台举升器托板上(对于电驱动型车速表检测台,应结合离合器)。

⑥关闭压缩空气阀,降下前、后滚筒间举升器的托板,直到轮胎与举升器的托板完全脱离接触。此时位于车速表检测台上的轮胎由前、后滚筒所支撑。

⑦为使汽车在检测时不致从车速表检测台上滑出,用三角挡块抵住前轴车轮前方。

⑧启动汽车,变速器由低挡逐级换入最高挡,缓慢地踩下加速踏板,使汽车驱动轮平衡地加速运转。

⑨当汽车车速表的指示值达到规定的检测速度值时,读取车速表检测台指示仪表上的读数;或当试验台指示仪表的读数达到测量车速时,读取汽车车速表上的读数。

⑩检测完后,轻轻踩下汽车制动踏板,使滚筒停止转动(对于电驱动型车速表检测台,应先切断离合器,再进行此步骤)。

⑪打开压缩空气阀,升起举升器,移去车轮前的三角挡块,将被测车辆驶离车速表检测台。

⑫关闭压缩空气阀,使举升器下降。

⑬切断车速表检测台的电源。

当车速表检测台的速度指示值($v_实$)为 40km/h 时,读取被测车辆的车速表指示值($v_表$),当 $v_表$ 读数在 38~48km/h 范围内为合格;或者当被检测车辆的车速表指示值($v_表$)为 40km/h 时,读取车速表检测台上速度指示仪表指示值($v_实$),当 $v_实$ 在 33.3~42.1km/h 范围内为合格。

2.汽车车速表检测注意事项

①超过车速表检测台允许轴重的汽车,一律不准上车速表检测台进行检测。

②对于电动机驱动式车速表检测台,一定要注意滚筒所能驱动的车轮负荷,严禁超载。

③对于电动机驱动式车速表检测台,如不用电动机驱动被测车辆车轮时,一定要注意在检测前用离合器将滚筒与电动机脱开。

④对于前轮驱动的汽车,一定要用方向盘准确地保持汽车处于直线行驶状态(保持车轮平面与滚筒垂直),然后再加速到检测车速,切忌汽车一驶上车速表检测台就迅速加速。

⑤被检测的汽车,如需连续进行高速试验时,为防止轮胎驻波现象的产生,可适当地提高轮胎气压。

⑥试验仪表部分应注意避免受潮或受震动。

⑦车速表检测台滚筒表面应经常保持清洁、干燥,防止泥、水、油污等进入车速表检测台。

⑧车速表检测台不检测时,严禁在检测台上停放车辆和堆积杂物。

【知识拓展】

汽车车速表常见故障及调整方法

汽车车速表与里程计合为一体,其常见故障与调整方法如下。

1. 车速表指针摇摆不定或抖动

这类故障的原因通常是车速表软轴或套管弯折,软轴转动时与套管刮碰。车速表速度盘轴的轴承磨损松旷,工作时也可造成指针摆动。

进行故障检测时,须先拆下软轴和套管,查看套管有无弯折或压扁现象。如有上述现象,应视损伤程度进行修复或更换。如果套管良好,抽出软轴,持其两端,使其中部下垂,用手转动软管,若其中部有较大升降现象,说明软轴弯折,须更换新件。如经上述检查,软轴及套管均属正常,应将车速表解体,检查速度盘轴承,如果发现衬套磨损,也应予以更换。

2. 车速表指针不动

这类故障可能由两种情况引起,一是车速表本身正常,而故障在车速表传动部分,可能是速度盘轴折断、轴端严重磨损或车速表游丝损坏;二是里程表字鼓不转,说明车速表和里程表的驱动机件损坏,通常是软轴折断或驱动齿轮损坏,进一步拆检后,可发现损坏的零件,应予以更换。

3. 车速表工作正常而计程器字鼓不转

这种故障表明车速表驱动轴至第一字鼓中的传动齿轮损坏,无法带动字鼓转动。应拆卸检查,更换损坏的字鼓齿轮。

4. 车速表指示误差超过规定范围

车速表指示误差超过《汽车运行安全技术条件》所规定的范围,其主要原因及调整方法如下:

蜗轮蜗杆传动部分和软轴以及车速、里程表的主动轴磨损过度,可先拆下软轴,检查两端的传动轴头的磨损情况,如磨损过大,应予更换,并在安装时分别检查与传动部分和与主动轴的配合情况,必要时应更换车速、里程表或蜗轮蜗杆传动副。

磁力式车速、里程表中的磁铁退化,应予更换。

任务 3.4　汽车前照灯检测与调整

【任务引入】

案例导入:一位新车主刚购买一辆明锐轿车,为了增强灯光亮度,加贴了"贴必亮",结果在汽车安检过程中,由于贴必亮的影响,导致了车灯检测项目首次未能通过。初步分析是因为车辆照射灯光发生了不同形式的折射,其照射强度和照射位置都不符合国家安检的标准。

【任务分析】

汽车前照灯即汽车大灯,是保证汽车在夜间或在能见度较低的情况下安全行车并保持较高车速的照明装置。前照灯的技术状况主要是指发光强度的变化和光束照射位置是否偏斜。当发光强度不足或光束照射位置偏斜时,汽车驾驶员不易辨清前方的障碍物或给对方来车驾驶员造成炫目,因而导致交通事故。所以,应定期对前照灯的发光强度和光束照射位置进行检测、校正。如何检测前照灯的技术状况?应学习了解汽车前照灯的基本特性,以及国家标准的具体要求,掌握前照灯检测仪的工作原理与结构组成,掌握前照灯检测仪的使用方法。

【相关知识】

一、光学基本知识

电光源是指将电能转变为光能的装置。生活中使用的手电筒便是最典型的电光源,汽车的前照灯、信号灯等均是电光源。

1.光的物理单位

(1)发光强度

发光强度是表示光源发光强度的物理量,计量单位是坎德拉(cd)。它的定义是一个光源发出频率为 540×10^{12} Hz 的单色辐射,若在一定方向上的辐射强度为 1 /683 W/sr(即 1 /683 W 每球面度),则此光源在该方向上的发光强度为 1cd。

(2)照度

照度是表示受光表面被照明的程度的物理量,计量单位是勒克斯(lx)。

2.发光强度与照度的关系

在不计光源大小的情况下(看作是点光源),照度与离开光源距离的平方成反比(倒数二次方法则),即:照度=发光强度/离开光源距离的平方。

从而可得,距离发光强度为 20000cd 的光源 1m 的地方,照度为 20000lx;离开 2m 的地方,照度为 20000/4=5000lx;离开 10m 的地方,照度则为 200lx。

二、前照灯的结构及光学特性

1.前照灯的基本类型

汽车前照灯按其结构特点可以分为全封闭式前照灯和半封闭式前照灯。按它在汽车上的安装方式又可分为外装式前照灯、内装式前照灯和可藏式前照灯;按其形状则可分为圆形前照灯、方形前照灯、长方形前照灯及异形前照灯;若按汽车装备前照灯的数量又可分为两灯制前照灯系统、四灯制前照灯系统以及带有辅助前照灯的前照灯系统等。

目前,汽车异形前照灯发展迅速并得到广泛应用。异形前照灯根据汽车造型,将前照灯的外形设计成与汽车的整体造型相协调,既增加了美感又减少了风阻系数。运动型跑车为了更进一步减小前照灯部分的风阻系数,增强其照明效果,还往往把前照灯设计成内隐式,白天行驶时看上去似乎没有前照灯但在夜间行驶时能自动将前照灯罩盖打开同时点亮前照灯。

2. 前照灯的结构

前照灯结构如图 3.6 所示,主要由光源(灯泡或发光灯丝组件)、配光镜、反光镜、插座、接线器和灯壳等组成。

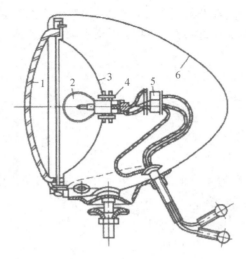

图 3.6　前照灯结构

1—配光镜;2—灯泡;3—反光镜;4—插座;5—接线器;6—灯壳

汽车前照灯灯泡通常有两种。一种是充气灯泡,其灯丝用钨丝制成。为了使灯丝在发光过程中减少钨的蒸发损耗、延长使用寿命,制造时将玻璃泡内空气抽出,再充入氢、氮、氪等混合惰性气体。另一种是卤钨灯泡,它是利用卤钨再生循环反应原理制成的,其灯丝仍为钨丝,但在灯泡内充入的气体中掺入了某种卤族元素(如碘、澳、氯、氟等,通常为澳或碘)。卤钨灯泡用耐高温、机械强度较高的石英玻璃或硬玻璃制成,可充入惰性气体的压力较高,且因工作温度高,灯泡内工作气压比一般灯泡高得多,使钨的蒸发受到更为有力的抑制。其最大优点是发光效率高(比一般灯泡高 50%～60%),耐久性好。卤钨灯泡有单灯丝和双灯丝两种。

反射镜是一种具有反射面的光学零件,其作用是尽可能多地收集灯泡发出的光线,并将这些光线聚合成很强的光束射向远方。经反射镜反射后的光线变成平行光束,射向远方,其光度增强了几百倍至上千倍。反射镜通常采用 0.6～0.8mm 的冷轧钢板冲压成旋转抛物面形状,其内表面经精工研磨后镀银、铝或铬后再抛光。因为铝镀层反射系数高达 0.9 以上,并且机械强度也较好,故现代汽车用前照灯的反射镜多采用真空镀铝工艺。

配光镜是根据配光性能要求,由一种或数种光学单元组合成的透镜,其作用是将反射镜反射出的平行光束进行折射和散射,使车前路面和路缘有良好而均匀的照明。配光镜常用透光玻璃压制而成,其内表面是经专门设计的具有一定几何形状的凸透镜和棱镜的组合体,外表面平滑。配光镜处在前照灯的最外部,因此应具备受日光照射不老化、不变色、不变形的特性,具有一定的强度,及耐擦伤、耐腐蚀和耐高温等性能。目前配光镜的材料已采用树脂制造,其优点是成型性好,可满足复杂形状设计要求,并能大幅度减少配光镜的重量。

3. 前照灯的光学特性

前照灯的光学特性有配光特性、照射方向等。所谓配光特性,是指前照灯灯光的光形分布特性。如果将照度相同的点连成一条等照度曲线,那么,等照度曲线的形状与分布就反映出了前照灯的配光特性,如图 3.7 所示。

光束的照射方向是以其最亮的区域为中心,用该中心对水平和垂直坐标轴交点的偏离量来描述的。由于前照灯透过散光玻璃各点的光线是不均匀的,同时还有与主光轴交叉的光线,大部分还是穿过散光玻璃中心直射的,因此在离开散光玻璃足够远的地方,可以近似看作是由点光源发出来的散射光线。试验表明,当距离大于 5m 时,实测值与理论值基本一致;距离为 3m 时,约产生 15% 左右的误差。由于受场地的限制,在用前照灯检测仪测量时,通常采用在前照灯前方 3m,1m,0.5m,0.3m 的距离

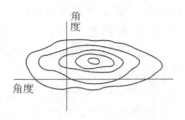

图 3.7 灯照度曲线

进行测量,并将该测量值当作前照灯前方 10m 处的照度,换算成发光强度进行指示。

为了既能保持良好的路面照明,又能防止产生炫目作用,汽车的前照灯光均应具有两种光束。一是远光,即当车辆前方无其他道路使用者时所使用的远距离照明光束;二是近光,即当车辆前方有其他道路使用者时,不致使对方炫目或有不舒适感所使用的近距离照明光束。

现代汽车上,普遍采用双丝灯泡的前照灯来实现上述两种光束。一根灯丝处在前照灯反射镜的焦点上,其光度较强,称为远光灯丝;另一根灯丝位于焦点的上方和前方,其光度较弱,称为近光灯丝。

目前国内外生产的双钨丝灯泡的前照灯分为美国式和欧洲式两种不同的配光制。我国基本采用了欧洲式配光制。

(1)美国式配光

美国式配光(SAE 方式)因其近光的光形分布对称,因此被称为对称形配光。这类前照灯采用普通双丝灯泡,其灯丝位置如图 3.8 所示。远光灯丝在焦点处,功率较大;而近光灯丝则向上和向右偏移(从灯泡向反射镜看去),其功率较小。

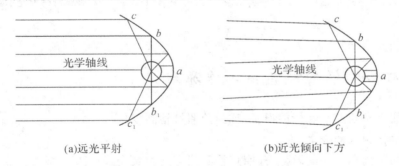

(a)远光平射   (b)近光倾向下方

图 3.8 美国式配光的前照灯光束照射情况

当用远光时,灯丝发出的光线由反射镜反射后,沿光学轴线平行射向远方,如图 3.8(a)所示;当用近光时,射到反射镜 bab_1 上的光线由反射镜反射后,射向前照灯光轴的右面和下面,即射向路面;而射到反射镜 bc 和 b_1c_1 上的光线反射后,则射向上面和左面,即射向迎面来车驾驶员的视线范围内,如图 3.8(b)所示;但射向路面的光线占大部分,从而减小了对迎面来车驾驶员的炫目作用。

(2)欧洲式配光

欧洲式配光(ECE 方式)因其近光的光形分布不对称,因此,又被称为非对称形配光。这

类前照灯采用带配光屏的双丝灯泡,其灯丝位置如图3.9所示,远光灯丝处在反射镜的焦点处,近光灯丝则沿光轴移至焦点的前方,近光灯丝下方设有一配光屏,近光灯丝发出的光线的上半部分射向反射镜的上半部分,被反射成下倾射向路面的光束,而配光屏则可将下半部分的光线遮住,使其无法射向反射镜的下半部分,故没有向上反射可能引起炫目的光线。近光光束照射情况如图3.9(a)所示。当使用远光时,配光屏不起作用,反射光束仍直射前方,如图3.9(b)所示。

由于带配光屏的前照灯泡防炫目效果好,符合欧洲经济委员会制定的ECE标准,是比较理想的配光,已被世界公认,故我国规定采用ECE配光方式。在GB 4599－94中规定近光光束的配光性能为非对称性配光。

近来,国外又发展了一种更优良的光形,其近光光形如图3.10所示。明暗截止线呈Z形,故称Z形配光,这种配光制不仅可以避免迎面来车驾驶员的炫目,还可以防止迎面而来的行人和非机动车使用者的炫目,更加保证了汽车夜间行驶的安全。

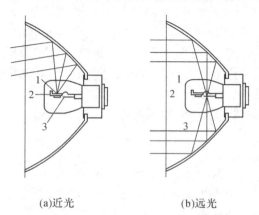

(a)近光   (b)远光

图3.9　欧洲式配光的前照灯光束照射情况
1—近光灯丝;2—配光屏;3—远光灯丝

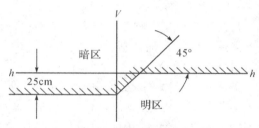

图3.10　Z形非对称配光示意图

三、前照灯检测仪的结构与工作原理

用于检测汽车前照灯性能的设备,称为前照灯检测仪。

1.前照灯检测仪的分类

根据检测距离和方法的差异,前照灯检测仪可分为聚光式(QD-2型)、投影式(FD-2型、QD-100型)和自动跟踪光轴式(FD-1型、QD-300型、FD-103型、QD-1003、ZJ-1A型)等。

根据测量原理,前照灯检测仪又可分为光电池式和CCD式等。光电池式前照灯检测仪的主要元器件是硅半导体光电池和聚光透镜。光电池用于吸收前照灯发出的光能,将其转变成光电池的电流,按该电流的大小来确定前照灯的发光强度与光轴偏移量。目前应用较多的是CCD式前照灯检测仪,主要有南华生产的NHD-6101型远近光检测仪、浙大鸣泉生产的QDC-1C型远近光检测仪和佛山生产的FD-103型远近光检测仪。南华产NHD-6101和佛山产FD-103型前照灯检测仪在透镜的前后安装有两个CCD摄像机,分别负责光轴的跟踪和前照灯配光性能和照射方向的分析,南华产QD-103型前照灯检测仪在透镜后安装有一个 CCD 摄像机,用于前照灯配光性能和照射方向的分析,而光轴的跟踪仍沿用以前的光电池方法。有的检测仪的立柱上装有扫描光电管阵列,其作用是扫描汽车前照灯的大概位置,以便光接收箱快速定位。

2. 前照灯检测仪的结构

用前照灯检测仪检测灯光性能时,一般距离大灯 1m 或 3m,检测时前照灯的光束通过检测仪的聚光透镜和光电元件等,将 1m 或 3m 处的光照度折算成 10m 处的照度,并以发光强度值进行指示。

下面以目前应用较多的南华生产的 NHD-6101 型远近光检测仪说明全自动前照灯远近光检测仪结构。NHD-6101 型远近光检测仪外形如图 3.11 所示。

控制机是前照灯检测仪进行数据处理及控制的计算机。控制机前面板的液晶显示器下方装有操作键盘,如图 3.11(a)所示;背面装有插座连接板,如图 3.11(b)所示。

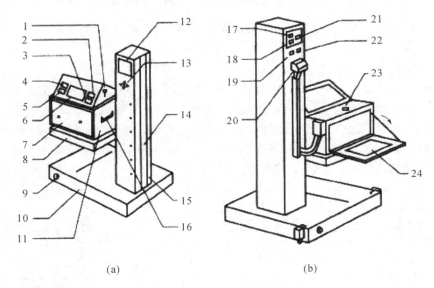

(a)　　　　　　　　(b)

图 3.11　仪器外形示意图

1—观测把手;2—左右方向指示表;3—上下方向指示表;4—光强指示表;5—高度指示表;6—观测屏幕
7—菲涅尔透镜;8—水平调整偏心轮;10—底座;11—受光箱;12—控制机;13—操作键盘
14—立柱盖板;15—立柱;16—准星;17—数字信号接口;18—显示器插座;19—电源开关
20—接线盒;22—打印机接口;23—水准泡;24—参数调校板

3. 前照灯检测仪的工作原理

前照灯检测仪是一种专用的光学仪器。其使用的主要元器件是硅半导体光电池和聚光透镜。光电池用于吸收前照灯发出的光能,将其转变成光电池的电流,按该电流的大小来确定前照灯的发光强度与光轴偏移量。

半导体光电池构造如图 3.12 所示,它由结晶硅、金属薄膜、底板和引线等组成。当光电池受到光照射后,光能使金属薄膜和硅晶体上、下部之间产生电动势,使结晶硅上部带负电,下部带正电,因此在金属薄膜和铁底板上接出引线后,即可将电路接通,从而使电流表指针偏转。

(1)发光强度检测原理

如图 3.13 所示,将光电池与光度计用导线连接起来,在规定的距离使前照灯灯光照射

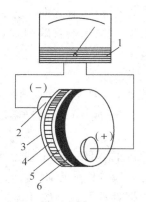

图 3.12　半导体光电池结构

1—电流表；2—引线；3—金属薄膜；4—非结晶硅；5—结晶硅；6—铁底板

光电池后，光电池产生对应于前照灯发光强度大小的电流，使光度计指针偏转，从而检测出前照灯的发光强度。

（2）光轴偏斜量检测原理

如图 3.14 所示，将一个光电池分隔成 4 等份（S_1，S_2，S_3 和 S_4），上、下两片光电池 S_1 和 S_2 连接上下偏斜指示计，左、右两片光电池 S_3 和 S_4 连接左右偏斜指示计。前照灯光束照射到光电池后，各片光电池分别产生电流，若 S_1，S_2 产生电流相等，上下偏斜指针不动；若 S_1 和 S_2 产生电流大小不等，则上下偏斜指示计指针将按 S_1 和 S_2 电流差值大小进行偏转，指示出光轴上下偏斜量。左右偏斜测量原理同上。

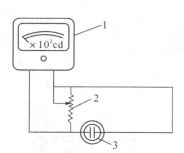

图 3.13　发光强度检测原理图

1—光度计；2—可变电阻；3—光电池

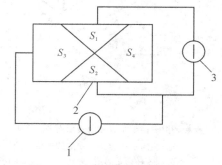

图 3.14　光轴偏斜量检测原理图

1—左右偏斜指示计；2—光电池；3—上下偏斜指示计

四、前照灯技术要求

国家标准 GB7258—2004《机动车运行安全技术条件》对汽车前照灯的要求如下。

（1）基本要求

①在正常使用条件下，机动车前照灯光束照射位置应保持稳定。

②装有前照灯的机动车应有远、近光变换装置，并且当远光变为近光时，所有远光应能同时熄灭。同一辆机动车上的前照灯不允许左、右的远、近光灯交叉开亮。

③前照灯的远、近光灯上下并列设置时，近光灯应位于上侧，其他情况下近光灯应位于

外侧。

④所有前照灯的近光都不允许炫目。

⑤汽车(三轮汽车除外)、摩托车及轻便摩托车装用的前照灯应分别符合《汽车用灯丝灯泡前照灯》(GB4599—2007),《摩托车白炽丝光缘前照灯配光性能》(GB5948—1998)及《轻便摩托车前照灯配光性能》(GB19152—2003)的规定。

(2)发光强度要求

前照灯应保证能在汽车前方100m以内的路面上进行明亮而均匀的照明,使驾驶员清楚辨明路面上的任何障碍物。现代高速汽车的照明距离应达到200~250m,为此GB7258对机动车每只前照灯的远光光束发光强度作了要求,如表3.4所示。测试时,其电源系统应处于充电状态。

表 3.4　前照灯远光光束发光强度最小值要求　　　　　　　　　　　单位:cd

机动车类型		检查项目					
		新注册车			在用车		
		一灯制	两灯制	四灯制[1]	一灯制	两灯制	四灯制[1]
三轮汽车		8000	6000		6000	5000	
最高设计车速小于70km/h的汽车		—	10000	8000	—	8000	6000
其他汽车		—	18000	15000	—	15000	12000
摩托车		10000	8000	—	8000	6000	
轻便摩托车		4000			3000		
拖拉机运输机组	标定功率＞15kW	—	8000			6000	
	标定功率＜15kW	6000	6000		5000[2]	5000	

注:[1]四灯制是指前照灯具有4个远光光束;采用四灯制的机动车其中两只对称的灯达到两灯制的要求时,视为合格;
　　[2]允许手扶拖拉机运输组只装用一只前照灯。

(3)光束照射位置要求

汽车装用远光和近光双光束灯时,以检测近光光束为主。对于只能调整远光单光束的前照灯应检测远光单光束。

①在检验前照灯近光光束照射位置时,前照灯照射在距离10m的屏幕上时,乘用车前照灯近光光束明暗截止线转角或中点的高度应为0.7~0.9H(H为前照灯基准中心高度,下同),其他机动车(拖拉机运输机组除外)应为0.6~0.8H。机动车(装用一只前照灯的机动车除外)前照灯近光光束水平方向位置向左偏不允许超过170mm,向右偏不允许超过350mm。

②轮式拖拉机运输机组装用的前照灯近光光束的照射位置,按照上述方法检验时,要求在屏幕上光束中点的离地高度不允许大于0.7H;水平位置要求,向右偏移不允许超过350mm,不允许向左偏移。

③在检验前照灯远光光束及远光单光束灯照射位置时,前照灯照射在距离10m的屏幕上时,要求在屏幕光束中心离地高度,乘用车为0.9~1.0H,其他机动车为0.8~0.95H;机动车(装用一只前照灯的机动车除外)前照灯远光光束水平位置要求,左灯向左偏不允许超过170mm,向右偏不允许超过350mm,右灯向左或向右偏均不允许超过350mm。

【任务实施】

一、检测仪器与实施要求

1.检测仪器
①聚光式前照灯检测仪、屏幕式前灯检测仪、投影式前照灯检测仪。
②自动追踪光轴式前照灯检测仪。
③米尺、车辆摆正找准器。

2.实施要求
①熟悉汽车前照灯检测仪的结构、工作原理和使用方法。
②掌握汽车前照灯的检测内容和检测标准。
③掌握汽车前照灯的屏幕检测方法。
④正确使用前照灯检测仪对汽车前照灯的发光强度和主光线的位置进行检查。
⑤正确判定和分析检测结果。
⑥掌握不合格前照灯的调整方法。

二、检测实施步骤

1.利用屏幕对前照灯进行检测
此方法为目视调整法。将前照灯光束照射在距其配光镜表面 10 m 远的幕布或墙壁上，用肉眼观察并调整光束中心落在屏幕上的位置。

我国标准规定：机动车装用远、近光双光束前照灯时，应以调整近光光束为主。我国对前照灯光束的调整与检测方法及要求均在 GB 7454 中作出明确规定。

如图 3.15 所示，在距前照灯 10m 处设有一专用屏幕，按前述规定的检验条件，在屏幕上

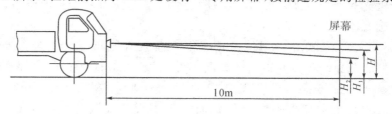

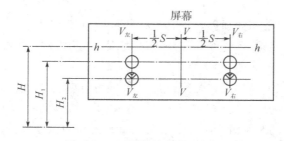

图 3.15　用屏幕检测前照灯的光束位置

画有 3 条垂直线和 3 条水平线,中间垂直线 $V-V$ 与被测车辆的纵向中心线对正。两侧的垂直线 $V_左-V_左$ 和 $V_右-V_右$ 分别为被检车辆的左右前照灯的中心线;水平线 $h-h$ 与被测车辆的前照灯的中心等高,距地面高度为 H(mm);其下一条水平线的高度为 H_1,与被测车辆的前照灯远光光束中心的上限值(0.9H)等高,最下面的一条水平线的高度为 H_2,与被测车辆的前照灯近光光束中心的上限值(0.8H)等高。标准规定远、近光光束中心高度的偏差范围分别为 0.05H 与 0.2H,即其下限值分别为 0.85H 和 0.6H。

检测时,先遮住一边的前照灯,然后打开前照灯的近光开关,未遮盖的前照灯的近光明暗截止线转角或光束中心应落在由高度 H_2、$H_2-0.2H$ 的两条水平线及距汽车纵向中心线 0.5S+100(mm)、0.5S-100(mm) 两条垂线所围的矩形面积内,否则表明近光光束照射位置偏斜,不合格。

对于远光单光束前照灯,则要检测远光光束的照射位置。检测方法与前相同,其光束中心上下位置应落在由高度为 H_1、$H_1-0.05H$ 的两条水平线内;左右位置,对于右灯应落在距汽车纵向中心线为 0.5S+170(mm) 和 0.5S-170(mm) 两条垂直线内,对于左灯向左为 0.5S+100(mm),左灯向右为 0.5S-170(mm) 两条垂直线内。

用屏幕法检测前照灯,其方法简单易行,但它只能检测出光束的偏斜方向和偏斜量,不能检测发光强度,而且为适应不同车型,还需经常更换屏幕,检测效率较低。

2. 使用前照灯检测仪检测前照灯

(1)检测条件

①检测前照灯前应保持前照灯配光镜的清洁,擦净配光镜上的脏物,以免影响发光强度。

②汽车空载,车内乘坐 1 人,轮胎气压应符合规定。

③蓄电池电压应正常。

(2)前照灯检测注意事项

①停车位置要准确,车身纵向中心线要垂直于前照灯受光面,否则会影响光束左右偏测量的准确性。

②初检与复检时尽量由同一检验员引车操作。因为驾驶员体重的变化会对光束上下偏测量的准确性和重复性造成影响,尤其对微型车影响较大。

③前照灯检测仪正在移动或将要移动时,严禁车辆通过。

④检测完毕后车辆要及时驶离,车身不得长时间挡住轨道。

(3)检测步骤

①将被测车辆缓缓驶近前照灯检测仪,保证汽车纵轴线与前照灯导轨垂直,使前照灯与检测仪保持标准距离(根据检测仪型号确定)。

②发动机怠速运转,蓄电池处于充电状态。

③利用前照灯检测仪上的找准器,使检测仪和被测车辆的前照灯对正。

④若为四灯制车,遮住暂不检测的前照灯,只保留一只前照灯。

⑤接通前照灯,分别测量前照灯光轴偏斜量和发光强度。

⑥根据上述步骤,对各前照灯逐一检测。

⑦检测完毕,将前照灯检测仪移开,汽车驶离检测工位,切断检测仪电源。

(4)影响检测结果的主要因素

①发动机怠速转速。汽车发动机怠速时的转速过低，发电机转速也随之降低，从而使发电机处于非发电状态，蓄电池处于非充电状态，此时，汽车前照灯的发光强度将有所降低。

②汽车前照灯距离检测仪的距离。检测仪检测汽车前照灯的发光强度时，是根据检测仪受光器的照度，通过下式计算后得到前照灯的发光强度大小的。

照度＝发光强度／离开光源距离的平方

其中，发光强度单位是坎德拉（cd），照度单位是勒克斯（lx），距离的单位是米（m）。

由此可见，检测仪距离光源的距离越远，得到的照度越小；检测仪距离光源的距离越近，得到的照度越大。实际检测时，要求汽车前照灯距离检测仪的距离在一定值范围内，如果汽车前照灯距离检测仪的距离比要求的距离远，检测仪检测到的照度就小，最终指示的前照灯发光强度检测值也就比实际的小；相反，如果汽车前照灯距离检测仪的距离比要求的距离小，检测仪检测到的照度就大，最终指示的前照灯发光强度检测值也就比实际的大。因此，检测前照灯发光强度时，要严格掌握检测仪与车辆的距离。

③车辆纵轴轴线是否与检测仪导轨垂直。国家标准规定的前照灯光轴偏移量限值要求，是在距离汽车前照灯 10m 远的屏幕上测量的结果。通过理论计算可知，如果车辆纵轴轴线与检测仪导轨不垂直，而是偏移了 1°，会使光轴偏移量变化 174 mm；如果车辆纵轴轴线与检测仪导轨不垂直，而是偏移了 2°，则会使光轴偏移量变化 350 mm。

因此，实际检测时一定要尽可能地使车辆纵轴轴线与检测仪导轨垂直。

④其他光源的照射。检测前照灯时，应避免外界强光照射，否则会影响检测结果。

【知识拓展】

一、视野安全系统技术简介

1.雨滴感知型间断刮水控制系统

雨滴感知型间断刮水系统主要由雨滴传感器、间断刮水放大器和刮水电动机 3 部分组成。雨滴传感器由震动板、压电元件、放大电路、盒体和阻尼橡胶等组成。当震动板接到雨滴的撞击能量，以本身的固有频率震动时，震动传给压电元件，压电元件产生的电压与撞击震动板的雨滴能量成正比，经放大送到刮水放大器，刮水放大器控制刮水电动机的运转速度和间歇时间，从而调整了雨刮的工作速度。

2.刮水器微机控制系统

随着微电子技术的发展，计算机也开始用于刮水器控制系统。刮水器微机控制系统可根据风挡玻璃表面状况自动调节刮水器的动作，它可保证风挡玻璃清晰，驾驶更安全。系统通常采用光敏传感器和高精度的计算机结合来监测雪、雨等天气条件下风挡玻璃上的透光程度。当风挡玻璃上有雨水或雪时，红外线探测器（光电管）接收到的红外线较少，电控装置检测出被反射的红外线强度的变化后，产生相应的控制信号给刮水器，使其产生相适应的刮水动作。

3.灯光控制系统

目前国外新研制出的可转向辅助大灯系统，能够根据汽车转向角度的变化及时改变照明区的范围，该系统由转向角传感器、辅助反射镜、反射镜转角控制装置、反射镜电机执行机构组成。该车灯系统具有如下特点：

（1）只移动辅助反射镜就能使一些拐角处得到充分的照明，而不用移动整个车灯。

（2）与具有固定光束的辅助前照灯相比，在转动方向盘时，只对拐角照明，这样可以减少驾驶员的疲劳程度，改善其能见度。

（3）在设计上，电控与机械或液压控制相比具有更大的自由度。灯光控制系统可改善军用汽车在山区夜间行驶的安全性，因此具有应用价值。

4. 风挡玻璃显示系统

风挡玻璃显示系统又称风挡玻璃映像显示器。该系统由装在风挡玻璃上的全息反射镜、光学系统（包括平面反射镜和高辉光荧光管）和电子光源驱动器 3 部分组成。该装置可以将汽车的瞬时车速或其他车况信息（转向信号、灯光信号）用数字或符号显示在风挡玻璃上，从而使行车中的驾驶员向前观察道路的同时也可以看到仪表板上仪表提供的车况信息。

任务 3.5　汽车侧滑量检测与分析

【任务引入】

案例导入：某丰田卡罗拉轿车，交通事故后造成右前车轮变形，经维修驾驶一段时间后，发现两前轮胎出现了不正常的磨损，车主更换了轮胎后，现象依然发生，正遇车辆进行年检，车辆在侧滑检测实验台上进行检测，得知车辆的侧滑量超标。经过调整相应的车轮定位参数后，车辆侧滑量检测符合要求，同时轮胎偏磨也相应消失。

【任务分析】

为保证汽车转向轮无横向滑移的直线滚动，要求车轮外倾角和车轮前束有适当配合。当车轮前束值与车轮外倾角匹配不当时，车轮就可能在直线行驶过程中不做纯滚动，而产生侧向滑移现象。这种滑移现象过于严重，将破坏车轮的附着条件，丧失定向行驶能力，使转向沉重，引发交通事故并导致轮胎的异常磨损，侧向滑移量的大小与方向用汽车前轮侧滑检测台来检测。如何检测汽车前轮的侧滑量？

【相关知识】

一、汽车转向轮侧滑量

车辆在使用中由于车架、车轴、转向机构的变形与磨损造成改变了原有的参数值，致使前轮定位失准（主要是外倾角和前束），车辆行驶时转向轮在向前滚动的同时还将产生横向滑移，这就是我们所说的侧滑。

侧滑是指由于前束与车轮外倾角配合不当，在汽车行驶过程中，车轮与地面之间产生一种相互作用力，这种作用力垂直于汽车行驶方向，使轮胎处于边滚边滑的状态，它使汽车的操纵稳定性变差，油耗增加，轮胎的磨损加速。如果让汽车驶过可以在横向自由滑动的滑板，由于存在上述作用力，滑板将产生侧向滑动。检验汽车的侧滑量，可以判断汽车前轮前

束和外倾这两个参数配合是否恰当,而并不能测量这两个参数的具体数值。

二、汽车侧滑检测台结构与工作原理

汽车侧滑量一般由汽车侧滑试验台检测。滑板式侧滑试验台按滑动板数不同,可分为单板式和双板式两种。它们一般均由测量装置、指示装置和报警装置等组成。以下主要介绍双板式侧滑试验台。

1.测量装置

测量装置由框架、左右两块滑动板、杠杆机构、回位装置、滚轮装置、导向装置、锁止装置、位移传感器及信号传递装置等组成。该装置能把前轮侧滑量测出并传递给指示装置。

滑动板的长度一般有500mm、800mm和1000mm三种。滑动板的上表面制有"T"形纹或"十"形纹,以增加与轮胎之间的附着力。滑动板的下部装有滚轮装置和导向装置,两滑动板之间连接有曲柄机构、回位装置和锁止装置。在侧向力作用下,两滑动板只能在左右方向上作等量位移,并且要向内均向内,要向外均向外,在前后方向上不能位移。

当前轮正前束(IN)过大时,滑动板向外侧滑动;当前轮负前束(OUT)过大时,滑动板向内侧滑动;当侧向力消失时,在回位装置作用下两滑动板回到零点位置;当关闭锁止装置时,两滑动板被锁止。

按滑动板位移量传递给指示装置方式的不同,测量装置可分为机械式和电气式两种。

（1）机械式测量装置

这是把滑动板与指示装置机械地连接在一起,通过连杆和L形杠杆等零件,把滑动板位移量直接传递给指示装置的一种结构形式,如图3.16所示。

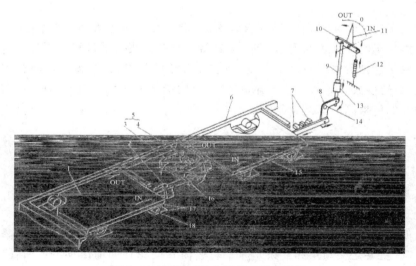

图3.16　侧滑试验台机械式测量装置

1—左滑动板;2—导向滚轮;3—回位弹簧;4—摇臂;5—回位装置;6—框架;7—限位开关;8—L形杠杆;
9—连杆;10—刻度放大倍数调整器;11—指示机构;12—调整弹簧;13—零位调整装置;14—支点;
15—右滑动板;16—双销叉式曲柄;17—轨道;18—滚轮

具有机械式测量装置的侧滑试验台,一般也称为机械式侧滑试验台,其指示装置设立在测量装置的一端,两者必须靠得很近,近年来已逐渐淘汰。

(2)电气式测量装置

这是把滑动板的位移量通过位移传感器变成电信号,再经过放大与处理而传输给指示装置的一种结构形式。位移传感器有自整角电机式、电位计式和差动变压器式等多种形式。

以自整角电机作为位移传感器的测量装置如图 3.17 所示。测量装置上的自整角电机 7 通过齿轮齿条机构、杠杆和连杆等与滑动板连接在一起。指示装置中也装备有同一规格的自整角电机 9。当滑动板位移时,自整角电机 7 回转一定角度并产生电信号传输给自整角电机 9,自整角电机 9 接到电信号后回转同一角度并通过指针指示出滑动板位移量的大小和方向。

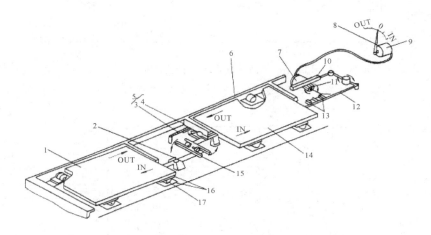

图 3.17　侧滑试验台电气式测量装置

1—左滑动板;2—导向滚轮;3—回位弹簧;4—摆臂;5—回位装置;6—框架;7—产生电信号的自整角电机;
8—指针;9—接受电信号的自整角电机;10—齿条;11—齿轮;12—连杆;13—限位开关;14—右滑动板;
15—双销叉式曲柄;16—轨道;17—滚轮

以电位计作为位移传感器的测量装置如图 3.18 所示。可以看出,当滑动板位移时能变为电位计触点在电阻线圈上的移动,致使电路阻值发生变化,进而使电路电压发生变化。把这一变化传输给指示装置(电压表),就可将滑动板位移量的大小和方向指示出来。

以差动变压器为位移传感器的测量装置如图 3.19 所示。当滑动板位移时,通过触头带动差动变压器线圈内的铁芯移动,使电路电压发生变化。将这一变化传输给指示装置(电压表),就可将滑动板位移量的大小和方向指示出来。

2.指示装置

指示装置也分为机械式和电气式两种,有的用指针式指示,有的用数码管式指示。电气式指示装置(指针式)如图 3.20 所示。指示装置能把测量装置传递来的滑动板侧滑量,按汽车每行驶 1km 侧滑 1m 定为一格刻度。前轮正前束(IN)和前轮负前束(OUT)都分别刻有 10 格的刻度。因此,当滑动板长度为 1 000mm,滑动板侧滑 1mm 时,指示装置指示 1 格刻度,代表汽车每行驶 1km 侧滑 1m。同样,当滑动板长度为 800mm 滑动板侧滑 0.8mm 和当滑动板长度为 500mm 滑动板侧滑 0.5mm 时,指示装置也都能指示一格刻度。这样,检测人员从指示装置上就可获得前轮侧滑量的具体数值,并根据指针偏向 IN 或 OUT 的方向确定出侧滑方向。

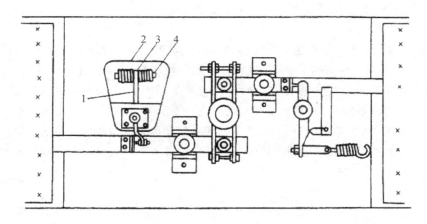

图 3.18 侧滑试验台电位计式测量装置
1—滑动片;2—电位计;3—触点;4—线圈

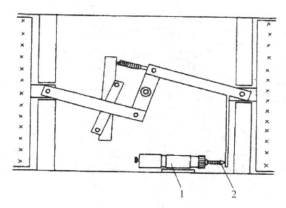

图 3.19 侧滑试验台差动变压器式测量装置
1—差动变压器;2—触头

指示装置的刻度盘上除用数字和符号标明侧滑量和侧滑方向外,有的还用颜色和英文划为三个区域。即,侧滑量 0～3mm 范围内为绿色,表示为良好(GOOD)区域;侧滑量 3～5mm 为黄色,表示为可用区域;侧滑量 5mm 以上为红色,表示为不良(BAD)区域。

3. 报警装置

在检测前轮侧滑量时,为便于快速表示检测结果是否合格,当前轮侧滑量超过规定值(5格刻度)后,侧滑试验台的报警装置能根据测量装置的限位开关发出的信号,用蜂鸣器或信号灯报警,因而无须再读取指示仪表上的具体数值,为检测工作节约了时间。

近年来国内各厂家生产的侧滑试验台的电气式指示装置,多以单片微机进行数据采集和处理,因而具有操作方便、运行可靠、抗干扰性强等优点,同时还能对检测结果进行分析、判断、存储、打印和数字显示等功能。如国产 CH-10A 型侧滑试验台就是如此,其电气部分的原理框图如图 3.21 所示,指示装置面板图如图 3.22 所示。该种侧滑试验台,当滑动板侧滑时通过位移传感器转变成电信号,经过放大与信号处理后成为 0～5V 的模拟量,再经 A/D 转变成数字量,输入微机运算处理,然后由数码管显示出检测结果或由打印机打印出检测结果。

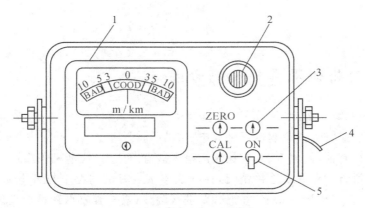

图 3.20　指针式指示装置

1—指针式表头;2—报警用蜂鸣器或信号灯;3—电源指示灯;4—导线;5—电源开关

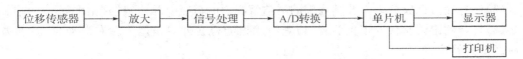

图 3.21　CH-10A 型侧滑试验台电气原理框图

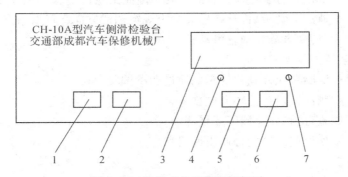

图 3.22　数字式指示装置面板图

1—电源接通健;2—电源断开键;3—数码显示器;4—电源指示灯;5—打印键;6—复位健;7—报警灯

国产 CH-10A 和 CH-10Z 型侧滑试验台的主要参数如表 3.5 所示。

表 3.5　国产 CH-10A 型、CH-10Z 型侧滑试验台的主要参数

	CH-10A	CH-10Z
允许最大轴载质量/t	10	10
轮距范围/mm	860~2225	860~2225
滑板尺寸(长×宽)/mm	500×1000	1000×1000
外形尺寸(长×宽×高)/mm	2930×606×163	2930×1106×168
净质量/kg	800	1200

【任务实施】

一、汽车转向轮侧滑量的检测方法

1. 检测前的准备工作

(1) 轮胎气压应符合汽车制造厂之规定;

(2) 轮胎上粘有油污、泥土、水或花纹沟槽内嵌有石子时,应清理干净;

(3) 检查侧滑试验台导线连接情况,在导线连接良好的情况下打开电源开关,查看指针式仪表的指针是否在机械零点上,并视必要进行调整;或查看数码管是否亮度正常并都在零位上;

(4) 检查报警装置在规定值时能否发出报警信号,并视需要进行调整或修理;

(5) 检查侧滑试验台上面及其周围的清洁情况,如有油污、泥土、砂石及水等应予清除;

(6) 打开侧滑试验台的锁止装置,检查滑动板能否在外力作用下左右滑动自如,外力消失后回到原始位置,且指示装置指在零点。

2. 检测方法

(1) 汽车以 3～5km/h 的速度垂直侧滑板驶向侧滑试验台,使前轮平稳通过滑动板;

(2) 当前轮完全通过滑动板后,从指示装置上观察侧滑方向并读取、打印最大侧滑量;

(3) 检测结束后,切断电源并锁止滑动板。

3. 使用注意事项

(1) 不能让超过试验台允许轴荷的车辆通过侧滑试验台;

(2) 车辆不能在侧滑试验台上转向或制动;

(3) 保持侧滑试验台内、外及周围环境清洁;

(4) 其他注意事项见侧滑试验台使用说明书。

二、侧滑量检测标准

按国家标准 GB7258—2004《机动车运行安全技术条件》的规定,对前轴采用非独立悬架的汽车,其转向轮的横向侧滑量,用侧滑试验台检测前轮侧滑量,其值应在 ±5m/km 之间。

【知识拓展】

转向系性能的好坏直接关系到汽车行驶的安全性和稳定性。因此,在汽车使用过程中应加强对转向系的检测与诊断。

一、车轮定位的检测

车轮定位的检测,包括转向轮(通常为前轮)定位的检测和非转向轮(通常为后轮)定位的检测。转向轮和非转向轮定位的检测,也即前轮和后轮定位的检测,统称为四轮定位的检测。汽车前轮定位,包括前轮外倾、前轮前束、主销后倾和主销内倾,是评价汽车前轮直线行驶稳定性、操纵稳定性、前轴和转向系技术状况的重要诊断参数。后轮定位主要有后轮外倾和后轮前束,可用于评价后轮的直线行驶稳定性和后轴的技术状况。因此,车轮定位值的检测是十分必要的。

　　汽车车轮定位的检测方法,有静态检测法和动态检测法两种类型。

　　静态检测法是在汽车静止的状态下,根据车轮旋转平面与各车轮定位间存在的直接或间接的几何关系,用专用检测设备对车轮定位进行几何角度的测量。使用的检测设备一般有气泡水准式、光学式、激光式、电子式和微机式等前轮定位仪或四轮定位仪(统称为车轮定位仪)。动态检测法是在汽车以一定车速行驶的状态下,用检测设备检测车轮定位产生的侧向力或由此引起的车轮侧滑量。为了确知车轮前束和外倾配合是否恰当,可使用动态检测法检测前轮的侧滑量。使用的检测设备有滑动板式侧滑试验台和滚筒式车轮定位试验台两种。国内大多采用滑板式侧滑试验台进行动态检测。

二、转向盘自动转动量和转向力的检测

　　转向系的技术状况常用转向盘自由转动量、转向盘转向力来诊断,因此转向系的常规检测项目主要是转向盘自由转动量、转向盘转向力。

　　1.转向盘转向力的检测

　　操作稳定优良的汽车,具有适度的转向轻便性。若转向沉重,则不仅增加驾驶员的劳动强度,而且还不能及时敏捷地转向,而影响行车安全;若转向太轻,则驾驶员会感到失去"路感",觉得"发飘"、难于控制汽车行驶方向,同样不利于行车安全。

　　转向轻便性可用一定行驶条件下作用在转向盘上的转向力(即作用在转向盘外缘的切向力)的大小来表示。其转向力可用转向参数测量仪进行检测,图 3.23 为一转向参数测量仪的简图。它主要由操纵盘、主机箱、连接叉和定位杆四部分组成。操纵盘由螺栓固定在三爪底板上,底板经转矩传感器与三个连接叉相连,每个连接叉上都有一只可伸缩长度的活动卡爪,其活动卡爪与被测转向盘相连接。主机箱固定在底板中央,其内装有转矩传感器、接口板、微机板、显示器、打印机和电池等。定位杆从底板下伸出,经磁力座吸附在驾驶室内的仪表盘上,定位杆的内端连接有光电装置。当转向参数测量仪在被测转向盘上安装调整好后,转动操纵盘的转向力则通过底板、转矩传感器、连接叉传递到被测转向盘上,使转向盘转动以实现汽车转向。此时,转矩传感器将转向转矩转变成电信号,而定位杆内端连接的光电装置则将转角的变化转变为电信号。这两种电信号由微机自动完成数据采集、转角编码、运算、分析、存贮、显示和打印。该仪器可进行转向盘转向力、转向盘转角及转向盘自由转动量的检测。

　　检测转向力时,将转向参数检测仪安装在被测的转向盘上,按下"转力"键,并输入转向盘半径,然后按规定条件缓慢地转动转向盘,则可测出转向盘的转向力。

　　无转向参数检测仪时,也可通过弹簧秤沿切向拉动转向盘的边缘来测量转向力。转向力的检测方法有多种,目前在实际上应用最多的有如下两种。

　　(1)路试转向力检测

　　将转向参数测量仪安装在被测的转向盘上,让汽车在平坦、硬实、干燥和清洁的水泥或沥青路面上,以 10km/h 的速度在 5s 内沿螺旋线从直线行驶过渡到直径为 24m 的圆周行

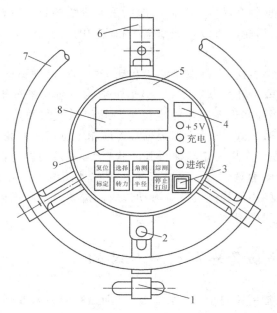

图 3.23　转向参数测量仪

1—定位杆;2—固定螺栓;3—电源开关;4—电压表;5—主机箱;

6—连接叉;7—操纵盘;8—打印机;9—显示器

驶,测出施加于转向盘外缘的最大切向力数值,该数值即为转向盘转向力。

这种检测方法为 GB7258—2004《机动车运行安全技术条件》推荐使用的方法,其检测标准是:施加于方向盘外缘的最大切向力不应大于 245N。

(2)原地转向力检测

1)将转向参数测量仪或测力弹簧安装在被测车辆的转向盘上。

2)将汽车转向轮置于转角盘上。

3)通过测力装置转动转向盘,使转向轮能达到原厂规定的最大转角。

4)在转向轮转动的全过程中,用测力装置测得的最大数值即为车轮原地转动的转向盘转向力。

这种检测方法为 GB18565—2001《营运车辆综合性能要求和检验方法》中规定使用的方法,营运车辆使用该法的检测标准是:转动转向盘的最大转向力应小于或等于 120N。

2.转向盘自由转动量的检测

转向盘自由转动量是指汽车转向轮处于直线行驶位置静止不动时,转向盘可以自由转动的角度。它是转向系内部各传动连接部件间隙的总反映,过大的转向盘自由转动量,一方面将直接导致汽车转向不灵敏,影响行车安全;另一方面由于转向系内存在着较大的传动间隙而削弱了对转向轮的约束,从而导致汽车直线行驶不稳定。因此对转向盘的自由转动量应进行检查和调整,使其符合要求。

转向盘自由转动量可采用转向参数测量仪进行检测。其检查方法如下。

(1)将转向参数测量仪安装在被测的转向盘上。

(2)停放汽车,使前轮处于直线行驶位置,并接好仪器电源。

(3)将转向盘转至自由转动的一侧极限位置,按下"角测"按钮,再按相反方向缓慢转动转向盘,直至另一侧自由转动极限位置时停止转动,则仪器显示的角度即为转向盘自由转动量。

根据 GB7258—2004《机动车运行安全技术条件》的规定:机动车转向盘最大自由转动量不允许大于:

　　a.最高设计车速不小于 100km/n 的机动车 20°;

　　b.三轮汽车 45°;

　　c.其他机动车 30°。

在没有转向参数测量仪的情况下,可用简易的转向盘自由转动量测量仪进行检测。这种简易测量仪由刻度盘和指针组成,如图 3.24 所示。检测时将刻度盘和指针分别固定在转向盘轴管和转向盘边缘上,使前轮位于直线行驶位置,在转向盘转至自由转动的一侧极限位置时调整指针至零,再向另一侧轻轻转动转向盘,当手感变重时指针所扫过的角度即为转向盘的自由转动量。

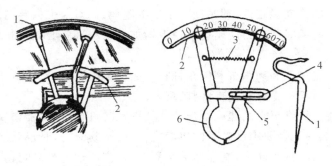

图 3.24　简易转向盘自由转动量检测仪

1—指针;2—刻度盘;3—弹簧;4—连接板;5—固定螺钉;6—夹臂

任务 3.6　汽车制动性能检测与分析

【任务引入】

案例导入:某丰田花冠轿车,近期发现在踩刹车时,车子会向一侧摆尾,特别在下雨天侧滑更加严重,司机有些恐慌,随后便将汽车开到了检测站进行制动性能检测,结果显示车辆的左、右后轮制动力不等,经修理后故障排除。

【任务分析】

汽车的制动性是汽车重要的使用性能之一,它的好坏直接关系到行车安全和汽车动力性能的发挥,性能良好和可靠的制动系统可保证行车安全,避免交通事故的发生。为防止或减少交通事故,必须加强对汽车制动装置的安全检测,保证汽车制动装置良好、可靠、符合国家制动标准,才能提高人员与车辆的安全性。如何检测汽车制动性能?

【相关知识】

一、汽车制动系要求及常见故障

1.对制动系的技术要求

汽车制动系应具有行车制动、应急制动和驻车制动三大基本功能。

(1)行车制动必须使驾驶员能控制车辆行驶,使它安全、有效地减速和停车。行车制动装置应能在各轴之间合理分配,以充分利用各轴的垂直载荷。应急制动必须在行车制动系有一处失效的情况下,在规定的距离内将车辆停住。应急制动可以使行车制动系统具有应急特性或是同行车制动分开的独立系统(注意应急制动不是行车制动中的急速踩下制动踏板)。驻车制动应能使车辆即使在没有驾驶员的情况下,也能停放在上、下坡道上。

(2)制动时汽车的方向稳定性,即制动时不发生跑偏、侧滑及失去转向的能力。

(3)制动平稳。制动时制动力应迅速平稳地增加;在放松制动踏板时,制动应迅速消失,不拖滞。

(4)操纵轻便。施加于制动踏板和停车杠杆上的力不应过大,以免造成驾驶员疲劳。

(5)在车辆运行过程中,不应有自行制动现象。

(6)抗热衰退能力。汽车在高速或下长坡连续制动时,由于制动器温度过高导致摩擦系数降低的现象称为热衰退。要求制动系的热稳定性好,不易衰退,衰退后能较快地恢复。

(7)水湿恢复能力。汽车涉水,制动器被水浸湿后,应能迅速恢复制动的能力。

2.制动系常见故障

(1)制动失效:制动失效是指制动系出现了故障,完全丧失了制动能力。

(2)制动距离延长:超出了允许的限度。

(3)制动跑偏:是指汽车直线行驶制动时,转向车轮发生自行转动,使汽车产生偏驶的现象。制动跑偏常常是造成撞车、掉沟,甚至翻车等事故的根源,所以必须予以重视。引起跑偏的因素,就制动系而言,一是左、右轮制动力不等;二是左、右轮制动力增长速度不一致。其中特别是转向轮,因此要对制动力增长全过程的左、右轮制动力差作出规定,且对前后轴车轮的要求不同。

(4)制动侧滑:汽车制动时,某一轴的车轮或两轴的车轮发生横向滑动,这种现象称为制动侧滑。汽车在水湿路面或冰雪路面上制动时出现侧滑现象较多,尤其是在上述路面上紧急制动时,更容易出现侧滑,造成汽车甩尾,甚至原地转圈,从而导致交通事故发生。车轮抱死与制动侧滑有如下关系。

①前轮抱死拖滞,后轮不制动时,汽车按直线行驶,处于稳定状态。但此时前轮失去控制转向的作用。

②后轮抱死拖滞,前轮无制动,当车速超过 25km/h 时,汽车后轴严重侧滑,处于不稳定状态。

③当车速较高(如 50km/h 以上)时,如果后轮比前轮提前 0.5s 以上的时间先抱死,汽车后轴侧滑,也是一种不稳定状态。

④车轮抱死拖滞时,路面越滑,制动时间越长,侧滑也越严重。

解决制动侧滑最有效的方法,是安装防抱死制动系统(ABS)。

(5)制动拖滞

在行车中,踩下制动踏板使用制动后,再抬起制动踏板,不能迅速解除制动的现象叫制动拖滞。制动拖滞会耽误随后的起步行驶。

二、汽车制动性评价指标

汽车制动性能主要从下列三方面来评价:

第一:制动效能,即制动距离与制动减速度。制动效能是指汽车在良好路面上,汽车以一定初速度制动到停车的制动距离或制动时汽车的减速度,它是制动性能最基本的评价指标。

第二:制动效能的恒定性,即抗热衰退性能和抗水衰退性能。汽车高速行驶或下长坡连续制动时制动效能保持的程度,称为抗热衰退性能。制动过程实际上是把汽车行驶的动能通过制动器吸收转换为热能的过程,所以制动器温度升高后能否保持在冷状态时的制动效能,已成为设计制动器时要考虑的一个重要问题。此外,涉水行驶后,制动器还存在水衰退问题。

第三:制动时汽车的方向稳定性,即制动时汽车不发生跑偏、侧滑以及失去转向能力的性能。制动时汽车的方向稳定性,常用制动时汽车按给定路径行驶的能力来评价。若制动时发生跑偏、侧滑或失去转向能力,则汽车将偏离原来的路径。

根据汽车技术和道路等的发展情况,世界各国都制订有相应的制动法规。我国颁布的GB7258—2004《机动车运行安全技术条件》中便对上述有明确的要求。

1.汽车的制动效能及其恒定性

汽车的制动效能是指汽车迅速降低车速直至停车的能力。评定制动效能的指标是制动距离(S)和制动减速度(a_b)。

(1)制动距离与制动减速度

制动距离与汽车的行驶安全有直接的关系,它指的是汽车速度为v时,从驾驶员开始操纵制动控制装置(制动踏板)到汽车完全停住为止所驶过的距离。制动距离与制动踏板力、路面附着条件、车辆载荷、发动机是否结合等许多因素有关。在测试制动距离时,应对踏板力或制动系压力、路面附着系数以及车辆的状态做一规定。制动距离与制动器的热状况也有密切关系,若无特殊说明,一般制动距离是在冷试验的条件下测得的。此时,起始制动时制动器的温度在1000 ℃以下。由于各种汽车的动力性不同,对制动效能也提出了不同要求:一般轿车、轻型货车行驶车速高,所以要求制动效能也高;重型货车行驶车速低,要求就稍低一点。

制动减速度是制动时车速对时间的导数,它反映了地面制动力的大小,与制动器制动力(车轮滚动时)及附着力(车轮抱死拖滑时)有关。

(2)制动距离的分析

为了分析制动距离,需要对制动过程有一个全面了解。

图3.25所示为驾驶员在接受了紧急制动信号后,制动踏板力、汽车制动减速度与制动时间的关系曲线。图3.25(a)所示为实际测得的曲线,图3.25(b)所示为经过简化后的曲线。

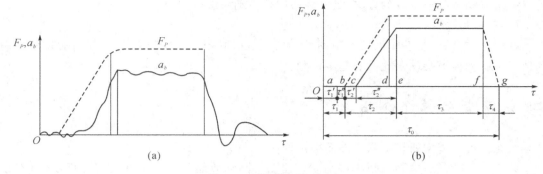

图 3.25　汽车的制动过程

驾驶员接到紧急停车信号时,并没有立即行动,如图 3.25(b)所示的 a 点,而要经过 τ'_1 后才能意识到应进行紧急制动,并移动右脚,再经过 τ''_1 后才踩着制动踏板。从 a 点到 b 点所经过的时间($\tau_1 = \tau'_1 + \tau''_1$)称为驾驶员的反应时间。这段时间一般为 0.3~1.0s。在 b 点以后,随着驾驶员踩踏板的动作,踏板力迅速增大,至 d 点时达到最大位。不过由于制动蹄是由回位弹簧拉着的,蹄片与制动鼓间存在间隙,所以要经过 τ'_2,即至 c 点,地面制动力才起作用,使汽车开始产生减速度。由 c 点到 e 点是制动器制动力增长过程所需的时间 τ''_2。τ_2($= \tau'_2 + \tau''_2$)称为制动器的作用时间。制动器作用时间一方面取决于驾驶员踩踏板的速度,另外更重要的是受制动系结构形式的影响。τ_2 一般在 0.2~0.9s 之间。由 e 点到 f 点为持续制动时间(τ_3),其减速度基本不变。到 f 点时驾驶员松开踏板,但制动力的消除还需要一段时间(τ_4),τ_4 一般在 0.2~1.0s 之间。这段时间过长会耽误随后起步行驶的时间。另外,若因车轮抱死而使汽车失去控制,驾驶员采取措施放松制动踏板时,又会使制动力不能立即释放。制动的全过程包括驾驶员见到信号后作出行动反应、制动器起作用、持续制动和放松制动器 4 个阶段。制动距离是指开始踩着制动踏板到完全停车的距离,它包括制动器起作用和持续制动两个阶段中汽车驶过的距离 s_2 和 s_3。

下面仅对制动器起作用的时间加以分析。

真正使汽车减速停车的是持续制动时间,但制动器起作用时间对制动距离的影响是不小的,制动器起作用时间与制动系统的结构形式有密切的关系。

当驾驶员急速踩下制动踏板时,液压制动系统的制动器起作用时间可短至 0.1s 或更短;真空助力制动系统和气压制动系统为 0.3~0.9s;货车有挂车时,汽车列车的制动器起作用时间有时竟长达 2s,但精心设计的汽车列车制动系统可缩短到 0.4s。

改进制动系统结构,减少制动器起作用时间,是缩短制动距离的一项有效措施。例如红旗 CA770 轿车由真空助力制动系统改为压缩空气助力(气顶液)制动系统后,以 30km/h 起始制动车速所做的制动试验结果如表 3.6 所示。

表 3.6　装用不同助力系时 CA770 轿车的制动性能

制动系统形式	制动距离(m)	制动时间(s)	最大制动减速度(m/s²)
真空助力制动系统	2.12	12.25	7.25
压缩空气—液压制动系统	1.45	8.25	7.65

由表 3.6 可见,采用压缩空气—液压制动系后,制动距离缩短 32%,制动时间减少

31.6％,但最大减速度只提高 3.5％。虽未单独给出制动器起作用时间的变化情况,但试验结果说明,最大减速度提高不多,即持续制动时间变化不大,因此,可认为制动器起作用时间的减少是缩短制动距离的主要原因。

(3)制动效能的恒定性

以上的讨论仅限于在冷制动情况(制动器起始温度在 100℃ 以下)的制动效能。汽车在繁重的工作条件下制动时(例如在下长坡时,制动器就要较长时间连续地进行较大强度的制动),制动器温度一般在 300℃ 以上,有时甚至高达 600～700℃。高速制动时,制动器温度也会很快上升。制动器温度上升后,摩擦力矩常会有显著下降,这种现象称为制动器的热衰退。如凌志 Ls400 汽车在冷制动时,起始制动车速为 195km/h,制动距离为 163.9m,减速度为 8.5m/s²,而经过下山中的 26 次制动,前制动器温度达 693℃,这时以同样的起始车速制动,减速度为 6.0m/s²,制动距离加长了 80.6m,达到 244.5m。热衰退是目前制动器不可避免的现象,只是程度上有所差别。

制动效能的恒定性主要指的是抗热衰退性能。制动器抗热衰退性能一般用一系列连续制动时制动效能的保持程度来衡量。根据国家行业标准 ZBT24007−89,要求以一定车速连续制动 15 次,每次的制功强度为 3m/s²,最后的制动效能应不低于规定的冷试验制动效能(5.8m/s²)的 60％(在制动踏板力相同的条件下)。

山区行驶的货车和高速行驶的轿车,对抗热衰退性能有更高的要求。一些国家规定,大型货车必须装备辅助制动器,以保持山区行驶的制动效能。

抗热衰退性能与制动器摩擦副材料及制动器结构有关。

2.制动时汽车的方向稳定性

制动过程中,有时会出现制动跑偏、后轴侧滑或前轮失去转向能力,而使汽车失去控制,离开原来的行驶方向,甚至发生撞入对方车辆行驶轨道、下沟、滑下山坡的危险情况。一般称汽车在制动过程中维持直线行驶或按预定弯道行驶的能力为制动时汽车的方向稳定性。汽车试验中常规定一定宽度的试验通道(如 1.5 倍车宽或 3.7m)。制动时方向稳定性合格的车辆,在试验过程中不允许产生不可控制的效应使它离开这条通道。

制动时汽车自动向左或向右偏驶称为"制动跑偏"。侧滑是指制动时汽车的某一轴或两轴发生横向移动,最危险的情况是在高速制动时发生后轴侧滑,此时汽车常发生不规则的急剧回转运动而失去控制。跑偏与侧滑是有联系的,严重的跑偏有时会引起后轴侧滑,易于发生侧滑的汽车也有加剧跑偏的趋势,图 3.26 所示为单纯的制动跑偏和由跑偏引起后轴侧滑时轮胎留在地面上的印迹的示意图。

(a)制动跑偏时轮胎在地面上留下的印迹　　(b)制动跑偏引起后轴轻微侧滑时

图 3.26　制动时汽车跑偏的情形

前轮失去转向能力是指弯道制动时汽车不再按原来的弯道行驶,而沿弯道切线方向驶出或直线行驶制动时,虽然转动转向盘但汽车仍按直线方向行驶的现象。失去转向能力和后轴侧滑也是有联系的,一般地讲,如果汽车后轴不侧滑,前轮就可能失去转向能力;后轴侧滑,前轮仍有转向能力。

制动跑偏、侧滑与前轮失去转向能力是造成交通事故的重要原因。例如,我国某市市郊一山区公路,根据两周(雨季)发生的 7 起交通事故分析,发现其中 6 起是由于制动时后轴发生侧滑或前轮失去转向能力造成的。西方一些国家的统计表明,发生人身伤亡的交通事故中,在潮湿路面上约有 1/3 与侧滑有关;在冰雪路面上有 70%～80% 与侧滑有关。根据对侧滑事故的分析,发现有 50% 是由制动引起的。

(1)汽车的制动跑偏

制动时汽车跑偏有如下两个原因:

第一:汽车的左、右轮,特别是前轴左、右车轮(转向轮)制动器的制动力不相等。

第二:制动时悬架导向杆系统与转向系统拉杆在运动学上的不协调(互相干涉)。

其中,第一个原因是由制造、调整误差造成的,汽车究竟向左或向右跑偏,要根据具体情况而定;而第二个原因是设计造成的,制动时汽车总是向左(或向右)一方跑偏。

图 3.27 所示为由于转向轴左、右车轮制动力不相等而引起跑偏的受力分析。为了简化,假定车速较低,跑偏不严重,且跑偏过程中转向盘是不动的,在制动过程中也没有发生侧滑,并忽略汽车作圆周运动时产生的离心力及车身绕质心的惯性力偶矩。

设前左轮的制动器制动力大于前右轮,故地面制动力 $F>F_f$。此时,前、后轴分别受到的地面侧向反作用力为 F 和 F_f。显然,F 绕主销的力矩大于 F_i 绕主销的力矩。虽然转向盘不动,由于转向系各处的间隙及零部件的弹性变形,转向轮仍产生一向左转动的角度而使汽车有轻微的转弯行驶,即跑偏。同时,由于主销有后倾,也使 F 对转向轮产生一同方向的偏转力矩,这样也增大了向左转动的角度。(F_i 为汽车惯性力)

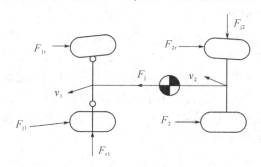

图 3.27　制动跑偏时的受力图

造成跑偏的第二个原因是悬架导向杆系统与转向系统拉杆发生了运动干涉,此时跑偏的方向不变。例如,一试制中的货车,在紧急制动时总是向右跑偏,在车速 30km/h 时,最严重的跑偏距离为 1.7m。分析其原因,主要是由转向节上节臂处的球头销离前轴中心线太高,且悬架钢板弹簧的刚度又太小造成的。图 3.28 所示为该货车的前部简图。在紧急制动时,前轴向前扭转了一角度,转向节上节臂球头销本应作相应的移动,但由于球头销连接在转向纵拉杆上,仅能克服转向拉杆的间隙,使拉杆有少许弹性变形而不允许球头销作相应的移动,致使转向节臂相对于主销作向右的偏转,于是引起转向轮向右转动,造成汽车跑偏。后来改进了设计,使转向节上节臂处球头销位置下移,在前钢板弹簧扭转相同角度时,球头销位移量减少,转向节偏转也减少;同时增加了前钢板弹簧的刚度,从而基本上消除了跑偏现象。

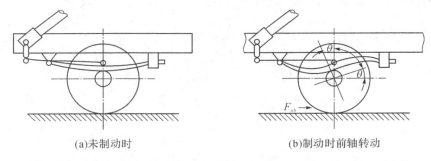

(a)未制动时   (b)制动时前轴转动

图 3.28 悬架导向杆系与转向系拉杆在运动学上的不协调引起的制动跑偏

（2）制动时后轴侧滑与前轴转向能力的丧失

制动时发生侧滑,特别是后轴侧滑,将引起汽车剧烈的回转运动,严重时可使汽车调头。由试验与理论分析得知,制动时若后轴车轮比前轴车轮先抱死拖滑,就可能发生后轴侧滑。若能使前、后轴车轮同时抱死或前轴车轮先抱死,后轴车轮再抱死或不抱死,则能防止后轴侧滑,不过前轴车轮抱死后将失去转向能力。

由试验可以得出以下两点:

第一:制动过程中,若是只有前轮抱死或前轮先抱死拖滑,汽车基本上沿直线向前行驶(减速停车),汽车处于稳定状态,但丧失转向能力。

第二:若后轮比前轮提前一定时间先抱死拖滑,且车速超过某一数值时,汽车在轻微的侧向力作用下就会发生侧滑。路面越滑、制动距离和制动时间越长,后轴侧滑越剧烈。

下面从受力情况分析汽车前轮抱死拖滑或后轮抱死拖滑的两种运动情况。

图 3.29(a)所示为前轮抱死而后轮滚动的情况。设转向盘固定不动,前轴如受侧向力作用将发生侧滑,因此前轴中点 A 的前进速度 V_A 与汽车纵轴线的夹角为 α;后轴因未发生侧滑,所以 V_B 的方向仍为汽车纵轴方向。此时,汽车将发生类似转弯的运功,其瞬间回转中心为速度 V_A、V_B 两垂线的交点 O;汽车作圆周运动时产生了作用于质心 C 的惯性力 F_j。显然,F_j 的方向与汽车侧滑的方向相反,就是说 F_j 能起到减小或阻止前轴侧滑的作用,即汽车处于一种稳定状态。图 3.29(b)所示为后轮制动抱死时前轮滚动的情况。如有侧向力作用,后轴发生侧滑的方向正好与惯性力 F_j 的方向一致,于是惯性力加剧后轴侧滑;后轴侧滑又加剧惯性力 F_j,汽车将急剧转动。因此,后轴侧滑是一种不稳定的、危险的工况。

上面是直线行驶条件下的制动试验,在弯道行驶时进行的制动试验也会得到类似的结果,即只有后轮抱死或后轮提前抱死,在一定车速条件下,后轴才会发生侧滑。另外,只有前轮抱死或前轮先抱死时,由于侧向力系数为零,不能产生任何地面侧向反作用力,汽车无法按原弯道行驶而沿切线方向驶出,即失去了转向能力。因此,从保证汽车方向稳定性的角度出发,首先不能出现只有后轴车轮抱死或后轴车轮比前轴车轮先抱死的情况,以防止危险的后轴侧滑;其次,尽量少出现只有前轴车轮抱死或前、后车轮都抱死的情况,以维持汽车的转向能力。最理想的情况就是防止任何车轮抱死,前、后车轮都处于滚动状态,这样就可以确保制动时的方向稳定性。

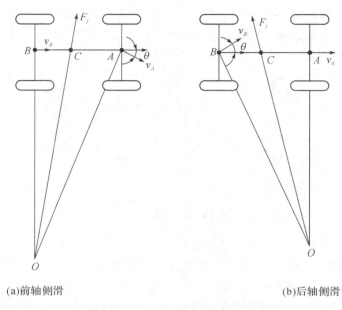

(a)前轴侧滑　　　　　　　　　　　　　(b)后轴侧滑

图 3.29　汽车侧滑时的运动情况

三、汽车制动力与附着力的关系

　　汽车制动时,地向作用于汽车的制动力是由于制动器产生的摩擦阻力迫使车轮转速降低或抱死的结果。汽车制动装置都是利用机械摩擦来产生制动作用的,其中用来直接产生摩擦力矩,迫使车轮转速降低的部分叫做制动器。制动器分为盘式制动器和鼓式制动器两种。鼓式制动器是由旋转的元件——制动鼓和不旋转的元件——制动蹄、制动分泵等零件组成。制动时,驾驶员踩下制动踏板,制动液由制动主缸经管路进入制动轮缸,推动轮缸活塞使制动蹄紧紧地压靠在制动鼓上。不旋转的制动蹄对旋转的制动鼓作用一个摩擦力矩 M_t,其方向与车轮旋转方向相反。此力矩传给车轮后,使车轮转速减慢直至抱死,由于车轮与路面的附着作用,车轮对路面作用一个向前的作用力,同时路面也对车轮作用一个向后的反作用力 F。F 就是阻碍汽车前进的制动力,我们称之为地面制动力,用力矩 M_t 除以车轮的有效半径(r),所得的作用力 F_t,称之为制动器的制动力。它相当于把汽车架离地面,并踩住制动踏板,在轮胎周缘沿切线方向推动车轮,直至它能转动所需要的力。对于液压制动系统,F_t 的大小取决于制动踏板力。当用力踩住制动踏板时,可取得最大的制动器制动力 F_{max}。对于气压制动,F_t 的大小取决于制动气压。在进行制动性能检验时,为使检验结果有可比性,对制动踏板力或制动气压作出了规定。例如,空载检验时,气压制动系:气压表的指示气压≤600kPa;液压制动系的踏板力:座位数小于或等于 9 的载客汽车≤400N,其他车辆≤450N。

　　制动时,车轮的运动有滚动和抱死拖滑两种状态。当制动踏板力较小时,制动器的摩擦力矩不大,路面与轮胎间的摩擦力(即地面制动力)足以克服制动器的摩擦力矩,使车轮转动。当车轮滚动时,地面制动力就等于制动器的制动力。但地面制动力有时小于制动器所能产生的最大制动力,即 $F \leqslant F_{tmax}$,使制动器的作用不能充分发挥。例如,一个制动器性能良好的汽车在冰雪路面上制动时,地面制动力很小,车轮在很小的制动踏板力时就抱死拖滑,这是由于冰雪路面附着系数小的缘故。也就是说,地面制动力受到车轮与路面间附着条件的限制,其最大值不可能超过附着力。

附着力是指在汽车制动时,轮胎与地面之间的摩擦力,附着力除以汽车重力的商称为附着系数。在汽车制动时,附着力限制了制动力的最大值。同一辆汽车在干燥的沥青路面上制动与在冰雪路面上制动,制动距离相差很大,就是由于附着系数不同造成的。冰雪路面附着系数小,不可能产生较大的地面制动力。

车轮制动器的设计制造,能够保证行驶在良好道路上的汽车进行制动时,获得满意的制动效果。但随着汽车的使用,技术状况变差,车轮制动器不能提供足够大的制动力 F_t,这时即使用力踩着制动踏板,车轮仍然滚动而不抱死,使汽车的制动性能变差。由上述分析可以看出,汽车的地面制动力首先取决于制动器的制动力,但同时又受到路面附着条件的限制。所以,汽车只有具备足够的制动器制动力,同时路面的附着系数又较高时,才能产生足够的地面制动力,获得满意的制动效果。用制动力检验汽车的制动性能,主要目的是为了检测出制动器制动力 F_t。

四、汽车制动性能检测标准

国家标准 GB7258—2004《机动车运行安全技术条件》对台试检测制动性能做如下规定。

1. 行车制动性能检测

(1)制动力

台试检测出的制动力应符合表 3.7 的规定。表 3.7 中的"轴制动力"是指该轴左、右轮最大制动力之和。

表 3.7 台试检验制动力要求

机动车类型	制动力总和与整车重量的百分比		轴制动力与轴荷[a] 的百分比	
	空载	满载	前轴	后轴
三轮汽车	≥45		—	≥60[b]
乘用车、总质量不大于 3500kg 的货车	≥60	≥50	≥60[b]	≥20[b]
其他汽车、汽车列车	≥60	≥50	≥60[b]	—
摩托车	—	—	≥60	≥55
轻便摩托车	—	—	≥60	≥50

[a] 用平板制动检验台检验乘用车时应按动态轴荷计算。

[b] 空载和满载状态下测试均应满足此要求。

在进行台试检验时,车辆一般可在空载状态下进行测试。测试时,只乘坐一名驾驶员。必要时,可用表 3.7 规定的满载检验制动力要求进行检验。

检测时制动踏板力或制动气压按下列规定。

①满载检测时

气压制动系:气压表指示气压≤额定工作压。

液压制动系:踏板力≤500N(座位数≤9 的载客汽车),踏板力≤700N(其他车辆)。

②空载检测时

气压制动系:气压表的指示气压≤600kPa。

液压制动系:踏板力≤400N(座位数≤9 的载客汽车),踏板力≤450N(其他车辆)。

(2)制动力平衡要求

在制动力增长全过程中同时测得的左、右轮制动力差的最大值,与个过程中测得的该轴左、右轮最大制动力中大者之比,对前轴不得大于 20%;对后轴(及其他轴),当后轴制动力大于或等于后轴轴荷的 60% 时不得大于 24%;当后轴制动力小于后轴轴荷的 60% 时,在制动力增长全过程中同时测得的左、右轮制动力差的最大值不得大于后轴轴荷的 8%。

(3)制动协调时间

制动协调时间是指在紧急制动时,从踏板开始动作至制动力(或车辆制动减速度)达到表 3.7 所规定的制动力(或 GB7258—2004 中规定的车辆充分发出的平均减速度)75% 时所需时间。

对采用液压制动系的车辆制动协调时间不得大于 0.35s。

对采用气压制动系的车辆制动协调时间不得大于 0.60s。

(4)车轮阻滞力

车轮阻滞力是指行车和驻车制动装置处于完全释放状态,变速器置空挡位置时,检测台驱动车轮所需的作用力。汽车各车轮的阻滞力不得大于该轴轴荷的 5%。

(5)制动完全释放时间

制动完全释放时间是指从松开制动踏板到制动消除所需要的时间。

单车的制动完全释放时间不得大于 0.8s。

2. 应急制动性能检测

应急制动应是在行车制动系统一处管路失效的情况下,在规定的距离内将车辆停止。

因为在检测应急制动性能时,需在人为造成制动系统的一处管路失效的情况下进行测试,所以,实施起来增加了难度,并使检测时间延长,考虑这种实际情况,新标准规定,首先检查汽车是否具有有效的应急制动装置。如受检测车辆具有有效的应急制动装置,则不必再检测其应急制动性能,如受检车辆没有一应急制动装置或对其应急制动性能有质疑时,可按下面的规定检验其应急制动性能。

汽车(三轮汽车除外)在空载和满载状态下,按表 3.8 所列初速度进行应急制动性能检验,应急制动性能应符合表 3.8 的要求。

表 3.8 应急制动性能要求

机动车类型	制动初速度 (km/h)	制动距离 (m)	充分发出的平均减速度 (m/s²)	允许操纵力不应大于(N)	
				手操纵	脚操纵
乘用车	50	≤38.0	≥2.9	400	500
客车	30	≤18.0	≥2.5	600	700
其它汽车(三轮汽车除外)	30	≤20.0	≥2.2	600	700

3. 驻车制动性能检测

当采用制动检测台检验车辆驻车制动器的制动力时,车辆空载,乘坐一名驾驶员,使用驻车制动装置,测得的驻车制动力的总和应不小于该车在测试状态下整车重量的 20%,对总质量为整备质量 1.2 倍以下的车辆,此值为 15%。

五、制动力台检设备结构及工作原理

1.轴重检测台结构与原理

利用制动检测台检测汽车制动性能时,其制动的参数标准是以轴制动力占轴荷的百分比为依据的,因此必须在测得轴荷和轴制动力后才能评价制动性能是否符合国标要求。我们把用于检测车轴轴载质量的设备称为轴重检测台,也可称为轴重仪。

轴重检测台按照工作原理分为机械式和电子式。机械式称重台是按照不等臂杠杆平衡原理和摆锤、齿板齿轮传动而设计的,具有结构简单的特点,但检测效率和精度不如电子式的高。在实际使用中,电子式轴重仪得到广泛的应用。

电子式轴重仪一般由机械部分(包括承载装置和传感器装置)和显示仪表所组成。双载荷台板式轴重仪是最为常见的电子式轴重仪,它具有左右两个称体(见图 3.30),分别安装在左、右框架内,能够同时测量左、右轮轮荷。它主要由称体部分和显示仪表两部分组成。

称体部分包括承载台板、承载垫块、传感器及框架等,如图 3.30 所示。承载台板是一块整板,它下面排焊上两根槽钢,以增加承载面板刚度、防止受压变形。在承载台板长度方向的两端用两块厚钢板作传感器的交装板,这种结构具有高度低、质量轻、加工简单的特点。

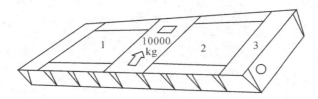

图 3.30　双载荷台板式轴重仪外形图

1—左称体;2—右称体;3—框架

轴重仪常用的传感器为悬臂梁式,它造价较高,但性能好,具有外形低、精度高、抗偏、抗测性能优越的优点。传感器采用弹性梁及电阻应变片随其一起变形,产生一定的应变电桥,便产生一个与压力成正比的电信号。

悬臂梁传感器共有 4 个,分别安装在承载台板四角的加强板上,由 V 形承载垫块支撑,以减少汽车在轴重仪上制动时产生横向力对测量精度的影响。在悬臂梁传感器与 V 形承载垫块之间采用钢球连接,这样使安装方便,不会因上、下球座错位而产生横向分力。这种结构的显示读数稳定、测量速度快。在承载台板下面四边采用 4 个限位钢球进行限位,当承载台板上受到横向载荷时,通过钢球传给框架,以免对传感器产生冲击。

2.滚筒反力式制动检测台

(1)工作原理

滚筒反力式制动检测台的工作原理如图 3.31 所示。将车辆开到试验台上,使车轮处于每对滚筒之间,滚筒在电动机驱动下带动车轮转动,相当于车不动,路以一定速度移动。然后对车轮采取制动,车轮的制动力作用在滚筒上,该力的方向与滚筒的转动方向相反,此时,与滚筒相连的减速器(扭力箱)在反作用力矩的作用下发生一定程度的翻转,通过测力装置,便可测量显示出制动力的数值。因所测的制动力的方向与滚筒转动方向相反,故称之为滚筒反力式制动检测台(见图3.32)。

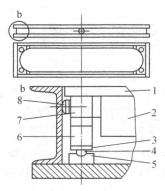

图 3.31　轴重仪称体结构简图

1—承载面板;2—槽钢;3—钢球盖;4—钢球;5—V形承载垫块;
6—悬臂梁传感器;7—加强板;8—台面限位装置

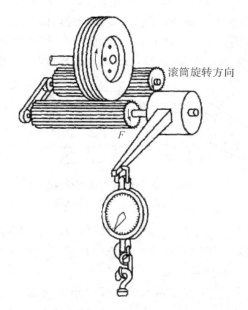

图 3.32　滚筒反力式制动检测台的工作原理

(2)基本结构

滚筒反力式制动检测台根据检测台同时能测车轴数可分为单轴式和全轴式;按指示装置显示不同又可分为普通型指针式、组合型指针式和微机控制自动数显式三种;按检测功能分为单测制动力式和同时检测轴荷和制动力的综合型试验台。不论哪种类型其基本结构都是相同的,下面以国内常用的单轴滚筒反力式检测台为例进行说明。

图3.33所示为单轴滚筒反力式制动检测台的结构示意图,它由结构完全相同的左、右车轮制动力测试单元和一套指示、控制装置组成。每一套车轮制动力测试单元由框架(有的检测台将左、右测试单元的框架制成一体)、驱动装置、滚筒装置、举升装置、测量装置等构成。

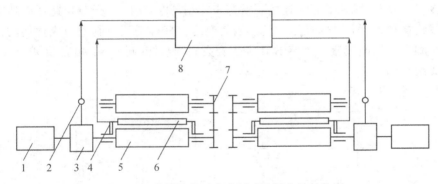

图 3.33　单轴滚筒反力式制动检测台的结构图

1—电动机;2—压力传感器;3—减速箱;4—电传感器;5—滚筒;6—第 3 滚筒;7—链传动;8—测量指示仪表

①驱动装置。驱动装置由电动机、减速器和传动链条等组成。电动机经过减速器两级减速后(或再通过链传动)驱动主动滚筒,主动滚筒通过链传动带动从动滚筒旋转。电动机枢轴与减速器输出轴同心,减速器壳与电动机壳连成一体,电动机枢轴与减速器输出轴分别通过滚动轴承及轴承座制成在框架上,减速器壳与电动壳可绕支撑轴线自由摆动(或减速器输出轴与主动滚筒共用一轴,减速器壳体为浮动连接,可绕主动滚筒自动摆动)。由于测试车速较低,滚筒的转速也较低,一般在 40~100r/min 的范围内,因此要求减速器的减速比较大,一般采用两级齿轮减速或一级蜗轮蜗杆和一级齿轮减速。

②滚筒装置。滚筒装置由两对共 4 个滚筒组成。每对滚筒独立设置,分为主动滚筒和从动滚筒。每个滚筒的两端分别用滚动轴承支撑,且与两滚筒轴线保持平行。滚筒相当于一个活动的路面,用来支撑被检车辆的车轮,承受和传递制动力。被测车轮置于两滚筒之间,为使滚筒与轮胎的附着系数能够与路面相近,在滚筒圆周表面进行了相应的加工与处理,一般有粗齿槽式金属滚筒、熔烧铝矾土砂粒式金属滚筒、嵌砂喷焊式金属滚筒、高硅合金铸铁滚筒和特殊水泥覆盖滚筒。其中嵌砂喷焊式金属滚筒附着系数无论哪种状况下都可达到 0.8 以上,目前使用较多。

有的滚筒制动检测台在主、从动滚筒之间设置一个直径较小,既可自转又可上下摆动的第 3 滚筒,平时由弹簧将其保持在最高位置。这种试验台大都取消了举升装置。在检验时,被检车辆的车轮置于主、从动滚筒上的同时压下第 3 滚筒,并与其保持可靠接触。在第 3 滚筒上装有转速传感器,控制装置通过转速传感器即可获知被测车轮的转动情况。当被检车轮制动,转速下降至接近车轮抱死时,控制装置根据转速传感器送出的相应电信号使驱动电动机停止转动,以防止滚筒划伤轮胎和保护驱动电动机。第 3 滚筒除了上述作用外,有的检测台还作为安全保护装置使用,只有当两个车轮制动测试单元的第 3 滚筒同时被压下时,检测台驱动电动机电路才能接通。

③举升装置。为了便于汽车出入制动检测台,在主、从动两滚筒之间设置有举升装置,该装置通常由举升器、举升平板和控制开关等组成。举升器常用的有气压式、电动螺旋式、液压式 3 种。气压式是通过压缩空气驱动气缸中活塞或使气囊膨胀完成举升作用的;电动螺旋式是由电动机通过减速器带动丝杠转动,迫使丝杠轴向运动起举升作用的;液压式是由液压举升完成举升动作的。

④制动力测量装置。制动力测量装置主要由测力杠杆和传感器组成。测力杠杆一端与

传感器连接,另一端与减速器壳体连接。被测车轮制动时,测力杠杆与减速器壳体将一起绕主动滚筒轴线摆动,如图3.34所示。传感器将测力杠杆传来的与制动力成比例的力转变成电信号输送到指示控制装置。传感器有应变测力式、自整角电机式、电位机式、差动变压器式等多种类型。

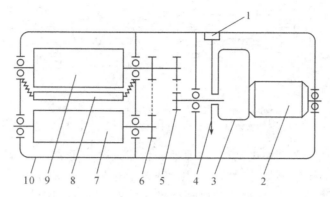

图 3.34　车轮制动器测试单元

1—传感器;2—电动机;3—减速器;4—测力杆;5、6—链传动主动滚筒;

7—从动滚筒;8—第3滚筒;9—主动滚筒;10—框架

⑤测量仪表。制动台的测量仪表有智能仪表和虚拟仪表两种形式,目前后者采用较多。测量仪表由多功能采集卡、信号调理板、光电隔离板、电动机控制柜、计算机和打印机等组成,如图3.35所示。多功能采集卡具有 A/D、D/A、D/I 和 D/O 接口,分别用于获取模拟输入信号、模拟输出信号、数字输入信号和数字输出信号。

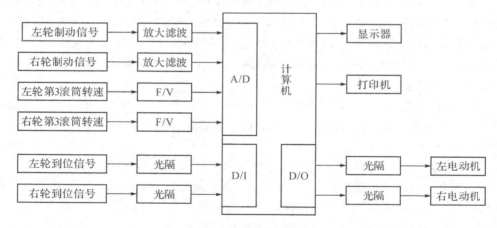

图 3.35　测量仪表构成

制动检测台的测量仪表测量的信号包括制动力、轴重、车轮转速、车轮到位、电动机启停信号。

制动力传感器和称重传感器的输出信号为毫伏级的信号,所以需要信号调理板调理后再送给多功能采集卡进行 A/D 转换。信号调理主要采用放大、滤波及抗干扰等信号处理方法,用于获取多功能采集卡所需的 0～5V 标准电压信号。

第3滚筒转速传感器的输出为数字脉冲输入信号,车轮到位行程开关的输出为数字输入信号。上述信号经过光电隔离后,送多功能采集卡的 D/I 接口。

电动机启停信号是由计算机发出的数字输出信号,并由多功能采集卡从 D/O 接口输出至光电隔离板,然后控制继电器和交流接触器,接通三相交流电启动控制电动机。

计算机的显示器用于测试结果的显示,而打印机用于输出打印结果报表。计算机的通信接口(COM 接口或网卡)用于向上位机传输数据。有的制动台还配有大型点阵显示屏,用于引导驾驶员在测试过程中执行相关的操作。

3.平板式制动检测台

(1)结构和工作原理

平板制动检测台是利用汽车在测试平板上紧急制动过程来测定汽车前、后轮制动力的,它有单轴式和双轴式两种。图 3.36 所示为意大利 VAMAG 公司的双轴平板式制动检测台的结构简图,它集制动、称重、侧滑、悬架等 4 项功能于一体。该制动检测台由测试平板、踏板力计和测量仪表组成。测试平板共 6 块,其中制动、轴重、悬架测试平板 4 块,侧滑测试平板 1 块,空板 1 块。侧滑测试平板用于测量汽车的侧滑量。平板制动检测台由测试平板、数据采集系统和踏板压力计等组成。

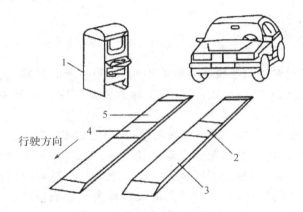

图 3.36　平板式制动检测台的构成

1—测量仪表;2—侧滑测试平板;3、5—制动、轮重及悬架测试平板;4—空板

4 块制动、轴重、悬架测试平板的结构完全相同,主要由面板、底板、钢珠、压力传感器和拉力传感器组成。被检汽车以 5～10km/h 的速度驶上该测试平板时,驾驶员迅速踩下制动踏板,使各车轮分别在每块制动、轴重、悬架测试平板上停住。此时测试平板将汽车制动时的前冲惯性力(数值与汽车制动力相等)和测试平板承受的荷重变化分别传递给平板下的拉力传感器和压力传感器,即压力传感器和拉力传感器分别用于测量在制动过程中被检车轮作用于测试平板上的垂直力和水平力。测量仪表通过对垂直力随时间的变化曲线进行处理和分析,除了得到被检车轮的轴重外,还可获知车身的震动情况,从而判断被测车轮悬架的技术状况;而对水平力随时间的变化曲线的处理和分析,可得出各车轮制动力、轴制动力、制动力平衡、全车制动力和制动协调时间、制动释放时间等测试结果,然后显示测试结果和各车轮制动力随时间的变化曲线。

(2)制动过程分析

在车辆挂空挡驶上台面时,台面水平方向的测力传感器测取车辆当前轴空挡滑行阻力,

称重传感器同步测取当前车轴的载荷,即可计算出车辆空挡滑行阻力与荷重的百分比。车轴驶上台板后实施制动,此则前轴因为轴荷前移而制动力与轴荷均迅速增加,如图 3.37(a)所示,同时后轴轴荷减少,制动增长相对前轴较小;前轴轴荷达到最大后,前桥向上反弹,轴荷减小,后桥轴荷增加;经几个周期振荡后前后桥轴荷处于稳定,如图 3.37(b)所示。

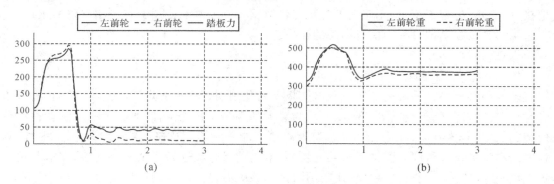

图 3.37　平板式制动检测台检测过程曲线

六、道路试验设备

道路试验检测制动性能根据检测参数的不同,使用不同的仪器,包括动力性测试仪(也称接触式车速仪、五轮仪)、非接触式车速仪(也称非接触式五轮仪)和制动减速度仪。

1. 五轮仪

进行汽车道路试验时,需要测量试验车的位移、速度和相应时间。车辆里程表虽然能够指示行驶里程和速度,但由于受到轮胎滚动半径变化、机械传递系统磨损、指示仪表本身精度不高等因素的影响,其显示精度不能满足试验要求,因此,需要专门仪器进行测量。这种用来测量汽车行驶过程的位移、速度与时间的仪器称为车速测量仪。由于传统上该仪器的传感器部分是一专门的小轮子,试验时由汽车拖动在路面上滚动,故又称之为五轮仪。

目前,我国常见的互轮仪有派斯勒 EM/SCH 型五轮仪(德国产)、SM 型五轮仪(日本产)、CWY 型五轮仪(中国青岛产)和 AM2020 型五轮仪(中国龙口产)。

下面以 AM2020 型五轮仪为例来说明五轮仪的结构与检测原理。

①组成。AM2020 型五轮仪由第五轮、显示器、传感器、脚踏开关(用于制动、换挡加速试验)等组成。第五轮由轮子、齿圈、连接臂、安装盘组成。

②工作原理。试验时,第五轮固定在试验车尾部或侧面,当第五轮随车运动而转动时,磁电传感器感受到齿圈齿顶、齿谷的交替变化,产生与齿数成一定比例数量的电脉冲。脉冲数与车行距离成正比,脉冲频率与车速成正比。汽车行驶距离与脉冲信号数的比位是一常数,通常称之为"传递系数"。当显示仪收到由传感器传递过来的一定频率和数量的脉冲信号时,便自动与"传递系数"相乘得到相应的距离,同时将距离与由晶体振荡器控制的时间相比得出车速,并显示、存储或打印出来,以上过程在试验中隔一定时间进行一次,直至试验结束,从而完成试验过程中车速、距离、时间的实时测量。

传递系数与第五轮的周长和齿盘有关,若第五轮实际周长为 $L(m)$,齿盘上有 n 个齿,传感器每感受到一次齿顶、齿谷的变化发送 2 个脉冲信号,则传递系数为 $L/2n$(m/脉冲)。由于第五轮周长随胎压和接地压力变化,因此每次试验前都应进行传递系数的标定。传递系数的标定方法,不同的五轮仪方法也不一样,应根据所用五轮仪使用说明书要求的方法进行。

③使用。使用五轮仪应该保证五轮与地面间有一定的接地压力,以避免运动中第五轮跳离地面。传递系数是固定值的五轮仪,在标定传递系数时,应使第五轮实际周长尽可能符合使用说明书的"标准值";传递系数可变的五轮仪,传递系数一经标定并输入内存,试验中不能关机,否则应重新标定。

2.非接触式五轮仪

非接触式五轮仪是一种没有第五轮的广义的五轮仪,同接触式五轮仪一样,能测量车辆运动中的位移、车速和相应时间。非接触式五轮仪利用空间滤波原理来检测车速。空间频率传感器如图 3.38 所示,它由投光器和受光器组成,投光器强光射在路面上,由于路面凸凹不平,形成明暗对比度不同的反射,由受光器中的梳状光电管接收,其基本工作原理如下。

如图 3.39 所示,是以一定间距 P 排列的一排透光格子,当点光源以一定速度相对格子移动时,通过格子列后的光的强度就变成了忽明忽暗、反复出现的脉冲状态,此脉冲与光穿过格子的次数相对应,即每移动一个距离变换一次受光器。

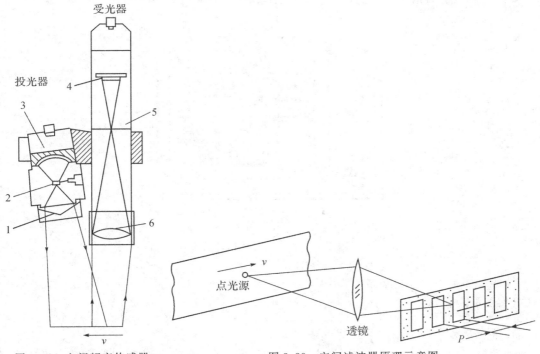

图 3.38　空间频率传感器　　　　图 3.39　空间滤波器原理示意图

假设点光源移动速度为 v,光学系统的放大率为 m,则在格子列上移动的光点速度为 mv。这样,一明一暗的脉冲列的周期为 P/mv,即频率 $f=mv/P$,与速度(v)成正比。v 的变化则可以通过 f 的变化表现出来。这就是空间滤波器的基本工作原理。

与点光源相比,一般的光学投影则稍有差异。这种光学投影(凹凸不均的形状)可以看作许多不同强度的点光源不规则地集中,不改变相互位置,向着一定的方向,同时平行移动

着的状况。由此得到的光量,就是从此点光源一个一个地测量的光量总和。然而,点光源的分布和强度都不同,导致其相位和亮度全然不同。但因频率完全相同,结果组成了许多仅仅相位和振幅不同的信号,其平均频率为 mv/P,从而可得到相位和振幅均随机平稳变化的信号(窄带随机信号)。通过推测此中心频率可解出移动速度和移动距离。

非接触式五轮仪的优点是安装方便,测量精度高,适用于高速测量,最高测量速度可达 250km/h;其缺点是光源耗电量大,价格昂贵,在车速很低时,测量误差很大,车速 1.5km/h 以下不能测量。

3. 制动减速度仪

制动减速度仪以检测制动减速度和制动时间为主。制动减速度仪由显示仪和传感器两部分组成。传感器有滑块式和摆锤式两种,常见的滑块式传感器的结构如图 3.40 所示,由弹簧滑块结构和光电转换机构组成。当汽车检测时,传感器部分放置在驾驶室或车厢地板上,正面朝上,其前端对准汽车前进方向,并紧靠固定部位。汽车制动时,在惯性力的作用下滑块克服弹簧的拉力产生位移,位移量与汽车减速度成正比。为尽量减少弹簧与滑块组合产生的简谐振动,由阻尼杆产生适当阻尼。光电转换结构由发光二极管、光敏晶体管、定光栅和动光栅组成,将滑块移动量变成电脉冲信号送入显示仪。显示部分接到脚踏开关信号后,对传感器送来的信号进行整形、放大分析、处理,最后显示制动减速度和制动时间。

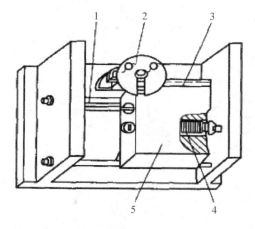

图 3.40 滑块式传感器的结构
1—阻尼杆;2—光电转换机构;3—齿条;4—弹簧;5—滑块结构

【任务实施】

1. 滚筒反力式制动检测台检测方法

制动检测台滚筒表面应干燥,没有松散物质及油污,滚筒表面当量附着系数不应小于 0.75。驾驶员将机动车驶上滚筒,位置摆正,置变速器于空挡;启动滚筒,在 2s 后测取车轮阻滞力;使用制动,测取制动力增长全过程中的左、右轮制动力差和各轮制动力的最大值,并记录左、右车轮是否抱死。

在测量制动时,为了获得足够的附着力,允许在机动车上增加足够的附加质量或施加相当于附加质量的作用力(附加质量或作用力不计入轴荷)。

在测量制动时,为了防止车轮后移脱离前滚筒,造成制动力测试的不准确,可采用以下方法。

①采用防止汽车后移的辅助设置,如采取牵引措施或在非测试车轮后方垫三角木。

②在汽车上增加适当的附加质量或相当于附加质量的作用力(轴荷计算时,不应计入)。

③在制动检测台前后 8m 处,将地面进行粗糙处理。

④为了避免测试时车轮爬出后滚筒,同时为增大后滚筒对车轮的反力,可将后滚筒抬高 30～40mm。

若采取上述方法之后,仍出现车轮抱死并在滚筒上打滑或整车随滚筒向后移出的现象,而制动力仍未达到合格要求时,应按照国家标准使用其他方法,如路试或平板制动检测台进行检验。

滚筒反力式制动检测台的维护措施如下。

①定期检查扭力箱油量。如油量不足,应加以补充。

②每季度清洗一次套筒滚子链及链轮,清洗后加注机油。

③如测试的制动力过小,停机过早,则是第 3 滚筒速度传感器失效所致,应调整其位置并加以紧固。

④每周视情况用钢刷等工具清除滚筒表面的污物。

⑤应定期检查各部分连接电缆,其接头应无氧化现象,线缆应无破损。否则,应予以更换。

⑥电动机工作异常或不转动,应立即切断所有电源,检查强电箱中各接线端子是否松动,强电电源是否正常,各熔断丝是否熔断。

⑦在检测过程中如果车轮被抱死而电动机未及时停机或车轮与滚筒明显太滑,或车轮被向后拖走时,应及时松开制动器,以保护轮胎及设备。

⑧如遇第 3 滚筒不能及时复位或复位弹力过小,应及时更换弹簧。

⑨踩制动时应注意慢踩,以 3s 左右为宜。

2. 平板式制动检测台检测方法

平板式制动检测台表面应干燥,没有松散物质及油污,平板表面附着系数不应小于 0.75。

驾驶员将机动车对正平板制动检测台,以 5～10km/h 的速度(或制动试验台制造厂家推荐的速度)行驶,置变速器于空挡(自动变速的车辆可将变速器置于 D 挡),急踩制动,使机动车停止,测取制动参数值。

在使用平板式制动检测台时需特别注意以下几点。

①轴重大于检测台允许重量的汽车,请勿开上检测台。

②车辆进入检测台时,轮胎不得夹有泥、砂等杂物;不应让油水、泥砂等进入检测台内。

③空载检验时:对于气压制动系,气压表的指示气压≤600kPa;对于液压制动系,其踏板力,乘用车≤400N,其他机动车≤450N。

3. 制动力检测数据分析

对制动性能检测结果的分析,除了从检测数据本身的科学性加以分析以外,更主要的是对各项检测结果所反映的制动系统的问题加以分析。下面将对各项检测结果作具体分析。

（1）制动协调时间

制动协调时间是指在急踩制动时，从踏板开始动作至车辆减速度（或制动力）达到 GB 7258 规定的车辆充分发出的平均减速度（或规定的制动力）75％时所需的时间。

制动协调时间反映系统的工作性能，此时间若大于国标规定的限值，说明制动系动力传递机构有变形，发卡或间隙过大，或踏板自由行程过大等。发现此问题，应及时解决。若此时间过长，制动距离就会增加，给行车安全带来不利影响。

（2）制动力不足

车轮制动力的大小反映了汽车制动强度的大小。制动力太小，则不能保证汽车在遇到突发事件时在短距离内停车，从而造成交通事故。

气压制动系统车轮制动力过低的原因如下：

①制动气压偏低。

②制动踏板的自由行程过大。

③制动控制阀中的排气阀密封不严、漏气。

④制动控制阀的膜片破裂或凹陷。

⑤制动臂调整蜗杆调整不当，使制动气压室推杆行程过长。

⑥制动器室内膜片破裂或损坏。

⑦制动管道破裂或接头松动、漏气。

⑧制动蹄摩擦片与制动鼓之间的间隙调整不当，制动蹄摩擦片沾有油污或泥水、表面硬化。

⑨制动凸轮轴与支架衬套锈滞，或制动凸轮轴支架和制动盘上的轴架不同心而发卡，引起制动力减小。

液压制动系统车轮制动力过低的原因如下：

①制动管路中有空气。

②制动分泵补气孔或加油口盖的通气孔堵塞。

③制动总泵、分泵的皮碗损坏变形，活塞与油缸磨损过甚而松旷漏油。

④制动管路破裂或接头松动而漏油。

⑤制动鼓失圆、有沟槽或鼓臂过薄。

⑥制动蹄摩擦片与制动鼓接触不良，摩擦片表面硬化，铆钉露出或有油物、泥水。

⑦制动液的质量不符合要求，受热蒸发，缺少制动液。

⑧制动管路堵塞或碰瘪。

（3）制动跑偏

制动跑偏是指在制动全过程中，在同一时刻左、右制动器产生的制动力差值很大，即制动过程中左、右轮制动力增长的快慢不一致，主要有以下 3 种情况。

①紧急制动跑偏：同一轴上的某一制动器内有油污；制动鼓/盘与摩擦片间隙过大；摩擦片磨损过度或新摩擦片与制动鼓/盘接合面不足；制动气室膜片破裂或制动分泵密封圈损坏；制动气管或油管漏气、漏油；制动气室推杆变形或卡死；制动分泵活塞发咬；推杆或活塞卡死；左、右制动气室推杆长度不一致；某一轮胎胎面磨损严重。

②点制动跑偏：左、右轮制动器内回位弹簧弹力不一致，使弹力大的制动器的制动力来得慢回得快，造成制动初期和结束时左、右轮制动力的过程差过大。另外，还有制动系统联

动机构润滑差,制动时左、右轮动作不协调;某车轮的凸轮轴轴套和蹄片支撑销发咬。

③半脚制动跑偏:紧急制动和点制动跑偏的因素同时存在是半脚制动跑偏的主要原因。另外,同一轴某制动鼓磨损严重或失圆,个别车轮的凸轮轴衬套和蹄片支撑销松旷也可造成半脚制动跑偏。

（4）驻车制动力不足

造成驻车制动力不足的主要原因有以下几点:

①制动鼓磨损过度、失圆或制动盘有沟槽。

②摩擦片磨损过度。

③新摩擦片与制动鼓/盘接合面不足。

④制动鼓/盘内有油污。

⑤驻车制动操纵联动机构调整不当等。

（5）车轮阻滞力大

车轮阻滞力是指车辆未采取制动措施时,车轮作用于地面上的制动力。车轮阻滞力大主要由车轮制动器故障所造成,表现为制动完毕后抬起制动踏板,所有或个别车轮的制动作用不能立即解除;未采取制动时,车轮阻滞力始终存在。它们影响车辆的再起步、加速行驶或滑行,增加行驶阻力,使动力性、经济性下降;长时间运行会使制动器发热,导致制动效能下降,加速制动器的老化。因此,国家标准规定,左、右车轮阻滞力之和不得大于该轴轴荷的 5%。

气压制动系统车轮阻滞力过大的原因如下:

①制动气室推杆伸出过长或歪斜而卡住,不回位或回位不彻底。

②制动气室内积有水,挤压其膜片及推杆。

③制动凸轮轴与支架衬套有污物滞住,不回位或回位不彻底。如果清洗后仍制动发咬,还有可能是凸轮支架与制动盘上的轴架不同心,凸轮轴被卡住、不回位或回位不彻底。

④制动蹄的回位弹簧过软,制动蹄回位不彻底。

⑤制动蹄摩擦片与制动鼓之间的间隙过小。

⑥制动蹄与支承销锈滞,转动不灵活。

液压制动系统车轮阻滞力过大的原因如下:

①车轮制动蹄摩擦片与制动鼓之间的间隙过小。

②车轮制动蹄的回位弹簧过软和折断。

③车轮制动蹄与支撑销锈滞、转动不自如。

④车轮制动分泵皮碗过大、活塞变形或有污物粘住。

⑤车轮制动系油管有污物堵塞,引起回油不畅通。

（6）制动力差值大

气压制动系统左、右轮制动力差值过大的原因包括制动气室内的膜片破裂或气管破裂或接头松动漏气;制动气室的推杆歪斜或弯曲发卡;制动臂凸轮与支架衬套锈蚀滞住。车轮制动臂凸轮轴支架与制动盘轴架不同心,制动臂凸轮轴发卡。左、右车轮的制动蹄摩擦片与制动鼓之间的间隙大小不一致,或摩擦片材质不同,或与制动鼓的接触情况相差悬殊。制动蹄与支撑销锈蚀,转动不灵活。制动蹄摩擦片沾有油污或泥水,表面硬化或摩擦过甚,铆钉露出。制动鼓磨损失圆或有沟槽。左、右车轮轮胎气压、花纹新旧不均。

液压制动系统左、右车轮制动力差值过大的原因有制动分泵活塞磨损严重,松旷、漏油,或活塞被污物粘住,或皮碗发胀卡住;车轮制动油管破裂,接头松动漏油或油管内有污物堵塞、碰瘪;制动分泵内有空气;制动蹄上的长、短摩擦片装反。

另外,还要考虑下列因素对检测数据的影响:

①轮胎气压、规格、花纹形式、胎面磨损程度。

②悬挂系统扭转刚度,气压悬挂而调整不当,其他轴制动力偏低对被测轴制动力的影响及轮胎胎面、滚筒表面干燥清洁状况等。

因此,在使用滚筒反力式制动试验台检测制动力时,应仔细观察车辆的具体情况并加以分析。因大多数制动试验台无加载装置和轴荷计中不分左、右轮各自轮载荷,因此必要时,应做满载和道路试验,以正确评价车辆的制动效能。

【知识拓展】

一、防抱死制动系统技术

汽车装用防抱死制动系统(ABS)的目的,就是要达到自动调节制动器的制动力,使车轮滑移率保持在20%左右的最佳状况,以充分利用峰值制动力,提高汽车的制动效能,并使汽车还具有较好的转向和抵抗侧向干扰力的作用,从而提高汽车制动时的方向稳定性。

1978年,电控ABS技术第一次被应用在轿车上,取得了令人非常满意的效果,从此ABS技术迅速发展,在各类汽车上被广泛采用,目前已成为汽车的标准装备,代表着汽车制动控制技术的发展方向。

ABS是在汽车原有的液压或气压制动系统中加装上轮速传感器、电控单元和自动压力调节器而形成的。轮速传感器的作用是测出车轮的转速,并把速度信号送到电控单元。电控单元实际就是微计算机,它工作时不断地从传感器获取轮速信息,通过计算和比较来检查不正常的滑移率条件,据此作出电磁阀需要操作的决定,以调节制动压力,阻止制动器抱死或使其解除控制。自动压力调节器用来控制和调节制动系统的制动压力,使制动车轮的滑移率保持在20%左右,防止车轮抱死滑移。

根据汽车的车型和所采用的制动系统的不同,ABS所使用的调节器是不同的。目前ABS使用的调节器主要有液压式、空气式、真空式等形式。其中,液压式调节器是用电磁阀和液压泵产生的压力控制制动压力的。每个车轮或每个系统内部都有电磁阀,通过电磁阀直接或间接地控制制动压力。

ABS技术发展到现在,已成为保障汽车行驶安全的不可缺少的技术装备。在ABS的基础上扩展开发出了驱动力控制装置等一系列附加功能的装置,由此可看出它在汽车现代控制系统中占有基础性的重要地位。

二、驱动力控制系统技术

汽车采用驱动力控制系统(TCS)后可防止汽车在加速过程中打滑,特别是防止汽车在非对称路面或在转弯时驱动轮的空转,以保持汽车行驶的方向稳定性、维持汽车的最佳驱动力和提高汽车的平顺性。从控制车轮和路面之间的滑移率来看,ABS 和 TCS 系统采用了相同的技术,但两者所控制的车轮滑移方向是相反的。可见 ABS 与 TCS 系统密切相关,可以认为 TCS 是 ABS 系统的功能的扩展。在汽车中常将它们结合在一起使用,构成更加完善的行驶安全系统。这样,它们可共用许多电子元件和可用共同的系统部件来控制车轮的运动。

TCS 主要由电控单元、制动压力调节器、车轮速度传感器、差速制动阀、发动机控制阀及发动机控制缸组成。其中,电控单元、车轮速度传感器和制动压力调节器是与 ABS 系统共用的,而差速制动阀、发动机控制阀和控制缸是 TCS 专有的。因此,具有 ABS 的汽车,要追加 TCS 时只要加上后三种装置就可以了。在汽车驱动力控制系统中,防止驱动轮打滑并使其保持在最佳滑移率范围内的方式有以下几种。

1.发动机扭矩调节方式

合理控制发动机的输出扭矩可以使汽车通过路面时获得最大的驱动力。发动机输出扭矩的控制手段有供油量调节、点火参数调整、节气门位置调整。汽油机可根据燃料喷射量、点火时间、节气门开度来调整发动机的输出扭矩。在这些调节方法中,从加速圆滑和燃烧完全的角度来着,调节节气门最好,但调节节气门反应速度较慢。调整点火时间和燃料喷射量反应速度较快,能补偿调整节气门的不足。柴油机只控制喷油量就可得到理想的反应速度。

2.驱动轮制动控制方式

制动驱动轮是防止驱动轮打滑最迅速的一种控制方式,但是出于舒适性的考虑,制动力不能太大。这种控制方法可作为只用节气门调整发动机输出扭矩方式的补充。这种控制方法可获得最好的操纵性和稳定性,以及最短的反应时间。TCS 控制制动力的功能是由 ABS 的元件来实现的。

三、差速器锁止控制方式

电控差速器锁止控制在差速器向车轮的输出端装设离合器,并用电子控制器控制电磁阀来调节多片离合器油压的大小,以控制离合器的锁止程度,并由压力传感器和驱动轮轮速传感器反馈给电控单元实现反馈控制,以使左右驱动轮或前后驱动桥的滑移率之差在允许的范围之内,从而达到有效防止驱动轮打滑和合理按需要分配驱动力的目的。LSD 可明显提高汽车的越野通过性。TCS 的上述控制方法可以单独使用,也可以配合使用,配合使用可达到更好的控制效果。由于 TCS 可大幅度地提高汽车的通过性,因此它对军用汽车具有重大的使用价值,是未来军用汽车非常有发展前途的技术。

【项目总结】

1.若车速表的指示误差较大,驾驶员就很难准确地掌握车速,因而可能导致交通事故的发生,因此,为了保障行车安全,车速表的指示误差被列为汽车安全检测中的必检项目之一。

2.车速表的转轴一般通过变速器或分动器输出轴上的蜗杆—蜗轮传动副经软轴驱动。在变速器输出轴转速不变的情况下,车速表指示值为定值,而汽车的实际行驶速度还与车轮的滚动半径有关。汽车轮胎在使用过程中随行驶里程的增加而逐渐磨损,其滚动半径逐渐减小,轮胎气压高低也影响滚动半径的大小,因此车速表指示值与实际车速就会形成误差。

3. 检测车速表指示误差的设备称为车速表检测台。车速表检测台主要有普通型车速表检测台和驱动型车速表检测台两种类型,此外,还有将车速表检测台与制动检测台组合在一起构成多功能复合型检测台。

4. 前照灯是汽车在夜间或能见度较低的条件下为驾驶员提供行车道路照明的重要设备,是驾驶员发出警示和联络的灯光信号装置,前照灯必须具有足够的发光强度和正确的照射方向。

5. 汽车前照灯的检验指标有发光强度和光轴偏移量。

6. 汽车转向轮定位参数的检测方法一般分为静态检测法和动态检测法,静态检测时采用四轮定位仪,动态检测时采用侧滑试验台。

7. 如果汽车转向轮前束值与外倾角匹配不当时,就会产生转向轮侧滑,汽车前轮侧滑量过大会使汽车的行驶阻力增加,影响汽车的动力性、经济性和制动性能,影响汽车操纵稳定性,表现有行驶时方向发抖、发飘,轮胎磨损加快。

8. 汽车的制动性是指汽车在行驶中能强制地降低行驶速度直至停车,或在下长坡时维持一定速度的能力,以及制动时保持汽车方向稳定性的能力,其评价有三方面:制动效能,即制动距离与制动减速度;制动效能的恒定性,即抗热衰退性能;制动时汽车的方向稳定性,即制动时汽车不发生跑偏、侧滑以及失去转向能力的性能。

9. 影响汽车地面制动力的主要因素有:地面制动力、制动器制动力、地面附着力和硬路面上的附着系数等。

10. 制动性能的检测可以采取台试检测,也可以用路试检测。一般情况下,用台试检测制动性能,但台试检测结果有争议时,可以用路试检测进行复检,并以满载状态路试的结果为准,以保证对其制动性能判断的准确性。

【练习题】

一、填空题

1. 安全性能检测的内容包括_____、_____、_____、_____。

2. 国家标准 GB7258—2004《机动车运行安全技术条件》规定:当机动车车速表的指示值为 40km/h 时,车速表检验台速度指示仪表的指示值为_____—_____km/h 范围内为合格。

3. 国家标准 GB7258—2004《机动车运行安全技术条件》规定:在用车(最高设计车速大于或等于 70km/h 的汽车)前照灯发光强度,对二灯制,应大于或等于_____cd;对四灯制,应大于或等于_____cd。

4. 对前轮侧滑起决定性作用的前轮定位参数是_____和_____。

5. 根据国家标准 GB7258—2004 的规定,汽车的侧滑量值应在_____之间。

6. 车辆应以_____km/h 的车速平稳驶过侧滑试验台,注意在行进检测过程中_____、_____、_____。

7. 汽车制动性能主要从_____、_____、_____三个方面来评价。

8. 评价制动效能的指标有_____和_____两个参数。

9. 对采用液压制动系的车辆制动协调时间_____;对采用气压制动系_____。

二、判断题

1. 在对汽车进行外观检验时,要求汽车转向节及臂,转向横、直拉杆及球销不允许有裂纹和损伤,并且球销不应松旷。(　　　)

2. 汽车车速表的允许误差范围为 $+20\%\sim-5\%$。(　　　)

3. 对于四灯制的车辆,在检测时必须将同侧的两只前照灯中,遮蔽住一只再进行测量。(　　　)

4. 汽车检测仪器 GB7258—2004《机动车运行安全技术条件》,在检验乘用车前照灯远光单光束照射位置时,前照灯照射在距离 10m 的屏幕上,要求屏幕上的光束中心离地高度为 $0.9\sim1.0H$(H 为前照灯基准中心高度)。(　　　)

5. 汽车侧滑试验台滑板越长测试精度越差。(　　　)

6. 对前轴采用独立悬架的汽车,其转向轮的横向侧滑量,用侧滑试验台检验时,其侧滑量值应在 $\pm5m/km$ 之间。(　　　)

7. 制动过程中,只有前轮抱死,汽车基本上沿直线减速行驶,汽车处于稳定状态,但丧失转向能力。(　　　)

8. 制动检测中的阻滞力是指在解除制动后,仍存在的残余制动阻力。(　　　)

9. 在制动过程中,制动效能的稳定性就是指抗制动效能下降的能力。(　　　)

10. 乘用车在制动检验台上测出的制动力应满足如下要求:前轴制动力与轴荷的百分比应大于或等于 60%,后轴制动力与轴荷的百分比应大于或等于 50%。(　　　)

三、选择题

1. 汽车的安全性能检测不包括的是(　　　)。

A. 制动性能　　　　　B. 侧滑　　　　　　C. 前照灯　　　　　　D. 车速

2. 根据国家标准 GB7258—2004《机动车运行安全技术条件》,主要从(　　　)几方面检测前照灯性能。

A. 远光灯发光强度　　　　　　　　　B. 近光灯发光强度

C. 远光灯光束照射位置　　　　　　　D. 近光灯光束照射位置

E. 光束照射距离

3. 据国家标准 GB7258—2004《机动车运行安全技术条件》,检验乘用车前照灯近光光束明暗截止线转角或中点的高度应为(　　　)(H 为前照灯基准中心高度)。

A. $0.7\sim0.9H$　　　B. $0.6\sim0.8H$　　　C. $0.9\sim1.0H$　　　D. $0.95\sim1.0H$

4. 由于轮胎磨损,汽车车速表会(　　　)。

A. 偏快　　　　　　　B. 偏慢　　　　　　C. 不变　　　　　　D. 不受影响

5. 侧滑试验台检测的项目是(　　　)。

A. 前束值　　　　　　　　　　　　　B. 转向轮外倾角

C. 转向轮主销内倾角　　　　　　　　D. 转向轮外倾角与前束值的配合值

6. 车辆后轮通过侧滑试验台时,每次读数都不相等,可能说明(　　　)。

A. 后轮轮毂轴承松旷　　　　　　　　B. 后轴端部水平方向弯曲

C. 后轴端部垂直方向弯曲　　　　　　D. 后轴扭曲

7. 根据国家标准 GB7258—2004《机动车运行安全技术条件》,用侧滑试验台检测非独立悬架的汽车前轮转向轮侧滑量,其值不得超过(　　　)m/km。

A. 5   B. 3   C. 7   D. 10

8. 在制动检测时,各车轮的阻滞力均不得大于该轴荷的(　　　)。

A. 8%   B. 6%   C. 5%   D. 4%

9. 根据国标规定,在制动力增长全过程中,同时测得的左、右轮制动力差的最大值,与该轴左右轮最大制动力中的大者之比,对前轴不得大于(　　　)。

A. 24%   B. 20%   C. 15%   D. 10%

10. 制动协调时间是指从制动踏板开始动作到减速或制动力达到标准规定值的(　　　)时所需的时间。

A. 60%   B. 70%   C. 75%   D. 80%

四、问答题

1. 汽车车速表误差形成的主要原因是什么?

2. 使用车速表检测台检测车速表时,当该车速表的指示值(V_1)是 40km/h 时,车速表检测台指示仪表的指示值应为多少才符合国标要求? 当车速表检测台指示仪表的指示值(V_2)是 40km/h 时,汽车车速表的指示值(V_1)应为多少才符合国标要求?

3. 什么是发光强度? 前照灯检测有什么必要性?

4. 什么是转向轮侧滑? GB7258—2004《机动车运行安全技术条件》对侧滑量值有何规定?

5. 汽车前轮侧滑量过大会带来哪些危害?

6. 汽车制动性能包含哪些方面的评价指标?

五、计算分析题

1. 某国产轿车采用独立悬架,静态检验其车轮定位参数均为合格,但用侧滑试验台检测时其侧滑数值却超标。

(1)选择:产生上述情况的是(　　　)。

A. 一边轮胎气压不足   B. 车架变形

C. 轮胎严重磨损   D. 车辆严重偏载

(2)填空:根据国家标准 GB7258—2004 的规定,汽车的侧滑量值应在＿＿＿＿＿＿到＿＿＿＿＿＿之间。

(3)填空:对前轮侧滑量起决定性作用的前轮定位参数是＿＿＿＿＿＿和＿＿＿＿＿＿。

2. 某国产轿车 ABS 系统,前后轮均为盘式制动器,制动液压系统带感载比例阀。在滚筒制动试验台上作制动检验,发现前轴制动力不到轴荷的 40%,该车被判断为制动力不合格。根据车主的要求检测人员又对该车进行了道路试验,结果是制动距离和制动稳定性完全符合国家标准,证明该车的制动系正常,但台架试验不合格。

(1)单选:请分析造成此现象的原因是(　　　)。

A. 制动器的 ABS 系统工作不正常造成的   B. 前制动盘工作面跳动过大

C. 感载比例阀的故障   D. 制动试验台功能局限性造成的

(2)判断:汽车行驶制动时,汽车质量有向后轴转移的趋势。(　　　)

(3)填空:感载比例阀的作用是根据＿＿＿＿＿＿来＿＿＿＿＿＿。

3. (1)请阐述汽车制动台试检验制动力、制动力平衡、驻车制动力、制动协调时间、阻滞力国家标准。

　　(2)制动性能检测分析:请分析某车辆制动力及平衡是否达到国家标准?（前左轮制动力＝430kN,前右轮制力＝300kN,后左轮制动力＝320kN,后右轮制动力＝280kN,前轴重＝1200kN,后轴重＝900kN)。

项目 4
汽车环保性能检测分析

【项目目标】

知识目标

1.能准确描述汽油机排放污染物的排放限值、检测方法、检测仪器和实施步骤。
2.能准确描述废气分析参数、内容和基本原则。
3.能准确描述柴油机排放污染物的排放限值,烟度检测的方法、仪器和实施步骤。
4.能准确描述柴油机微粒分析方法和排放控制措施。
5.能准确描述汽车噪声的检测评价指标、检测方法、检测仪器和实施步骤。

能力目标

1.会对汽油机主要排放污染物进行检测和分析。
2.会对柴油机主要排放污染物进行检测和分析。
3.会对汽车噪声进行检测。

任务 4.1   汽油机排放检测与分析

【任务引入】

案例导入:一辆丰田凌志 ES300 轿车,怠速时有轻微抖动,且加速迟缓,无故障码输出。进行数据流和点火波形检测,运行参数正常,点火波形也基本正常。用四气分析仪进行尾气检测,CO 为 0.4%、O_2 为 2.12%、CO_2 为 14.1%、HC 在 $260 \times 10^{-6} \sim 500 \times 10^{-6}$ 间变化。初步分析是混合气过稀,导致失火。首先检修燃油供给部分,各部件工作正常。清洗喷油器后,HC 值虽然有所下降但仍较高。再检查空气供给系统,无漏气现象。至此,混合气过稀而导致失火的可能性被排除,可能是点火系统的故障。进一步检查电子点火系统,当检查到右侧气缸的高压线和火花塞时,发现一个缸的高压线短路,火花塞电极间隙过小。更换高压线,调整火花塞电极间隙,启动发动机,故障消失,尾气检测值完全在标准范围之内。

【任务分析】

　　汽车发动机所排出的污染物成分和浓度与汽油机的技术状况密切相关。对于维修人员,要求不仅具备汽油机的机械结构知识,还须掌握影响汽油机污染物排放的各种因素。通对汽油机的排气污染物进行检测,可评价和分析汽油机的技术状况,特别是燃油供给系统和点火系统的技术状况,同时,对于保护人类生存环境具有重要意义。

【相关知识】

一、汽油机排放污染物的种类

　　汽车所排放的污染物主要有 CO(一氧化碳)、HC(碳氢化合物)、NO_x(氮氧化物)、微粒(由炭烟、铅氧化物等重金属氧化物和烟灰等组成)和硫化物等。污染物的排放途径为汽车发动机排气管、曲轴箱和燃油供给系统;分别称为排气污染物、曲轴箱污染物和燃油蒸发污染物。

　　汽油机对大气一般产生以下几方面的污染(见图 4.1):①排气污染,占汽油机总污染量的 65%～85%,其中的有害气体成分有未燃或不完全燃烧的 HC、CO 和 NO_x,以及微量的醛、酚、过氧化物有机酸等;②曲轴箱排放污染物,占 HC 总污染的 20%,主要成分是未燃 HC;③汽油箱蒸发,占 HC 总污染的 5%,主要是汽油中轻馏成分的蒸发损失;④含铅、磷汽油形成的铅、磷污染。

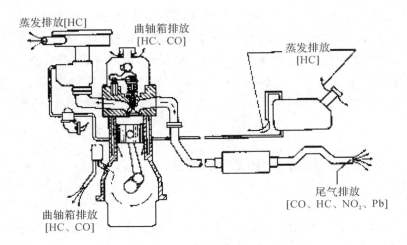

图 4.1　汽油机排放的主要来源

二、汽油机排放污染物的形成

　　1.CO 的形成

　　在发动机工作过程中,理论上汽油在空燃比(燃烧时供给的空气重量和燃油重量之比)

为14.7、柴油在空燃比为14.3时,燃料可以实现完全燃烧,形成无害的二氧化碳和水。汽油机中,化油器实际供给的空燃比通常在16～12.5范围内变动,当空燃比为<14.7时,燃烧空气必然不足,燃料燃烧不完全,会产生CO;特别是发动机怠速时,混合气供给偏浓,发动机工作循环中的气体压力和温度不高,燃烧速度减慢,且不完全燃烧所生成的CO浓度增高;发动机在加速过程中供给较浓混合气,或因点火过分推迟补燃增多时,均会使CO的排放量增加。另外,即使氧比较充足,发动机中空气和燃料不可能完全雾化混合均匀,造成局部缺氧,加之发动机中燃烧时间有限,也会形成CO。

2. HC的形成

汽油是由多种成分的HC所组成的,如果完全燃烧将生成二氧化碳和水。但是,汽油的燃烧很复杂,任何发动机都可能发生不完全燃烧,因此在排气中总会有少量HC存在。汽车排放污染物中,HC的20%～25%来自曲轴箱窜气,20%来自供油系统中燃油的蒸发,其余则由发动机排气管排出。发动机冷启动或怠速工况下混合气较浓,且燃烧温度过低时,发动机排出的废气中的HC含量增加。

在汽油机中用电火花点火,由火焰传播把混合气烧掉,但紧靠燃烧室壁面附近的混合气层,由于缸壁的冷却形成激冷层,使火焰传播终止而熄灭,因此激冷层的混合气不能完全氧化燃烧,从而有许多未燃的HC也要排出来。

总之,排气中的HC是燃料没有燃烧的HC或不完全燃烧,或部分被分解的产物。HC中含有饱和烃、不饱和烃、芳烃及部分含氧化合物(如醛、酮、酸等),成分复杂,组成变化也很大。有人曾从排气的HC中分析出200多种不同成分碳氢化合物。

3. NO_x的形成

与CO和HC不同的是,NO_x不是来自燃油的燃烧,而是空气燃烧的产物。汽车发动机所排出废气中的NO_x主要由NO和NO_2构成。不是来自燃油的燃烧,而是空气燃烧的产物。在空气完全燃烧的情况下,空气中的氮将完全氧化,形成二氧化氮,空气不完全燃烧将形成一氧化氮,它们都是在氧气过剩的条件下,由于燃烧室内高温而形成的。发动机的负荷和压缩比越高,发动机的燃烧温度越高,燃烧终了气缸内的压力越高,生成的NO_x条件也越充分。

三、汽油机排放污染物主要影响因素

1. 空燃比

混合气浓度常以空燃比或过量空气系数表示。空燃比大于14.7或过量空气系数大于1,称混合气较稀或过稀;反之,空燃比小于14.7或过量空气系数小于1,则称混合气较浓或过浓。汽油机尾气排放物受空燃比A/F影响较大,图4.2表示的是汽油机空燃比对有害排放生成量的影响,当空燃比大于当量空燃比时,HC和CO的排放最小,一直到空燃比20∶1都基本保持不变,当空燃比大于20∶1以后由于燃烧情况变坏,HC和CO排放开始上升,如果发生失火现象,HC排放将急剧上升。

对于NO_x,用很浓的混合气时,由于燃烧温度和浓度都较低,所以NO_x的生成量也较低。混合气过稀,虽然氧浓度增加,但燃烧温度却有所下降,所以NO_x增加不多。

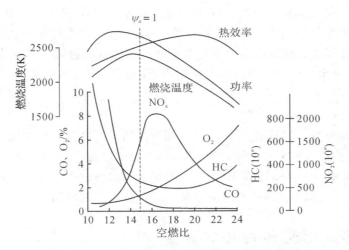

图 4.2　汽油机空燃比对有害排放生产量的影响

2.发动机负荷

发动机负荷一般由不同工况、车辆装载质量决定。

发动机在急速、减速行驶等低速小负荷运行时,发动机工作循环中的气体压力与温度不高,混合气燃烧速度减慢,引起不完全燃烧,因此 CO 增加;而由于气体温度低,气缸中激冷面上的燃油不可能燃烧,形成 HC 排出,而 NO_x 排出较少。由于上述原因,在急速工况排放的污染是较严重的。

发动机在大负荷运行时,化油器节气门接近全开,燃烧速度变快,气体压力和温度升高,HC 的生成量减少,而 NO_x 增多。

经测定,不同汽车在不同工况负荷下,污染物的排出量如表 4.1 所示。一般情况下,CO 在急速工况时的排出量最多,达 $4\%\sim10\%$;HC 在急速、减速时多;NO_x 在加速或等速工况最多。

表 4.1　汽油车在不同运转工况下有害排放量的比较

汽车类型	运转情况（km/h）	有害气体的排放量			
		CO(%)	HC($\times10^{-6}$)	NO_2($\times10^{-6}$)	SO_2($\times10^{-6}$)
汽油车	急速 加速 0~40 等速 40 减速 40~0	4.0~1.0 0.7~5.0 0.5~4.0 1.5~4.5	300~2000 300~800 200~400 1000~3000	50~1000 1000~4000 1000~3000 5~50	0

3.发动机转速

发动机转速升高,气缸内混合气紊流扰动增加,火焰传播速度加快,汽油燃烧比较完善,HC 排放浓度降低。发动机在加速运行时,由于要求发出大的功率,须将气缸内燃气的温度提高,因此会产生大量的 NO_x。

当发动机减速运行时,汽车驾驶员会迅速松开加速踏板,特别是发动机原先高速运行,一旦急速关闭节气门,在进气管内会产生瞬时的高真空度,而吸入过量的燃料,使燃料和空气的混合气成分过浓。与此同时,气缸内的气体压力却降低了,因此燃烧温度也降低。由于是不完全燃烧,CO 的生成量会增加,而且由于激冷区加大,HC 的生成量也会增多。

在急速时其转速与排气成分 CO、HC 的浓度也有关系,适当提高急速转速,对于降低急速时的这两种成分都有好处。这是由于随着急速转速的提高进气节流减小,进入气缸的新气量增加。于是,残余气体的稀释程度有所减小,使燃烧改善,结果使 CO 和 HC 的排放浓度随之降低。

4.点火提前时间

点火提前时间由节气门开度、发动机转速和汽油质量等决定。如推迟点火提前时刻,当接近活塞上止点时点火,则由于排气时间延长,排气温度增高,而此时气缸内容积相应减少,促进了 CO 和 HC 的氧化与激冷面积的减小,因而 HC 的排放量会减少,但 CO 的排放量变化不大。但过于推迟,因 CO 没有时间完全氧化,CO 排放量将增加。

四、汽油机排放污染物的检测方法

20 世纪 80 年代中期,美国从多种有载荷方法中开发出针对在用汽车排放测试的有效方法。通过设定不同加载功率、不同行驶工况来模拟车辆道路排放状况,如加速模拟稳态法、瞬态工况法和简易瞬态工况法等。与美国不同,欧洲和日本等国家一直采用急速测量方法,但随着电喷技术的广泛使用,为满足年检、维修和故障诊断方面的需要,也采用了双急速法。

我国国家标准推荐的检测方法有:稳态加载模拟工况法、简易工况法、瞬态加载工况法,及双急速工况法等。

1.稳态加载模拟工况法

稳态加载模拟工况法只有稳定的匀速过程,加载保持固定值。有两个等速工况段:一是 ASM5025 工况,车速为 25km/h,按车辆加速度为 1.47m/s² 时负荷的 50% 对该工况进行加载,故称为 ASM5025 工况。二是 ASM2540 工况,车速为 40km/h,按车辆加速度为 1.47m/s²(实际为 1.1m/s² 左右)时负荷的 25% 对该工况进行加载,故称为 ASM2540 工况。

该方法必须配备一台底盘测功机和五气分析仪,将车辆置于底盘测功机上,在 ASM5025 工况和 ASM2540 工况下(并通过底盘测功机给车辆施加一定的负载)用废气分析仪测量排放的污染物浓度,并根据排放限值判定是否合格。

2.简易工况法

20 世纪 90 年代后,国外开发出较复杂的简易工况检测方法,它是针对机动车的复杂工况,利用底盘测功机模拟机动车在道路(负荷)行驶工况各种状态下检测机动车排放的主要废气污染物 CO、HC、NO_x 等,从而发现高排放车辆,对在用的机动车辆实施机动车排放污染控制。

国际上加强型 I/M 制度通常采用此类检测法。检测时,将被测车辆置于底盘测功机上,车辆按照规定的车速在底盘测功机上"行驶"。底盘测功机会按照试验人员事先的设定控制滚筒,最终向车辆驱动轮施加一定的负荷,来模拟汽车在道路上的行驶阻力。车辆按照一定的速度,并克服一定的阻力,走完试验工况曲线,同时测量排气中的污染物浓度。大量检测表明,简易工况法能较准确地判断车辆排放的实际情况,特别是能对 NO_x 有较好的控制作用。与新车排放试验方法相比,其检测设备与分析仪器作了简化,完成试验所需的时间也缩短很多,故称为"简易工况法"。

3. 瞬态加载工况法

瞬态加载工况法采用美国联邦新车型式认定用测试规程 FTP 曲线前 0～333s 的两个峰,经修改缩短为 240s。测试设备的工作原理同新车试验的要求一致。瞬态加载工况是在保证车辆的测试工况与实际运行条件更加相似情况下,通过采集尾气的排放量,从而得到污染物的质量排放,排气污染物的测量结果也用"克/公里"表示。与稳态测试方法相比,能提供较真实的 CO、HC、NO 的测定值,检测技术更具先进性。但由于它技术含量高,设备费用昂贵(也需要配备底盘测功机,它的取样及分析系统比简易瞬态法要求更严格),维护比较复杂,检测时间较长,对检测人员有较高的要求,因此在用汽车的排放检测中很少采用。

我国现行标准中瞬态工况法的运转循环与简易瞬态相同,不同的是取样系统及尾气分析系统,其组成更为复杂。

4. 双怠速工况法

怠速法是汽车无道路阻力的检测方法,不能全面反映行驶汽车的真实排放状况。怠速法检测不能反映 NO_x 的排放,对于那些行驶 NO_x 排放已经很高的车,怠速法却检测不来。

双怠速工况是怠速工况和高怠速工况的合称。双怠速工况排气污染物检测指在怠速和高怠速两个工况下对汽车的排气污染物所进行的检测试验。对于装有电喷和三元催化装置的车辆,可用高怠速点测得的 CO、HC 排放量和过量空气系数值来综合分析与判断车辆的电控系统和催化装置是否工作正常,及时发现污染物排放控制部件的问题,以彻底排除故障。由于该方法测试方便,测量仪器价格便宜,便于携带,因此适用于汽车检测站和环保部门对在用汽车的排放性能进行年度检测及排放监测。但由于怠速工况是汽车运行过程中运行时间比例较短的工况,且怠速是稳定工况,因此怠速工况排气污染物检测的结果不够全面。相比之下,利用双怠速法或加速模拟工况法进行汽车排气污染物检测,所得结果则较为全面可靠。

几种测试方法的相关性分析见表 4.2。

表 4.2　几种测试方法的相关性分析

稳态加载模拟工况法	设备成本低、测量稳定、技术成熟、操作简单、能检测 NO 的排放。浓度测量、与新车认证检测结果关联性较差、运转循环来看也只有较低速度的等速运动,和实际情况还有较大的差异
简易工况法	测量结果与新车检测有很高的相关性、成本适中、操作性好、能检测 NO_x 的排放。对检测人员有较高的要求
瞬态加载工况法	有负荷、多工况的测量、测量精确、与新车检测结果相关性好、能检测 NO_x 的排放。技术含量高,设备费用昂贵、维修复杂、检测时间长、对检测人员有较高的要求
双怠速法	检测成本低、操作维护简单、使用范围广,但是只能检测无负荷情况下的排气情况

五、汽油机排放污染物的排放标准

1. 欧洲排放标准

欧洲标准是由欧洲经济委员会(ECE)的排放法规和欧共体(EEC)的排放指令共同加以

实现的,欧共体(EEC)即是现在的欧盟(EU)。排放法规由 ECE 参与国自愿认可,排放指令是 EEC 或 EU 参与国强制实施的。

汽车排放的欧洲法规(指令)标准 1992 年前已实施若干阶段,欧洲从 1992 年起开始实施欧Ⅰ(欧Ⅰ型式认证排放限值);1996 年起开始实施欧Ⅱ(欧Ⅱ型式认证和生产一致性排放限值);2000 年起开始实施欧Ⅲ(欧Ⅲ型式认证和生产一致性排放限值);2005 年起开始实施欧Ⅳ(欧Ⅳ型式认证和生产一致性排放限值)。欧Ⅴ排放标准是从 2009 年 9 月 1 日开始正式实施的,而对于已经上市的符合欧Ⅳ排放标准的车型可以继续销售到 2011 年 1 月。而到 2014 年 9 月 1 日,欧盟将将实施更加严格的欧Ⅵ排放标准。欧盟汽车废气排放标准路线实施情况见表 4.3。

表 4.3 欧盟汽车废气排放标准路线实施表

标准类别	欧Ⅰ标准	欧Ⅱ标准	欧Ⅲ标准	欧Ⅳ标准	欧Ⅴ标准
实施时间	1992 年	1996 年	2000 年	2005 年	2009 年
HC(%)	1.1	1.1	0.66	0.46	0.46
CO(%)	4.5	4	2.1	1.5	1.5
NO_x(%)	8	7	5	3.5	2
PM(%)	0.36	0.15	0.1	0.02	0.02

欧盟要求其成员国销售和行驶的民用车辆执行欧Ⅴ标准,汽油硫质量分数从 2000 年的 $150\mu g/g$ 降低到 2005 年的 $50\mu g/g$ 以下;且要求从 2005 年 1 月 1 日开始必须有部分汽油硫质量分数达到 $10\mu g/g$ 以下的标准;到 2009 年 1 月 1 日,所有汽油的硫质量分数都必须降低到 $5\mu g/g$ 以下。表 4.4 列出欧Ⅴ排放的具体限值指标。欧Ⅵ此部分的排放限值与欧Ⅴ相同。

表 4.4 欧Ⅴ标准排放限值　　　　　　　　　　　　mg/km

车辆类别		基准质量(RM)kg	限值				
			CO	THC	NMHC	NO_x	PM 质量
第一类车	—	全部	1000	100	68	60	5.0
第二类车	1 级	RM≤1305	1000	100	68	60	5.0
	2 级	1305<RM≤1760	1810	130	90	75	5.0
	3 级	1760<RM	2270	160	108	82	5.0

2. 我国简易工况检测法污染物排放限值

地方在用汽油机汽车简易工况法排放标准,按国家有关法律规定,由省级人民政府批准、发布。省级人民政府可委托其环境保护行政主管部门制订地方排放标准。在确定当地在用汽油机汽车简易工况法排放限值时,可参考如表 4.5 所示的排放限值。

表 4.5　简易工况法排气污染物排放限值

基准质量 (RM)(kg)	最低限值						最高限值					
	ASM 5025			ASM 2540			ASM 5025			ASM 2540		
	HC (10^{-6})	CO (%)	NO (10^{-6})	HC (10^{-6})	CO (%)	NO (10^{-6})	HC (10^{-6})	CO (%)	NO (10^{-6})	HC (10^{-6})	CO (%)	NO (10^{-6})
RM≤1020	230	2.2	4200	230	2.9	3900	120	1.3	2600	110	1.4	2400
1020<RM≤1250	190	1.8	3400	190	2.4	3200	100	1.1	2100	90	1.2	2000
1250<RM≤1470	170	1.6	3000	170	2.1	2800	90	1.0	1900	80	1.1	1750
1470<RM≤1700	160	1.5	2650	150	1.9	2500	80	0.9	1700	80	1.0	1550
1700<ARM≤1930	130	1.2	2200	130	1.6	2050	70	0.8	1400	70	0.8	1300
1930<RM≤2150	120	1.1	2000	120	1.5	1850	60	0.7	1300	60	0.8	1150
2150<RM≤2500	110	1.1	1700	110	1.3	1600	60	0.6	1100	50	0.7	1000
RM≤1020	230	1.3	1850	230	1.5	1700	120	0.6	950	110	0.6	850
1020<RM≤1250	190	1.1	1500	190	1.2	1350	100	0.5	800	90	0.5	700
1250<RM≤1470	170	1.0	1300	170	1.1	1200	90	0.5	700	80	0.5	650
1470<RM ≤1700	160	0.9	1200	150	1.0	1100	80	0.4	600	80	0.4	550
1700<RM ≤1930	130	0.8	1000	130	0.8	900	70	0.4	500	70	0.4	450
1930<RM≤2150	120	0.7	900	120	0.8	800	60	0.3	450	60	0.3	450
2150<RM≤2500	110	0.6	750	110	0.7	700	60	0.3	400	50	0.3	350

　　表中规定的最低限值为各地方城市开始实施简易工况法检测时的最低要求;最高限值为经过检测与维护制度,该车种应最终达到的限值标准。各地方城市可在最低限值与最高限值之间根据各自情况调整本地区的限值标准,也可根据车辆年度型划分不同限值。

　　对于 2000 年 7 月 1 日以前生产的第一类轻型汽车和 2001 年 10 月 1 日以前生产的第二类轻型汽车,参考的稳态工况法排放限值如表 4.3 所示。

　　对于 2000 年 7 月 1 日起生产的第一类轻型汽车和 2001 年 10 月 1 日起生产的第二类轻型汽车,参考的稳态工况法排放限值如表 4.3 所示。

　　基准质量(RM)指整车整备质量加 100kg 的质量。

　　3.我国双怠速检测法污染物排放限值

　　(1)新生产汽车排放限值。自 2005 年 7 月 1 日国家标准 GB 18285 实施之日起的新生产汽车,其排放量应达到 GB 18352.2-2001 和 GB 14762-2002 第二阶段的标准要求,排气污染物排放限值如表 4.6 所示。

表 4.6　新生产汽车排气污染物排放限值(体积分数)

车　　型	类别			
	怠速		高怠速	
	CO(%)	HC(10^{-6})	CO(%)	HC(10^{-6})
2005 年 7 月 1 日起新生产的第一类轻型汽车	0.5	100	0.3	100
2005 年 7 月 1 日起新生产的第二类轻型汽车	0.8	150	0.5	150
2005 年 7 月 1 日起新生产的重型汽车	1.0	200	0.7	200

注:1.轻型汽车指最大总质量不超过 3 500 kg 的 M_1 类、M_2 类和 N_1 类车辆。

　　2.重型汽车指最大总质量超过 3 500kg 的车辆。

3. 第一类轻型汽车指设计乘员数不超过 6 人（包括驾驶员），且最大总质量不大于 2500kg 的 M_1 类车。

4. 第二类轻型汽车指除第一类车以外的所有轻型汽车。

5. 急速与高急速工况。急速工况指发动机无负载运转状态，即离合器处于接合位置、变速器处于空挡位置（对于自动变速箱的车应处于"停车"或"P"挡位）；采用化油器供油系统的车，阻风门应处于全开位置；油门踏板处于完全松开位置。高急速工况指满足上述（除最后一项）条件，用油门踏板将发动机转速稳定控制在 50% 额定转速或制造厂技术文件中规定的高急速转速时的工况。标准中将轻型汽车的高急速转速规定为 (2500 ± 100) r/min，重型车的高急速转速规定为 $(1\,800 \pm 100)$ r/min；如有特殊规定的，按照制造厂技术文件中规定的高急速转速。

（2）在用汽车排放限值。按照我国不同阶段实施的新车排放标准，对在用汽车分别制定了两套排放限值。排放符合 GB 14761.1－93 的和装用符合 GB 14761.2－93 发动机的在用汽车，仍保留当时的 GB 14761.5－93 急速排放限值，但增加了高急速限值。排符合 GB 18352.1－2001 或 GBl8352.2－2001 以及装用符合 GB 14762－2002 第二阶段限值发动机的在用汽车，根据北京、上海、广州等城市的实际检测结果，并参照欧共体 92/55/EEC 的部分技术要求，确定双急速限值，如表 4.7 所示。

表 4.7　在用汽车排气污染物排放限值（体积分数）

车　　型	类别			
	急速		高急速	
	$CO/\%$	$HC/10^{-6}$	$CO/\%$	$HC/10^{-6}$
1995 年 7 月 1 日前生产的轻型汽车	4.5	1200	3.0	900
1995 年 7 月 1 日起生产的轻型汽车	4.5	900	3.0	900
2000 年 7 月 1 日起生产的第一类轻型汽车[1]	0.8	150	0.3	100
2001 年 10 月 1 日起生产的第二类轻型汽车	1.0	200	0.5	150
1995 年 7 月 1 日前生产的重型汽车	5.0	2000	3.5	1200
1995 年 7 月 1 日起新生产的重型汽车	4.5	1200	3.0	900
2004 年 9 月 1 日起新生产的重型汽车	1.5	250	0.7	200

注：[1] 对于 2001 年 5 月 31 日以后生产的 5 座以下（含 5 座）的微型面包车，执行此类在用车排放限值。

（3）过量空气系数的要求。对于使用闭环控制电子燃料喷射系统和三元催化转化器技术的汽车要进行过量空气系数（λ）的测定。发动机转速为高急速转速时，λ 应在 1.00 ± 0.03 或制造厂规定的范围内。进行 λ 测试前，应按照制造厂使用说明书的规定预热发动机。

增加对 λ 的监测，监控电喷汽车的空燃比是否正常，主要是为了保证三元催化器对氧化型污染物和还原型污染物都同时能高效净化。如果发动机 ECU 系统没有调整到正确的 λ 值，最好的催化器也难以通过检测。欧洲的研究表明：对未通过检测的三元催化器车做原因分析时发现，因 λ 失效使排放超标占全部受检车辆的 45.5%，而因催化器失效使之超标仅为 15.6%。通过对 λ 的监测，可及时发现和维修车辆故障，达到有效减少排气污染物的目的。

（4）在用汽车的排放监控。标准中规定的 4 种检测方法，双急速法为当前全国在用汽车排气污染物主要的强制性检测方法。机动车保有量大，且空气污染严重的地区，则可采用标准中所列的简易工况法检测。对 3 种简易工况法，地方环保部门可根据自身情况进行选择，对已实施简易工况法的车型，环保定期检测时将不再执行双急速法。

对于实施简易工况法的地区或城市，需制定地方排放限值，经省级人民政府批准后执行，同时报环保总局备案。为使所制定的排放限值科学合理，制定了 HJ/T 240《确定点燃式发动机在用汽车简易工况法排气污染物排放限值的基本原则和方法》，该条例已由国家环保总局

2005 年 12 月 12 日批准发布,于 2006 年 1 月 1 日实施,作为地方制定排放限值的依据。

【任务实施】

一、汽油机排放污染物检测仪器

1.不分光红外线排气分析仪

汽车排气中的 CO、HC、NO 和 CO_2 等气体,都具有能吸收一定波长范围红外线的性质,如图 4.3 所示。红外线被吸收的程度与排气浓度之间有一定的函数关系,CO 气体对波长为 $4.7\mu m$ 的红外线吸收能力强;而 HC 气则吸收波长为 $3.4\mu m$ 的红外线。因此,要把废气分析装置中红外光源分别取为 $4.7\mu m$ 或 $3.4\mu m$ 波长,即可测出 CO 或 HC 的含量比例。由此可见,CO、HC 综合测试仪是由两套废气分析装置组成的:一套红外光波长为 $4.7\mu m$,用于测 CO 的浓度;另一套红外光波长为 $3.4\mu m$,用于测 HC 浓度。不分光红外线分析法就是利用这一原理,即根据检测被汽车排气吸收一定波长范围红外线后能量的变化,来检测排气中各种污染物的含量。在各种气体混合情况下,这种检测方法具有测量值不受影响的特点。

利用不分光红外线分析法制成的分析仪,即可以制成单独检测 CO 或单独检测 HC 含量的单项分析仪,也可以制成能测量这两种气体含量的综合分析仪。不论哪种形式的分析仪,在检测 HC 含量时,由于排气中 HC 成分非常复杂,因此要把各种 HC 成分的含量换算成正己烷(n-C_6H_{14})的含量作为 HC 含量的测量值。

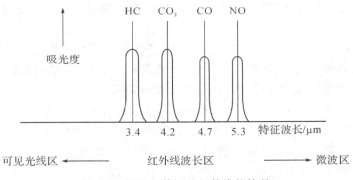

图 4.3 四种气体吸收红外线的情况

2.非扩散型红外线废气分析仪

根据排放标准,汽油车在发动机怠速工况下,应检测所排放废气中的 CO 和 HC 含量,使用的检测设备有非扩散型红外线废气分析仪、氢火焰离子型分析仪、化学发光分析仪等。

GB/T 3845《汽油车排气污染物的测量怠速法》规定汽油车排放污染物检测时,应采用非扩散型红外线废气分析仪,并对检测工况和检测程序进行了具体规定。

非扩散型红外线废气分析仪简称红外线式分析仪,它可以分别测定 CO 和 HC 的浓度,由于它是能同时测定 CO、HC 浓度的仪器,因此也称为 CO、HC 综合测试仪,或称 CO、HC 排气分析仪。CO、HC 综合测试仪如图 4.4 所示。

非扩散型红外线废气分析仪由废气取样装置、废气分析装置、浓度指示装置和校准装置组成。其具体工作过程如下。

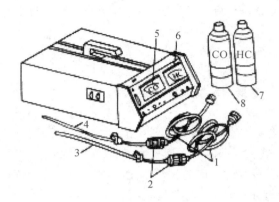

图 4.4　MEXA-324F 型汽车排气分析仪

1—导管；2—滤清器；3—低浓度取样探头；4—高浓度取样探头；
5—CO 指示仪表；6—HC 指示仪表；7—标准 CO 气样瓶；8—标准 HC 气样瓶

（1）废气取样装置

废气取样装置用于获取被测发动机的排气气样，它由取样探头、滤清器、导管、水分分离器和气泵等组成。取样探头由耐高温和防气体腐蚀的特殊材料制成，在测量时须插入发动机的排气管消音器内部。发动机排出的高温废气经过取样探头进入滤清器和水分分离器后，滤掉废气中的灰分和少量的水，再经过导管进入仪器的测量装置。此处所用导管也是由特殊材料所制，管壁不吸附被测气体，也不与被测气体发生化学反应，以保证测量精度。从发动机排气管中吸出废气，需要一定的真空度，因而在取样装置系统内还包括一个吸气泵。

（2）废气分析装置

排气分析装置由红外线光源、气样室、旋转扇轮（截光器）、测量室和传感器等组成。该装置按照不分光红外线分析原理，从来自取样装置的混有多种成分的排气中，分析 CO 和 HC 的含量，并将含量转变成电信号输送给含量指示装置。

从两个红外线光源发出的红外线，分别通过标准气样室和测量气样室后到达测量室。在标准气样室内充有不吸收红外线的 N_2 气，在测量气样室内充有被测量的发动机排气。测量室由两个分室组成，二者之间留有通道，并在通道上装有金属膜片电容微音器作为传感器。为了能够从排气中选择需要测量的成分，需要在测量室的两个分室内，充入适当含量的与被测气体相同的气体，即在测量 CO 浓度的分析装置里的测量室内要充入 CO 气体，在测量 HC 含量的分析装置里的测量室内要充入正己烷气体。

旋转扇轮也称为截光器，能连续地导通、截止红外线光源，从而形成射线脉冲。当红外线通过旋转扇轮断续地到达测量室时，由于通过测量气样室时，被所测气体按浓度大小吸收掉一部分一定波长的红外线，而通过标准气样室的红外线完全没有被吸收，因此在测量室的两个分室内，因红外线能量的差别出现了温度差别，温度差别又导致了测量室内压力差别，致使金属膜片弯曲变形。排气中被测气体含量越大，金属膜片弯曲变形也越大。膜片弯曲变形致使电容微音器输出电压改变，该电压信号经放大器放大后送往含量指示装置。

（3）浓度指示装置

浓度指示装置室按照废气分析装置送来的电信号进行显示，在 CO 测量仪上用 CO 浓度容积的％进行刻度；在 HC 测量仪上用 HC 换算成正己烷浓度容积的 10^{-6} 为单位进行刻度

（见图 4.5）。

指针式气体分析仪可利用零点调整旋钮、标准调整旋钮和读数挡位转换开关等进行控制。此外,还可以通过气流通道一端设计的流量计,得知废气通道滤清器是否脏污等异常情况。

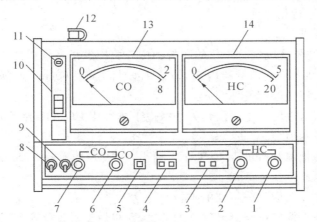

图 4.5　不分光红外线气体分析仪面板图

1－HC 标准调整旋钮;2－HC 零点调整旋钮;3－HC 读数转换开关;4－CO 读数转换开关;5－简易校准开关;
6－CO 标准调整开关;7－CO 零点调整开关;8－电源开关;9－泵开关;10－流量计;11－电源指示灯;
12－标准气样注入口;13－CO 指示仪表;14－HC 指示仪表

（4）校准装置

校准装置是为了保持分析仪指示精度,使之能正常显示正确指示值的一种装置。在分析仪上通常设有加入标准气样进行校准的校准装置和机械的简易校准装置。

①标准气样校准装置。该装置是把标准气样从分析仪单设的一个专用注入口中直接送到废气分析装置,再通过比较标准气样浓度值和仪表指示值的方法来进行校准的装置。

②简易校准装置。该装置是用遮光板把废气分析装置中通过测量气样室的红外线挡住一部分,用减少一定量红外线的方法进行简单校准的装置。简易校准开关装在仪表板上,并分别设有 CO、HC 校准旋钮。

对于汽油机排气中 CO 的浓度可以直接测量。而 HC 由于成分复杂,因此要把各种 HC 化合物的成分浓度换算成统一的正己烷（C_6H_{14}）浓度来作为 HC 的浓度测量值。从而,对于那些正己烷以外的 HC 的相对灵敏度,成了测量仪器的重要性能,在技术标准中,相对灵敏度用正己烷与丙烷（C_3H_8）的比值来表示,并规定:丙烷浓度值/测量仪器指示值＝1.73～2.12。在测量仪中,把该数的倒数（ 0.472～0.578)作为换算系数予以标明。

（5）非扩散型红外线废气分析仪的使用和维护

非扩散型红外线废气分析仪和烟度计虽然都是检测汽车排气污染的仪器,但其使用方法也有所区别。非扩散型红外线废气分析仪是用于检测汽油机排气污染的仪器,它是通过 CO 和 HC 分别吸收不同波长的红外线这一原理而研制的,其使用方法如下。

①非扩散型红外线废气分析仪使用前的准备。

a.接通电源,进行必要的预热（30 min 以上）。

b.对仪器进行校准,接通非扩散型红外线废气分析仪的简易校准开关,用标准调整旋钮把指示仪表指针调到校准刻度线位置。

c. 把取样探头和取样管接到检测仪上,检查取样探头和取样试管内是否有残留的 CO、HC。如果导管内壁吸附有较多的 CO、HC,仪表指针将大大超过零点,在此情况下,要用压缩空气吹洗管道或用细布条擦拭。

d. 启动发动机进行充分预热。

②CO、HC 测量步骤。

a. 把非扩散型红外线废气分析仪的测量挡位开关旋到最高量程挡位。

b. 把取样探头插入排气消音器内 60cm 左右(无法插入 60cm 时,需接长排气管或用布套把排气管口罩住,以防外部气体混入)。

c. 边看指示仪表,边用测量挡位开关选择适于排气中 CO、HC 浓度的量程挡位,待指示稳定后,读取仪表显示值。

d. 测量结束后,把取样探头从排气管内抽出,再吸入新鲜空气 5min,待仪表指针回零后,再关掉电源。

(6)非扩散型红外线废气分析仪的维护

正确保养、维修是保持仪器测量精度的关键,非扩散型红外线废气分析仪的保养周期与作业项目如表 4.8 所示。

表 4.8　非扩散型红外线废气分析仪保养、维修项目

保养周期	保养部位	保修要领	备　　注
使用前	仪表	在未接通电源时,指针是否在机械零点上	指针失准,可用零点调整螺钉把它调至与零点重合
	气体流量计	把导管从测量仪上的废气入口处拔下来,用手把废气入口处挡住,检查气体流量计情况	气体流量计如不能正常工作,须请厂家维修
	取样探头和导管	检查有无割裂、压坏、堵塞和脏污情况	有污垢、堵塞时,用细布条擦拭或用压缩空气吹洗;有压伤、裂纹时,应予以更换
	滤清器	检查滤清器脏污情况	脏污时,更换滤芯
	水分离器	检查积水量	水分离器内有积水应及时排放,并进行清洁工作
	校准装置标准气样校准简易校准	接通电源,对发动机进行必要的预热,使测量仪吸入新鲜空气,检查仪表指针能否调到零点。关掉泵开关(有"校准、测量"转换开关的测量仪,把开关扳到、"校准"一边),把标准气样灌入分析仪,检查指针是否能调到标准位置(仪器校准间隔时间,应按厂家规定进行)。接通简易校准开关,检查分析仪工作状态及仪表指针所指位置是否对准仪表盘上的校准刻度线	因为 HC 分析仪的标准气样是丙烷,所以以校准的标准值要按下式计算:校准的标准值＝标准气样浓度×换算系数当无法调整时,须请厂家派员修理
	各种导线	检查是否有接触不良及断路部位	紧固接触不良部位,更换不良导线
6 个月	根据使用工作频繁程度,决定标定工作(使用频繁者,最好标定一次)		
1 年	必须接受计量部门检定和校准		

（7）非扩散型红外线废气分析仪维护注意事项

①测量时,发动机不能高速运转,测试完毕,要立刻把取样探头从排气管内抽出。

②不能在有燃油或有机溶剂的环境内测量。

③测量时,取样探头、导管不可弯折。

④对于配有两套取样探头及导管的分析仪,使用时不要混用。

⑤连续测量时,每测完一次要把取样探头从排气管消音器内抽出,待仪表指针回零后,才可继续进行下一次测量。

⑥测量仪工作时,要注意室内通风,以防止人员中毒。

⑦取样探头及导管不用时,不可平放,要垂直悬吊,防止管内积水腐蚀管壁。

⑧安装分析仪不可放在潮湿地点,同时要避开温度变化剧烈的环境。

⑨标定用标准气样是有毒气体,要稳妥保存、使用,以防人员受害。

⑩数显、打印、微机系统如有故障,应请专业人员或厂家修理。

3.四气体与五气体分析仪

目前实施的急速工况测定 CO、HC 两气体的排气检测手段已无法有效反映汽车排气中的 NO_x 和 CO_2,因而出现了可满足测量要求的四气体与五气体分析仪。四气体与五气体分析仪的区别在于五气体分析仪可检测氮氧化合物（NO）。

CO、CO_2、HC 的测量采用不分光红外线法（NDIR）,O_2 的测量采用电化学电池法,NO 的测量采用电化学法。

氧传感器的基本形式是包括一个电解质阳极和一个空气阴极组成的金属—空气有限度渗透型电化学电池。氧传感器是一个电流发生器,其所产生的电流正比于氧的消耗率。此电流可通过在输出端子跨接一个电阻以产生一个电压信号。如果通入传感器的氧只是被有限度地渗透,利用上述电压信号可测氧的浓度。

在汽车废气检测中应用的氧电池,使用一种塑料膜作为渗透膜,其渗透量变控于气体分子撞击膜壁上的微孔,如果气体压力增加,分子的渗透率增加。因此,输出的结果直接正比于氧分子的分压且在整个浓度范围内呈线性响应。由氧传感器输出的信号经放大后,被送至仪器数据处理系统的 A/D 输入端,进行数字处理及显示。

NO 传感器是基于 O_2 传感器基础上发展起来的电化学电池式传感器。

NHA-501A 型排气分析仪采用不分光红外吸收法原理测量机动车排放气体中的一氧化碳（CO）、碳氢化合物（HC）和二氧化碳（CO_2）的成分,采用电化学电池原理测量排气中的氮氧化合物（NO）和氧气（O_2）的成分,并可根据测得的 CO、CO_2、HC 和 O_2 的成分计算出过量空气系数（λ）。该分析仪器配置感应式转速测量钳、温度传感器探头和外置微型打印机,可在检测排气的同时监测发动机的转速、润滑油的温度和打印当前检测结果。

如图 4.6 所示,NHA-501A 型排气分析仪主要由仪器本体、短导管、前置过滤器、取样管、取样探头等组成。

NHA-501A 型排气分析仪的使用方法、保养与维护请参考该仪器的相关使用说明书。

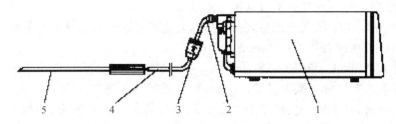

图 4.6　NHA-501A 排气分析仪的组成

1—仪器本体;2—短导管;3—前置过滤器;4—取样管;5—取样探头

二、检测实施步骤

1.汽油车双怠速污染物的检测方法

我国从 2005 年 7 月 1 日实施标准 GB 18285－2005,用双怠速检测取代了怠速检测,采用不分光红外线 CO 和 HC 气体分析仪,按规定程序测量 CO 和 HC 的浓度值。

(1)双怠速检测法测量程序

①应保证被测车辆处于制造厂规定的正常状态,发动机进气系统应装有空气滤清器、排气系统应装有排气消声器,并不得泄露。

②应在发动机上安装转速计、点火正时仪、冷却液和润滑油测温计等测量仪器。测量时,发动机冷却液和润滑油温度应不低于 80℃,或者达到汽车使用说明书规定的热车状态。

③发动机从怠速状态加速至 70％额定转速,运转 30s 后降至高怠速状态。将取样探头插入排气管中,深度不少于 400 mm,并固定排气管上。维持 15s 后,由具有平均功能的仪器读取 30s 的平均值;或者人工读取 30s 内的最高值和最低值,其平均值即为高怠速污染物测量结果。对于使用闭环控制电子燃油喷射系统和三元催化转换器技术的汽车,还应同时读取过量空气系数(λ)的数值。

④发动机从高怠速降至怠速状态 15s 后,由具有平均功能的仪器读取 30s 内的平均值;或者人工读取 30s 内的最高值和最低值,其平均值即为怠速污染物测量结果。

⑤若被测车辆有多排气管时,取各排气管测量结果的算术平均值作为测量结果。

⑥若车辆排气管长度小于测量深度时,应使用排气加长管。

对于单一燃料汽车,仅对燃用气体燃料进行排放检测;对于两用燃料汽车,要求对两种燃料分别进行排放检测。

双怠速法检测排放的程序流程如图 4.7 所示。

(2)检测结果

①若检测污染物有一项超过排气污染物排放限值的规定,则认为排放不合格。

②对于使用闭环控制电子燃油喷射系统和三元催化转换器技术的车辆,检测的过量空气系数(λ)如果超出相应要求,则认为排放不合格。

2.汽油车稳态工况检测方法

(1)车辆和燃料要求

①被测车辆。

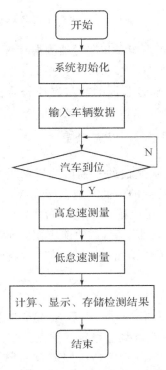

图 4.7　双怠速法检测排放的程序流程图

a. 车辆的机械状况应良好,无影响安全或引起试验偏差的机械故障。

b. 车辆进、排气系统不得有任何泄漏。

c. 车辆的发动机、变速箱和冷却系统等应无液体渗漏。

d. 轮胎表面磨损应符合有关标准的规定。驱动轮轮胎压力应符合生产厂的规定。

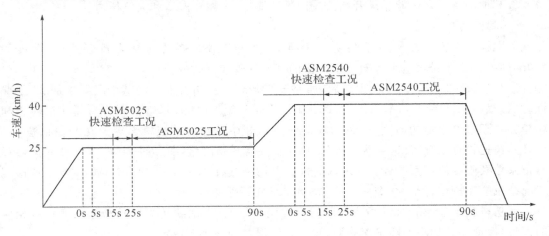

图 4.8　稳态工况法(ASM)试验运转循环

②燃料。应使用无铅汽油或压缩天然气、液化石油气。无铅汽油应符合 GB 17930 的规定;压缩天然气应符合 SY/T 7546 的规定,液化石油气应符合 SY 7548 的规定。

（2）试验准备

①车辆准备。

a.如需要,可在发动机上安装冷却水和润滑油测温计等测试仪器。

b.应关闭空调、暖风等附属装备。装备牵引力控制装置的车辆应关闭牵引力控制装置。

c.车辆预热:进行试验前,车辆各总成的热状态应符合汽车技术条件的规定,并保持稳定。在试验前车辆的等候时间超过20min或在试验前熄火超过5min,应采用车辆在无负荷状态使发动机以2500r/min转速运转4min,或者车辆在测功机上按ASM 5025工况运行60s的方法预热车辆。

d.变速器的使用。安装自动变速器的车辆应使用前进挡进行试验;安装手动变速器的车辆应使用二挡,如果二挡所能达到的最高车速低于45km/h可使用三挡。

e.车辆驱动轮应位于滚筒上,必须确保车辆横向稳定。驱动轮胎应干燥防滑。

f.车辆应限位良好。对前轮驱动车辆,试验前应使驻车制动起作用。

g.在试验工况计时过程中,车辆不允许制动。如果车辆制动,工况起始计时应重新置零($t=0$)。

②设备准备与设置。

a.排气分析仪预热。排气分析仪应在通电后30min内达到稳定。在5min内未经调整,零位及HC、CO、NO和CO_2的量距读数应稳定在误差范围内。

b.在每次开始试验前2min内,分析仪器应完成自动调整、环境空气测定和HC残留量的检查。

c.测功机预热。测功机停机或转速小于25km/h超过30min,应在试验前进行自动预热。

d.载荷设定。在进行每个工况试验前,测功机应根据输入的车辆参数及试验工况按要求自动设定对车辆的加载载荷。

③其他准备。在试验循环开始前应记录环境温度、相对湿度和大气压力。

（3）检测程序

①取样。车辆驱动轮位于测功机滚筒上,将分析仪取样探头插入排气管中,深度为400mm,并固定于排气管上。对独立工作的多排气管应同时取样。

②ASM 5025工况。车辆预热后,加速至25km/h,测功机根据测试工况要求加载,工况计时器开始计时($t=0s$),车辆保持(25 ± 1.5)km/h等速5s后开始检测。当测功机转速和转矩偏差超过设定值的时间($>5s$),检测应重新开始。然后系统根据规定在开始预置10s后开始快速检查工况,计时器为$t=15s$时分析仪器开始测量,每秒钟测量一次,并根据稀释修正系数及湿度修正系数计算10s内的排放平均值,运行10s($t=25s$),ASM 5025快速检查工况结束。车辆运行至90s($t=90s$)ASM5025工况结束。

测功机在车速(25.0 ± 1.5)km/h的允许误差范围内,加载转矩应随车速的变化做相应的调整,保证加载功率不随车速改变;转矩允许误差为该工况设定转矩的$\pm5\%$。

在测量过程中,任意连续10s内第1s至第10s的车速变化相对于第1s小于±0.5km/h,测试结果有效。快速检查工况的10s内的排放平均值经修正后如果等于或低于规定限值的50%,则测试合格,检测结束;否则应继续进行至90s工况。如果所有检测污染物持续10s的平均值低于或等于限值,则该车应判定为ASM5025工况合格,继续进行

ASM2540 检测;如任何一种污染物连续 10s 的平均值超过限值,则测试不合格,检测结束。在检测过程中如任意连续 10s 内的任何一种污染物 10 次排放值经修正后均高于限值的 500%,则测试不合格,检测结束。

表 4.9　稳态工况法(ASM)试验运转循环表

工况	运转次序	速度(km/h)	操作时间(s)	测试时间(s)
ASM5025	1	25	5	/
	2	25	15	
	3	25	25	10
	4	25	90	65
ASM2540	5	40	5	/
	6	40	15	
	7	40	25	10
	8	40	90	65

③ASM2540 工况。车辆从 25km/h 直接加速至 40km/h,测功机根据测试工况要求加载,工况计时器开始计时($t=0$s),车辆保持(40 ± 1.5)km/h 等速 5s 后开始检测。当测功机转速和转矩偏差超过设定值的时间(>5s),检测应重新开始。然后系统根据规定在开始预置 10s 后开始快速检查工况,计时器为 $t=15$s 时分析仪器开始测量,每秒钟测量一次,并根据稀释修正系数及湿度修正系数计算 10s 内的排放平均值,运行 10s($t=25$s)AMS2540 快速检查工况结束。车辆运行至 90s($t=90$s)ASM2540 工况结束。

测功机在车速(40.0 ± 1.5)km/h 的允许误差范围内,加载转矩应随车速的变化做相应的调整,保证加载功率不随车速改变;转矩允许误差为该工况设定转矩的 $\pm5\%$。

在测量过程中,任意连续 10s 内第 1s 至第 10s 的车速变化相对于第 1s 小于 ±0.5km/h,测试结果有效。快速检查工况的 10s 内的排放平均值经修正后如果等于或低于限位的 50%,则测试合格,检测结束;否则应继续进行至 90s 工况。如所有检测污染物连续 10s 的平均值低于或等于限值,则该车应判定为合格;如任何一种污染物连续 10s 的平均值超过限值,则测试不合格,检测结束。在检测过程中如任意连续 10s 内的任何一种污染物 10 次排放值经修正后均高于限值的 500%,则测试不合格,检测结束。

污染物排放值的修正可参阅 GB18285-2005《点燃式发动机汽车排气污染物排放限值及测量方法》。

④复检试验。按照以上试验程序及试验结果判定方法连续进行 ASM5025 和 ASM2540 工况试验,工况时间延长至 145s($t=145$s),总试验时间为 290s。

如两个工况测试结果经修正后均满足要求,则测试结果合格;否则测试结果不合格。

【知识拓展】

废气分析

废气分析不仅是检查排放污染物治理效果的唯一途径,而且还是对发动机工作状况及性能判定的重要手段。它是发动机不同工作状况下,通过检测废气中不同成分气体含量来判断发动机各系统故障的方法,其目的是对发动机的燃烧状况进行综合评价,主要分析内容有混合气空燃比、点火正时和催化器转换效率等,主要的分析参数有 CO、HC、CO_2 和 O_2,还有空燃比(A/F)等,参见表 4.10。

表 4.10 废气分析项目

系统 ＼ 分析值	有害气体		无害气体		其他参考值
无催化剂	HC	CO	CO_2	O_2	(A/F)
有催化剂			CO_2	O_2	(A/F)

1. 废气测试基本数值范围

表 4.11 表示的是怠速工况下正常废气排放浓度值,而表 4.12 表示的则是发动机在不同工况下废气排放的浓度值范围。

表 4.11 怠速工况下正常废气排放值

CO(%)	HC($\times 10^{-6}$)	CO_2(%)	O_2(%)
0～3	0～250	13～15	1～2

表 4.12 不同工况下废气排放浓度值范围

转速	CO(%)	HC($\times 10^{-6}$)	CO_2(%)	O_2(%)
怠速	0.5～3	0～250	13～15	1～2
1500r/min 空载	0～2.0	0～200	13～15	1～2
2500r/min 空载	0～1.5	0～150	13～15	1～2

如果根据 $CO_2 + CO$ 的值分析空燃比,则有下列简单关系,见表 4.13。

表 4.13 $CO_2 + CO$ 值与空燃比对照表

空燃比	16:1	15.5:1	15:1	14.7:1	14.2:1	13.7:1	13:1	12.5:1	11.7:1
$CO_2 + CO$(%)	13.5	14.0	14.5	14.7	15	15.5	16	16.5	17

2. 废气测试值与系统故障

表 4.14 表示的是废气测试值与系统故障之间的关系。

表 4.14 废气测试值与系统故障之间的关系

CO	HC	CO_2	O_2	故障原因
低	很高	低	低	间歇性失火
低	很高	低	低	气缸压力
很高	很高/高	低	低	混合气浓
很高	很高/高	低	很高/高	混合气稀
高	低	正常	正常	点火太迟
低	低	正常	正常	点火太早

CO	HC	CO$_2$	O$_2$	故障原因
变化	变化	低	正常	EGR 阀漏气
很低	很低	很高	很高	空气喷射系统
低	低	低	高	排气管漏气

3. 废气分析的基本原则

HC 和 O$_2$ 读数高是由于点火系统不良和过稀的混合气所引起的。

当实验测量得到的 CO、HC 高，CO$_2$、O$_2$ 低时，说明发动机的混合气很浓。

如果燃烧室中没有足够的空气保证正常燃烧，通常情况下，CO$_2$ 的读数和 CO、O$_2$ 的读数相反。燃烧越完全，CO$_2$ 的读数就越高，其最大值在 13.5％～14.8％之间，此时 CO 的读数应该是接近 0％。

O$_2$ 的读数是最有用的诊断数据之一，把 O$_2$ 的读数和其他 3 个读数综合分析，能帮助找出诊断问题的难点。通常装有催化转换器的汽车 O$_2$ 的读数应该是 1.0％～2.0％，这时发动机燃烧状况很好，只有少量未燃烧的 O$_2$ 排到大气中去。

O$_2$ 的读数小于 1.0％，说明混合气太浓，不利于组织很好地燃烧。O$_2$ 的读数超过 2.0％，说明混合气太稀。燃烧滤清器堵塞、燃油喷射压力低、喷油器堵塞、真空系统漏气、废气再循环（EGR）阀泄露等都可能导致过稀失火。

利用功率平衡实验（根据制造厂的使用说明）和四气体排气分析仪的读数，可以指出每缸的工作状况。如果每个缸的 CO 和 CO$_2$ 的读数都下降，HC 和 O$_2$ 的读数都上升，而且上升和下降的量都一致，证明每个气缸都正常工作。如果只有一个气缸的变化很小，而其他缸都一样，表明这个缸工作不正常。一个调整好的电喷汽油车排气成分大约是 HC 为 55×10^{-6}，CO 低于 0.5％、O$_2$ 为 1.0％～2.0％，CO$_2$ 为 13.8％～15％。

任务 4.2　柴油机排放检测与分析

【任务引入】

案例导入：某 WD615 型柴油机冒蓝烟，经维修人员初步判断，是由于柴油机使用时间日久慢慢开始"烧机油"所致，该蓝颜很浓，说明烧机油很严重。同时，检查了柴油机缸套的磨损、拉缸、粘环等情况。由于增压器排油严重也会造成机油从进气道进入气缸造成烧机油，所以建议日常维护柴油机时应清洗涡轮增压器到中冷器之间管道的机油。

【任务分析】

为了保证新排放法规的实施，作为检验人员必须对排放控制技术有一定深度的了解和掌握。影响柴油机有害排放的因素很多，它与柴油机的其他性能（特别是燃油消耗率）之间的关系相当复杂，需要检验人员在正确检测柴油机相关污染物排放量的基础上，做出合理分析，从而为柴油机检修及其排放污染物控制提供重要参考。

【相关知识】

一、柴油机主要排放污染物的特点

柴油机排放的主要污染物是 NO_x、微粒、SO_2 和 HC,对柴油机排放状况产生影响的主要因素有燃料质量和发动机性能参数。柴油机由于压缩比较高,并且总是在过氧条件下燃烧,使柴油机的有害物排放呈现与汽油机不同的特点。

一台工作正常的发动机在没有净化处理之前,其有害气体排放物占排气总量的比例为:汽油机约占 5%,柴油机占 1%。以 3 种主要有害气体进行对比:汽油机的 CO 和 HC 排放均比柴油机高,而柴油机微粒排放要比汽机机多得多,见表 4.15。

表 4.15 汽油机与柴油机排放情况对比

排放物	汽油机	柴油机
CO	$0.5\% \sim 2.5\%$	$<0.2\%$
HC	$0.2\% \sim 0.5\%$	$<0.1\%$
NO_x	$0.25\% \sim 0.5\%$	$<0.25\%$
SO_2	0.008%	$<0.02\%$
炭烟	$0.0005 \sim 0.05g/m^3$	$<0.25g/m^3$
铅	有	无

柴油机和汽油机排放特性的差异,是与柴油机所用燃料属性和工作过程的特点分不开的。柴油机所使用的柴油是一种黏度大、馏分高、蒸发性差、含杂质较多的一种燃料,与汽油机使用的黏度小、馏分低、蒸发性好、杂质少的汽油截然相反,因而不可能像汽油那样在燃烧室外部通过汽油喷射装置与空气形成均质混合气,而只能通过高压油泵以高压喷射的方式在燃烧室内部与空气混合,形成非均质混合气。再加上柴油的自燃温度比汽油低得多,不能依靠火花点燃,而只能靠较高的压缩温度使混合气自燃着火。这样非均质混合气、压燃着火便成为柴油机不同于汽油机的最基本特征。

上述柴油机的排放特性,主要受喷油过程和空气运动所决定的燃油与空气在燃烧室各处的混合与分布情况,以及其他影响柴油机工作过程的重要因素的影响。上述因素不但对燃烧的发生、发展过程有重大影响,对有害排放物的形成也有重要影响。

喷油过程与空气运动模式因所用燃烧室形式的不同存在较大的差异。在直接喷射柴油机中,喷油压力较高,燃油与空气的混合主要取决于喷注的雾化和贯穿程度,以及进气涡流的大小。在非直喷式柴油机中,由于喷油压力较低,燃油和空气的混合主要取决于燃烧过程所产生的涡流运动。基于这个原因,柴油机的有害成分排放量与燃烧室形式有很重要的关系。而同一类型的燃烧室由于结构不完全相同,气流运动强弱不同,有害排放物数量也有差异,图 4.9 所示为 3 种典型直接喷射燃烧室的排放情况,从中可以看出燃烧室中气流运动越强,产生的有害排放物质就越多。

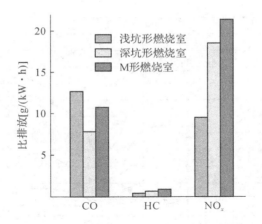

图 4.9　标定工况下直接喷射柴油机的排放情况

二、直接喷射式柴油机的有害气体排放物及其影响因素

1. HC 的生成和主要影响因素

(1)负荷(空燃比)的影响

在极小负荷或怠速工况下,空燃比很大,可以认为燃油喷注不能喷到壁面上,在喷注心部的燃料浓度也较低,此时 HC 排放量的主要来源是过稀不着火区。这是由于喷注其余部分的燃烧使该区局部温度的上升量很小,因而消除反应的速率就很慢,当燃油分子扩散到包围该区的空气中时,由于其可燃混合气的浓度很低,使消除反应进一步减弱,因此,在怠速工况下该区域内形成的 HC 的排放浓度是最高的。

部分负荷时,空燃比减小,会使更多的燃油沉积在壁面上,并且喷注心部的浓度也较高,于是在这些区域形成的 HC 就随之增加。但是由于在混合气中有足够的氧,因此,随着温度的升高,氧化反应有所加快,结果使 HC 的排放量减少。

在大负荷与全负荷情况下,空燃比进一步减小,导致在喷注中心形成较多的 HC,这时过稀不着火区对总排放量的影响很小,HC 随空燃比变化而变化的关系如图 4.10 所示。

(2)废气蜗轮增压的影响

在任何空燃比条件下,废气蜗轮增压除对喷注的形成有影响以外,还使整个循环的平均气体温度升高,从而使排出的 HC 浓度在相同的氧浓度下有所下降。这是因为循环平均温度的增加可以加快氧化反应速率,这种作用又被排气歧管和蜗轮增压器内的再氧化反应加强。因此,废气蜗轮增压能降低 HC 的排放浓度,这一点对直接喷射和间接喷射柴油机的影响都一样。

(3)喷油时刻的影响

喷油提前角增大,会使 HC 排放量稍有增加。其中一个原因是喷油提前时,发火延迟期加长,可使更多的燃油蒸气和小油滴被旋转气流带走,从而产生一个较宽范围的过稀不着火区;另一个原因是碰撞在壁面上的燃油增多。

(4)涡流的影响

适当加强直接喷射柴油机的涡流,可使气缸内部的混合过程和 HC 的氧化过程同时得

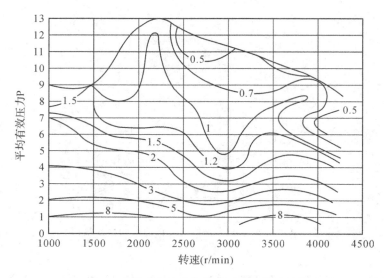

图 4.10　直喷式柴油机空燃比对 HC 排放的影响

到改善,但是过强的涡流将会产生一个较宽的过稀不着火区或使喷注相互重叠,结果使 HC 排放量增加。

直接喷射柴油机的涡流可以通过改变活塞顶部凹坑直径与其深度之比来改变,由动量矩守恒定律可知,深坑活塞可以产生比浅坑活塞更强的涡流。实验结果表明,采用深坑活塞的 HC 排放量比采用浅坑活塞的 HC 排放量多。

2.CO 的生成和主要影响因素

在直接喷射柴油机的燃烧过程中,CO 的生成和消失过程比较复杂。在燃烧早期,均认为 CO 是在过稀不着火区与稀火焰区的边界上形成的。开始时由于局部温度不够高,CO 氧化成 CO_2 的很少,以后随着燃烧的进行,局部温度有可能升高,结果使 CO 进一步氧化成 CO_2。

由于 CO 是燃料不完全燃烧的产物,它的生成量主要取决于柴油机的负荷。在小负荷条件下,因为缸内气体温度不高,氧化作用减弱,过稀不着火区边缘附近形成的 CO 较多。当负荷增大时(或空燃比减少),由于气体温度增加和消除反应的作用,使 CO 的排放量减少。但空燃比降到某一程度时,由于氧化剂浓度低并且反应时间短,尽管此时温度有所增加,也可能削弱消除反应,结果随着负荷的增加,CO 排放量有所增加。直接喷射式柴油机空燃比对 CO 排放的影响如图 4.11 所示。

当研究涡流强度对 CO 生成量的影响时,发现最佳的经济性和最少的 CO 排放量是在同样的最佳涡流条件下,NO 的生成浓度主要取决于局部的氧分子浓度、最高燃烧温度和高温持续时间,这是因为良好的混合使消除反应得到改善的缘故。

3.NO_x 的生成和主要影响因素

(1)空燃比的影响

空燃比对 NO 排放的影响如图 4.12 所示,随着空燃比的减小,NO 排放浓度增加,中间达到最大值,以后尽管再降低空燃比,NO 浓度却有所下降。

一般认为,在大多数空燃比情况下,燃烧温度越高,NO 的浓度越高,此时起决定性作用

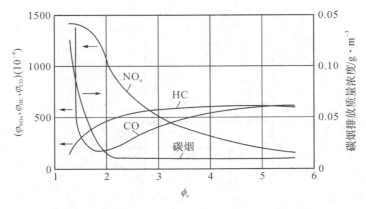

图 4.11　直接喷射柴油机空燃比对 CO 排放的影响

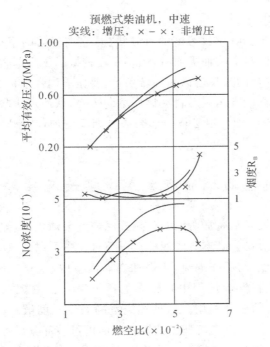

图 4.12　空燃比对柴油机 NO 排放的影响

注：图中燃空比为空燃比的倒数

的因素是温度。但是当空燃比降到某一个最小值时，由于氧浓度降低，可能会使 NO 的浓度不增加反而降低，其原因是此时氧的浓度起了决定性的作用。NO 浓度最高点的空燃比值，与柴油机燃烧室的种类和喷油定时有关。在增压柴油机上，装有增压器后进气温度的上升对生成 NO 的影响超过了增压器稀释 NO 的作用，因此使 NO 的浓度有所增加，但是当采用中冷器后，情况有所变化。

（2）转速的影响

图 4.13 所示为转速对 NO 浓度的影响。直接喷射式柴油机在某一中等转速运转时，NO 排放浓度最大，预燃式和涡流式的柴油机，转速提高时 NO 排放浓度稍有提高。

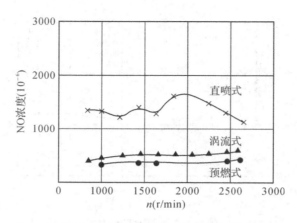

图 4.13　转速对柴油机 NO 排放的影响

（3）供油定时的影响

推迟喷油定时是减少 NO 排放浓度的有效措施，它在目前的直接喷射式柴油机中得到较广泛的应用。主要原因是当喷油提前时，燃料将在较低的压力与温度下喷入，会使发火延迟期延长，但是发火延迟期的延长若以曲轴转角计，要比喷油提前的角度小，因此，在循环中自燃发火还是较早。这样就有较多燃料在循环早期燃烧，从而产生较高的燃烧温度，结果使 NO 排放浓度增加。但是喷油延迟必将引起柴油机烟度增加，功率降低，造成动力性与经济性的损失。

三、非直接喷射式柴油机的有害气体排放及其影响因素

非直接喷射式柴油机就是通常所说的分隔式燃烧室柴油机，按燃烧室结构区分，可以分为涡流式和预燃式两种形式。涡流式柴油机在压缩过程中可以使气缸内的空气经通道流入涡流室，形成强烈的有组织的压缩涡流，为燃油在涡流室内与空气混合、燃烧创造了良好的条件；随后这部分混合气在燃烧过程中以较高的压力喷入主燃烧室，并在该处形成二次涡流，以促进主燃烧室空气的充分利用。这种燃烧室的涡流强度虽然因燃烧室形状的不同而有差异，但是总的来说是属于强涡流型。预燃式柴油机可使部分燃油在预燃室内预先燃烧，造成压力升高，为燃烧产物和未燃燃油高速喷入主燃烧室形成燃烧涡流提供了能量，从而为混合气在主燃烧室内的进一步混合与燃烧创造了有利条件。

由于非直接喷射式柴油机的混合气形成和燃烧是分两个阶段进行的，其有害物的形成也分为两个阶段：首先，在副燃烧室（简称副室）内燃烧时生成；其次在主燃烧室中继续燃烧时和燃烧后生成。

副室容积一般为主燃烧室容积的 $1/3 \sim 2/3$ 左右，在喷油开始和燃烧初期，由于室内的空燃比很大，燃油不可能也来不及完全燃烧，除一部分形成不完全燃烧产物（如 CO）以外，一部分还是未燃的烃类燃油；尽管副室内所出现的高温高压状态有助于 NO 生成，但是因为缺氧，实际产生的 NO 并不多。

当副室内的燃油和燃烧产物冲入主燃烧室后，情况发生了很大变化。由于主燃烧室氧气充分，又有良好的混合燃烧条件，促进了 CO 的氧化反应，加速了未燃 HC 的燃烧。然而

由于非直接喷射燃烧室的容积比较大,散热面积较大,在燃气进入较冷的主燃烧室后温度有所下降,再与主燃烧室内的低温空气混合后,气体的温度就更低,这就使 NO 的生成反应受到抑制,这是非直接喷射燃烧室的 NO_x 排放较低的主要原因。

当非直接喷射式柴油机在部分负荷下使用时,加大负荷,循环后期喷入的燃油增多,必然会使副室中的氧浓度相对减少,因此,在副室中最后喷入的这部分燃油的燃烧程度减少。于是可以认为在副室中,未燃 HC 和 CO 形成量随负荷的增大而增加,但是由于在膨胀行程时气缸内部温度也较高,使主燃烧室中的氧化速率可以同样加快,最终使排气中 CO 和 HC 排放量降低。然而,在小负荷工作条件下,随着负荷的增加,由于燃烧室内的气体温度升高,因此,NO 排放量增加。

当负荷增大到冒烟极限时,情况发生了变化,这时虽然主燃烧室中可以达到很高的温度,但氧浓度已经开始降低并且滞留时间较短,氧化速率受到限制,不足以消除来自副室的大量 CO 和 HC。由于这些原因,在接近冒烟极限的负荷工作时,柴油机的 CO 和 HC 排放量可能有所增大,而 NO 排放降低。

在燃烧室结构确定的条件下,非直接喷射式柴油机的有害排放物主要取决于主副燃烧室容积比、主副室之间通道面积、燃油喷注与通道面积、燃油喷注与通道的相对位置以及燃空比等,并与负荷与转速的变化有关。

四、柴油机炭烟排放

1. 炭烟的形成

柴油机排出的微粒物质比汽油机多得多。其中炭烟微粒排放要比汽油机高出 30～80 倍。由于它们对环境造成的污染和对人体健康的严重影响,已经成为当今柴油机与汽油机竞争的一个较为不利的因素。汽油机的微粒排放主要是一些硫酸、硫酸盐以及低分子量的物质,如果燃用有铅汽油,排气中还会有铅化合物微粒。相对而言,柴油机的排气微粒成分要复杂得多,它是一种类似石墨形式的含碳物质,并凝聚和吸收了相当数量的高分子有机物。

柴油机排烟可分为白烟、蓝烟(青烟)和黑烟 3 种。不同的烟色形成的原因不同,有研究认为起决定作用的是温度:在 250℃ 以下形成的烟通常是白色的;从 250℃ 到着火温度形成蓝烟;黑烟只在着火后才出现。

①白烟。通常在低温启动不久及怠速工况时发生。此时,气缸中温度较低,着火不好,未经燃烧的燃料和润滑油呈液滴状态,直径在 $1.3\mu m$ 左右,随废气排出而形成白烟。当气缸磨损增大,窜气、窜油时,白烟增多。正常的发动机在暖车后,一般就不再形成白烟。改善柴油机的启动性可减少白烟。

②蓝烟。通常在柴油机尚未完全预热或低负荷运转时发生。此时,燃烧室温度较低,在 600℃ 以下,燃烧着火性能不好,部分燃料和窜入燃烧室的润滑油未能完全燃烧,其中大部分是已蒸发的油,再凝结而成微粒状态,直径比白烟小,在 $0.4\mu m$ 以下,随废气排出而成蓝烟。这种烟的蓝色是由蓝色光折射而形成的。排出蓝烟时,同时有燃烧不完全的中间产物(如甲醛等)排出,因而蓝烟常常带有刺激性臭味。减少蓝烟的方法是提高燃烧室和室内空气温度,减少室内空气运动,以免燃料很快被吹散,形成过稀混合气;减少喷注贯穿力,以免燃料

碰到冷的室壁等。但是,上述措施大部分和减少黑烟的措施是矛盾的,因此在新机调试时,要妥善处理。

③黑烟。通常在柴油机大负荷时发生,例如,当汽车加速、爬坡及超负荷时排气就冒黑烟。在柴油机发展初期到高速强化的今天,柴油机黑烟的排出,仍然是一个限制功率的突出问题,而且黑烟带有的臭味及烟雾给人以直接的不愉快的厌恶感。因此对黑烟的形成,各国早已做了大量的工作,但对其生成机理说法不一。一般认为,黑烟也是不完全燃烧的产物,是燃料的氢燃烧的中间产物。当柴油机高负荷时,吸入燃烧室的燃料增多,由于柴油机混合气形成不均匀,即使平均过量空气系数 $\alpha > 1$,仍不可避免产生局部地区空气不足,此时燃烧室温度又较高,燃料在高温缺氧情况下,由裂解过程释出并经聚合过程形成炭烟。炭烟不是纯粹的碳,而是一种聚合体,其主要成分随柴油机负荷不同稍有改变、一般含 $85\% \sim 95\% C$,$4\% \sim 8\% O_2$ 及少量的 H_2 和灰粉。也有人认为炭烟是石墨结晶,由直径 $0.05\mu m$ 左右的微粒附聚成 $0.1 \sim 10\mu m$ 的多孔性碳粒构成。研究指出:废气中是否出现炭烟,取决于膨胀期间温度过分下降以前燃料是否能足够快地与空气混合和燃烧。

2. 影响柴油机碳烟排放量的因素

①燃料。燃料的十六烷值较高时,因稳定性差,在燃烧过程中易于裂解,故有较大的冒烟倾向。

②喷油。提前喷油,可使着火备燃期延长,因此喷油量较多,使循环温度升高,燃烧过程结束较早,排烟可降低。非常滞后喷油时,其喷油发生在最小发火备燃期之后,这时扩散火焰大部分发生在膨胀行程中,火焰温度较低,燃油高温裂解的条件差,所以炭烟减少。

③转速。对直喷式柴油机,排烟随转速提高而稍有增加。因为转速提高,易使混合气形成与燃烧来不及,使未燃烧的油和局部混合气浓度增加。

④负荷。排烟随负荷增加而增多。负荷增加时,喷油量增加,燃烧温度增加,燃烧温度亦提高,易生成炭烟。

五、柴油机排放标准体系/限值

在当今世界上主流的欧、美、日三大机动车排放标准体系中,欧洲标准体系测试要求相对而言比较宽泛,应用较广;美国标准体系测试工况复杂,主要在美洲地区采用;日本标准体系仅局限于本土,其他国家鲜有采用。我国客车大多数出口地采用欧洲标准体系;少数采用美系标准;日本由于客车进口量很小,一般没有针对日系标准的出口认证。另外,海湾地区的排放标准虽然脱胎于其他标准体系,但经过多年的发展,已经根据自身情况逐渐完善,形成了一套系统的排放标准体系。

1. 欧洲排放标准体系

欧洲排放标准体系是由欧洲经济委员(ECE)的排放法规和欧共体(EEC)的排放指令共同组成。排放法规由 ECE 参与国自愿认可,排放指令是 EEC 参与国强制实施的。该标准体系将欧洲的汽车分为总质量不大于 3.5t 的和大于 3.5t 的两类,分别称为轻型车和重型车。其中重型车只有柴油车而无汽油车的排放标准,这是由于欧洲不生产或极少生产重型汽油车。我国出口的客车大部分属于重型柴油车。

欧盟指令 88/77/EEC《关于协调各成员国采取措施防治车用柴油发动机气态污染物排

放法规指令》规定了重型车用柴油机的排放标准，并陆续进行了修订，包括 91/542/EEC 指令（欧Ⅰ/欧Ⅱ阶段），1999/96/EC 指令（欧Ⅲ、欧Ⅳ和欧Ⅴ阶段），以及欧Ⅲ、欧Ⅳ和欧Ⅴ阶段的后续修订指令 2001/27/EC、2005/55/EC、2005/78/EC、2006/51/EC 等以及 2009/595/EC（欧Ⅵ阶段）。

从欧Ⅳ阶段开始，发动机试验工况由原来单一的 ESC（稳态循环）工况改成由 ESC（稳态循环）、ELR（负荷烟度试验）和 ETC（瞬态循环）组合工况构成，并增加了车载诊断系统（OBD）或车载测量系统（OBM）的要求、排放控制装置的耐久性要求和对在用车符合性的要求。

对于传统柴油机，包括安装了燃料电喷系统、排气再循环（EGR）和（或）氧化型催化器的柴油机，均应采用 ESC 和 ELR 试验规程测定其排气污染物。对于安装了先进的排气后处理装置包括 NO_x 催化器和（或）颗粒物捕集器（DPF）的柴油机，应附加 ETC 试验规程测定排气污染物。对于欧Ⅳ阶段、欧Ⅴ阶段、EEV（Enhanced Environmentally Friendly Vehicle）或欧Ⅵ阶段的型式核准试验，应采用 ESC、ELR 和 ETC 试验规程测定其排气污染物。欧洲排放标准对排放限值要求：ESC 试验测得的一氧化碳（CO）、总碳氢化合物（THC）、氮氧化物（NO_x）和颗粒物（PM）的比质量，ETC 附加试验的柴油机和必须进行 ETC 试验的燃气发动机，其一氧化碳（CO）、非甲烷碳氢化合物（NMHC）、甲烷（CH_4）（如适用）、氮氧化物（NO_x）和颗粒物（PM）（如适用）的比质量以及 ELR 试验测得的不透光烟度，都不应超出表 4.16 中给出的数值。

表 4.16　ESC、ETC 和 ELR 试验限值

阶段	CO (g/kW·h)		THC (g/kW·h)	NMHC (g/kW·h)	CH₄ (g/kW·h)	NOₓ (g/kW·h)		PM (g/kW·h)		NH₃ (ppm)		烟度 (m⁻¹)
	ELR	ESC	ETC	ESC		ETC	ESC	ETC	ESC	ETC	ESC	ETC
欧Ⅲ (2000)	2.1	5.45	0.66	0.78	1.6	5.0	5.0	0.10,0.13	0.16,0.21	—	—	0.8
欧Ⅳ (2005)	1.5	4.0	0.46	0.55	1.1	3.5	3.5	0.02	0.03	—	—	0.5
欧Ⅴ (2008)	1.5	4.0	0.46	0.55	1.1	2.0	2.0	0.02	0.03	—	—	0.5
EEV	1.5	3.0	0.25	0.40	0.65	2.0	2.0	0.02	0.02	—	—	0.15
欧Ⅵ CI	1.5	4.0	0.13	0.16(THC)		0.4	0.4	0.01	0.01	0.01	0.01	0.15
欧Ⅵ PI	—	4.0	—	0.16	0.5	—	0.4	—	0.01	—	0.01	—

2. 美国排放标准体系

美国对重型车的定义相对欧标有所差异。在美国汽车排放标准中，重型汽车是指满足以下条件之一的车辆：最大总质量超过 3.86 t；空载质量超过 2.7 t；车辆的正面投影面积超过 $4.1 m^2$。

美国标准中重型车用柴油机排放标准是从 1970 年开始实施的，最初只规定了对烟度排放的限值，1974 年增加了工况法测量柴油机的排气污染物 CO、HC 及 NO_x，试验方法是稳态工况法；同时对烟度的测量方法及烟度限值进行了修订。对柴油机的烟度测量方法分为自由加速工况和加载减速工况，测量设备采用全流不透光烟度计，烟度的限值单位为不透光

度(%)。1985 年对排气排放试验工况进行了再修订,采用复杂的 EPA 瞬态工况法,并一直沿用至今。

EPA 瞬态测试循环含有发动机非稳定运转状态,更接近车辆实际行驶状态。在发动机瞬态测试循环中,根据已知的标定转速和全负荷特性曲线,可以给定每个瞬态的扭矩和转速值。瞬态测试循环要运转两次,一次冷启动,一次热启动。在冷启动和热启动的两个循环中,分别测量排放量,然后以 1(冷启动排放量):7(热启动排放量)的比例进行加权平均。美国排放标准对重型车用柴油机排放限值要求见表 4.17。

表 4.17　美国重型柴油机排放限值历年变化

实施时间	污染物排放限值				
	CO(g/kW·h)	HC(g/kW·h)	NOₓ(g/kW·h)	PM(g/kW·h)	烟度(不透光度%)
1970—1973 年	—	—	—	—	40/20
1974—1978 年	53.6	21.4			20/15/50
1979—1983 年	33.5	13.4(HC2.01)			20/15/50
1984 年	20.8	0.67	12.1		20/15/50
	20.8	1.74	14.3		20/15/50
1985 年	20.8	1.74	14.3		20/15/50
1991 年	20.8	1.74	6.7	0.34	20/15/50
1994 年	20.8	1.74	6.7	0.134	20/15/50
1998 年	20.8	1.74	5.4	0.134	20/15/50
2004 年	20.8	两者之和:3.204		0.068（城市客车）0.133（其他重型汽车）	20/15/50

3.我国排放限值

2005 年,原国家环保总局和国家质检总局联合发布了《轻型汽车污染物排放限值及测量方法(中国Ⅲ、Ⅳ阶段)》(GB183523—2005)和《车用压燃式、气体燃料点燃式发动机与汽车排气污染物排放限值及测量方法(中国Ⅲ、Ⅳ、Ⅴ阶段)》(GB17691—2005)两项国家标准,分别对最大总质量不超过 3.5t 的乘用车、商用车以及最大总质量大于 3.5t 的柴油车的污染物排放限值及测量方法制定了规范。

2008 年 6 月,环境保护部又发布了 HJ437—2008、HJ438—2008 和 HJ439—2008 三项柴油机标准,分别对最大总质量大于 3.5t 柴油车的车载诊断(OBD)系统、排放控制系统耐久性和在用车符合性提出了技术要求,这三项新标准已于 2008 年 7 月 1 日起实施。

标准的发展对柴油机的排放提出了更高的要求。根据国标 GB17691—2005 规定,新车型型式核准执行日期分别为:国Ⅲ阶段 2007 年 1 月 1 日,国Ⅳ阶段 2010 年 1 月 1 日,国Ⅴ阶段 2012 年 1 月 1 日。

(1)新生产柴油机、柴油机汽车烟度排放限值

柴油机和柴油机汽车的形式核准、生产一致性检查以及新生产车(制造厂合格入库或出厂的车)检测的各种烟度限值如表 4.18 所示。

表 4.18 新生产柴油机、柴油机汽车烟度排放限值

机型	试验类型及限值		
	形式核准	生产一致性检查	新生产汽车检测
发动机	进行"自由加速试验",测光吸收系数并校正,校正值即为该机型的烟度限值	进行"自由加速试验",限倬＝机器烟度限值＋0.5m^{-1}	
重型汽车	车型申报文件中应包括装有的发动机机型的自由加速的烟度限值	进行"自由加速试验",限值＝装用的发动机机型的烟度限值＋0.5m^{-1}	同左
压燃式轻型汽车	进行"自由加速试验",测光吸收系数,作为该车型的烟度限值	进行"自由加速试验",限值＝车型烟度限值＋0.5m^{-1}	同左

表 4.19 稳定转速试验的烟度排放限值

名义流量(G)/(L/s)	光吸收系数(k)/ m^{-1}	名义流量(G)/(L/s)	光吸收系数(k)/ m^{-1}
≤42	2.26	135	1.30
45	2.19	140	1.27
50	2.08	145	1.25
55	1.985	150	1.225
60	1.90	155	1.205
65	1.84	160	1.19
70	1.775		
75	1.72	165	1.17
80	1.665	170	1.155
85	1.62	175	1.14
90	1.575	180	1.125
95	1.535	185	1.11
100	1.495	190	1.095
105	1.465	195	1.08
110	1.425	≥200	1.065
115	1.395		
120	1.37		
125	1.345		
130	1.32		

(2)在用汽车的排气烟度限值

①对于 2005 年 7 月 1 日标准实施后生产的在用汽车,按 GB3847－2005 进行"在用汽车自由加速试验不透光烟度法"进行测试,所测得的排气光吸收系数不应大于车型核准批准的排气烟度限值加 0.5m^{-1}。

②对于 2001 年 10 月 1 日至 2005 年 6 月 30 日期间生产的在用汽车,按 GB3847－2005 进行"在用汽车自由加速试验不透光烟度法"进行测试,所测得的排气光吸收系数不应大于 2.5m^{-1}(自然吸气式)和 3.0m^{-1}(蜗轮增压式)。

③对于 2001 年 10 月 1 日前生产的在用汽车区分为两种情况。自 1995 年 7 月 1 日起至 2001 年 9 月 30 日期间生产的在用汽车,进行"在用汽车自由加速试验滤纸烟度法",所测得的烟度值应不大于 4.5Rb;1995 年 6 月 30 日以前生产的在用汽车,测得的烟度值应不大于 5.0Rb。

④在用汽车的排放监控:自 2005 年 7 月 1 日起,柴油机在用汽车排放监控,采用该标准规定的排气烟度排放限值及测量方法。在机动车保有量大、污染严重地区,可采用在用汽车加载减速试验—不透光烟度法进行检测。

检验在用汽车排放时,可选择自由加速法或加载减速法中的一种对在用汽车排气污染物排放进行检测。

(3)加载减速法排放限值

加载减速法排放限值范围如表 4.20 所示。对于新车车型或发动机机型排放达到 GB17691—2005 第Ⅲ阶段排放标准的在用汽车,可参照表 4.20 中的 $1.00\sim1.39m^{-1}$ 限值执行。

表 4.20　加载减速法排放限值范围

车型		光吸收系数 $(k)/ m^{-1}$
轻型车	重型车	
2005 年 7 月 1 日起生产的第一类轻型汽车和 2006 年 7 月 1 日起生产的第二类轻型汽车	2004 年 9 月 1 日起生产的重型车	1.00～1.39
2000 年 7 月 1 日起生产的第一类轻型汽车和 2001 年 10 月 1 日起生产的第二类轻型汽车	2001 年 9 月 1 日起生产的重型车	1.39～1.86
2000 年 7 月 1 日以前生产的第一类轻型汽车和 2001 年 10 月 1 日以前生产的第二类轻型汽车	2001 年 9 月 1 日以前生产的重型车	1.86～2.13

表 4.20 规定了根据生产日期划分的不同类型汽车的排气烟度排放限值范围,最低限值为各地方城市开始实施加载减速法时的最低要求;最高限值为经过检测与维护制度,该车型应最终达到的限值标准。各地城市可在最低限值与最高限值之间根据各自情况调整本地的限值标准,也可根据车辆年度型划分不同限值。

六、烟度计

1.烟度计的种类

柴油机烟度排放是造成大气污染(产生城市烟雾等)的重要因素,据统计,在非采暖季节,北方某大城市中柴油机排烟对城市烟雾的分担率16%以上。目前,柴油机排气污染物的检测设备主要是烟度计,主要有三种:

(1)以一定容积的抽气泵将一定量的废气抽入泵内,在抽气过程中使废气通过一张洁白的滤纸,再用光反射原理对废气把滤纸染黑的程度进行测定。采用这种工作原理的烟度计称为滤纸式烟度计,如国内普遍采用波许(BOSCH)式烟度计便属这一类;冯布兰德(Von Brand)烟度计也属这一类。

(2)让柴油机(或柴油车)排出的部分(或全部)废气经过一通道,在通道的两侧安装有光源和光电元件,即光强接收装置,用透光度来反映烟度排放的大小。采用这种工作原理的烟度计称为不透光式烟度计,如哈特立奇(Hart ridge)烟度计便属这一类,美国使用的 PHS 式烟度计也属这一类。

(3)通过测定排气中烟粒的重量,用单位体积废气中所含烟粒重量来表示烟度。依此法工作的烟度计,称为重量式烟度计。

虽然各种烟度计的读数之间存在一定的对应关系(见图 4.14),但从工作原理可以看出,不同的烟度计具有不同的特点,适用于不同的场合且不同单位间的换算存在着很大的局限性,要得出不同烟度计及烟度单位之间的关系曲线是非常困难的,如滤纸式烟度计较适用于稳态场合,不能测量废气中的蓝烟和白烟;透光式烟度计除可测量稳态场合外,还可测瞬间烟度排放。因此,给出的对应关系只能供参考之用。

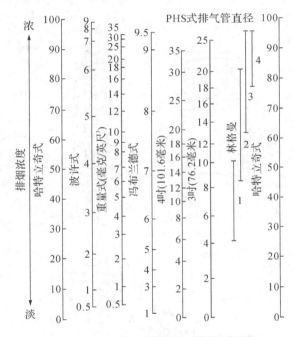

图 4.14　各种烟度计读数之间的关系

2.滤纸式烟度计的结构和工作原理

(1)基本检测原理。用滤纸式烟度计测试自由加速工况下柴油机烟度时,需从排气管抽取规定容积的废气,并使之通过规定面积的标准洁白滤纸,其滤纸被染黑的程度称之为烟度。烟度用符号 S_F 表示,烟度单位是无量纲的量,用符号 FSN 表示。滤纸染黑的程度不同,则对照射到滤纸表面光线的反射能力不同。据此,烟度 S_F 表示为

$$S_F = 10(1 - R_d/R_c)$$

式中,R_d、R_c 分别为污染滤纸和洁白滤纸的反射因数,R_d/R_c 的值由 0 到 100%,分别对应于全黑滤纸的反射和洁白标准滤纸的反射。

当污染滤纸为全黑时,烟度值为 10;滤纸没有受到污染时,烟度值为 0。

(2)滤纸式烟度计的工作原理。滤纸式 BOSCH 烟度计是吸气泵—滤纸—光反射式烟度计。它利用吸气泵在一定时间内吸取一定量的废气,并使这部分废气通过一定面积的滤

纸,使废气中的炭烟粒子吸附在滤纸上,滤纸变黑,然后用一定的光线照射滤纸,并用光电池接受反射光,再根据光电池产生的电流使仪表指针偏转,把烟度用污染度(%)的形式显示出来。

(3)滤纸式烟度计的结构。滤纸式烟度计由废气取样装置、污染度测量装置与指示装置和校准装置等组成,如图 4.15 所示。

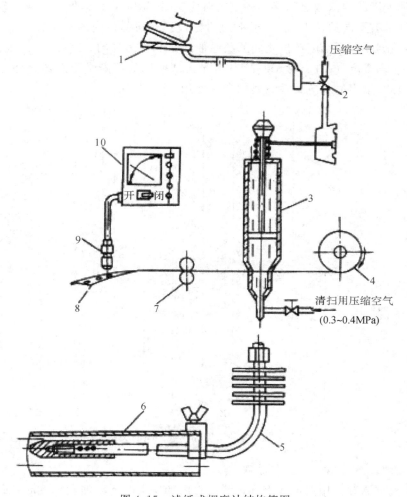

图 4.15　滤纸式烟度计结构简图

1—脚踏开关;2—电磁阀;3—抽气泵;4—滤纸卷;5—取样探头;6—排气管;7—进给机构;
8—染黑的滤纸;9—光电传感器;10—指示仪表

废气取样装置。废气取样装置由取样探头、导管、吸气泵等组成,如图 4.16 所示,由装在油门踏板上的脚踏开关来控制吸气泵取样开始时刻,使它与发动机加速同步。

吸气泵要保证每次吸气量相等、速度一致和烟粒吸附面积相同,为此吸气泵规定如下:

① 吸气泵应保证每次定容量吸气(300±15)mL;

② 每次吸气速度应一致,吸气时间为(1.4±0.2)s;

③ 在 1min 内,外界空气渗入量不得大于 15mL;

④ 滤纸有效工作面直径为 32mm;

⑤ 滤纸夹紧器工作可靠,密封良好。

滤纸是烟度计吸样关键元件,为此对滤纸有如下特殊规定:

① 滤纸白度为 (85±2.5)％;

② 滤纸的当量孔径为 45μm;

③ 滤纸的透气度为 3 000mL/(cm² · min),滤纸前后压差为 200~400 mm H₂O(水柱高度);

④ 滤纸厚度不大于 0.18 mm;废气经取样探头、导管,被吸入吸气泵,其连接的取样导管为内径 4mm、长度 5m 的软管。

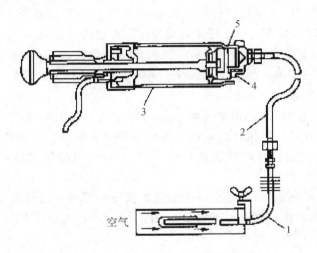

图 4.16　废气取样装置

1—取样探头;2—导管;3—气泵;4—滤纸压紧器;5—滤纸插入口

取样探头结构尺寸如图 4.17 所示,它带有圆片式散热器,用以冷却废气。

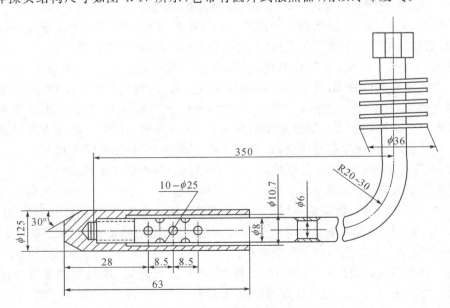

图 4.17　取样探头结构

污染度测量与指示装置,由白炽灯泡、光电元件(硒光电池)等组成。白炽灯泡为测量用光源,应发光均匀、稳定,灯泡光轴应位于滤纸中心并与滤纸平面垂直。光电元件为一环形的硒半导体光电池,其受光面积外径为 23mm,内径为 10mm,距离滤纸表面 10.5mm。把取样后表面带有黑烟的滤纸,放到测量装置的规定位置,从灯泡发出的光照射到滤纸上后被反射回来,被光电元件接收,光电元件产生电流使检测仪表指针偏转。

测量装置实际上是一只电流表,精度不低于 1.5 级。表盘按污染度(%)进行刻度,它刻有 0%～100% 的刻度值。滤纸污染严重时,反射光线少,仪表指针向 100% 方向偏转(100% 表示全黑);滤纸污染轻微时,反射光线多,仪表指针向 0% 方向偏转(0% 表示白色)。实际烟度计表盘刻度以 0～10 数字用波许单位表示,反射光线少时指针向 10Rb 方向偏转,其最小分度为满刻度的 2%,即在表盘上可以直接读出波许单位烟度值。

校准装置。烟度计在使用过程中,由于电源电压的变化,引起灯光发光强度改变,影响测量精度,因此要随时校准。烟度计附带有 3 张供标定用的标准烟样纸,每张标准烟样纸在光度计上进行检定,精确度为 0.5%。

对烟度计进行标定时,把标准烟样纸放到污染计测量装置的规定位置上,然后开灯照射,再用仪表调整旋钮把仪表指针调到标准烟样纸所代表的污染度数值上。只要保存好标准烟样纸,用这种方法很容易对仪表进行校准,使烟度计保持指示精度,以便得到正确测量值。

除此之外,为保证测量时,不受前一次测量残留在取样导管内的炭烟影响,取样系统还附带有压缩空气吹洗装置。吹洗用压缩空气的压力为 0.3～0.4MPa。

3. 不透光式烟度计的结构和工作原理

GB 18285—2000《在用汽车排气污染物限值及测试方法》规定,用光吸收系数来度量可见污染物的大小;使用不透光度仪测量柴油机和装用柴油机车辆的可见污染物。要求不透光度仪的显示仪表应有两种刻度:一种为绝对光吸收的单位,从 0～4 m^{-1};另一种为线性刻度,从 0～100。两种刻度的范围均以光全通过时为 0,全暗时为满刻度。

(1)基本检测原理。不透光烟度计测量排烟污染程度的原理是使光束通过一段给定长度的排烟,通过测量排烟对光的吸收程度来决定排烟对环境的污染程度。

如图 4.18 所示,不透光烟度计测量单元的测量室是一根分为左、右两半部分的圆管,被测排气从中间的进气口进入,分别穿过左圆管和右圆管,从左出口和右出口排出。左、右两侧装有两个透镜,左端装有绿色发光二极管,右端装有光电转换器,发光二极管至左透镜及光电转换器至右透镜的光程都等于透镜的焦距。因此,发光二极管发出的光通过左透镜后就成为一束平行光,再通过右透镜后,汇聚于光电转换器上,并转换成电信号。排气中含烟越多,平行光穿过测量室时光能衰减越大,经光电转换器转换的电信号就越弱。

排气中夹带着许多炭烟微粒,如果让排烟直接接触左、右透镜的表面,炭烟微粒将会沉积在上面,吸收光能,从而影响测量结果。为使光学系统免遭排烟的污染,仪器采用了"空气气幕"保护技术。排风扇将外界的清洁空气吹入左、右透镜与测量室出口之间的通道,使透镜表面形成"风帘",避免其沾染上炭烟微粒。

排气中含有水分。由于排气管的温度较高,刚进入仪器时,排气中的水分仍保持在气态。如果仪器测量室管壁的温度比排气温度低很多,排气中的水蒸气就要冷凝成雾,影响测量结果。为了防止冷凝的影响,测量室管壁的温度应始终保持在 70℃ 以上,为此测量室装有

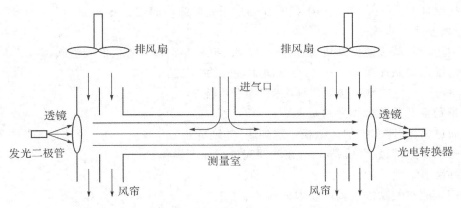

图 4.18　不透光烟度计的测量原理

加热及恒温控制装置。

（2）基本组成。下面以 NHT-1 型不透光烟度计为例介绍不透光烟度计的组成。

如图 4.19 所示,仪器主要由测量单元、控制单元、取样探头、连接电缆等组成。

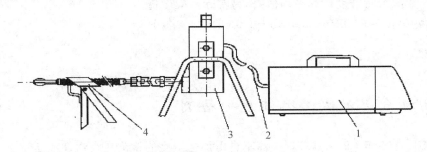

图 4.19　NHT-1 不透光烟度计的组成
1—控制单元;2—连接电缆;3—测量单元;4—取样探头

其主要的功能特点:采用取样式（分流式）测量方式;采用"空气气幕"保护技术,使光学系统免遭排烟的污染;测量室恒温控制,防止排气中水分冷凝,影响测量结果;具有不透光度和光吸收系数两种示值。测量范围为不透光度（N）:0%～99.9%;光吸收系数（k）:0～16.0 m^{-1}。

4.烟度计的使用

柴油机烟度计是检测发动机排气黑烟浓度的仪器,使用中须遵守如下规定。

（1）烟度计使用前准备

烟度计使用之前,须按规定进行检查,然后做好下述准备工作:

①给烟度计接通电源,进行必要预热（5min）。

②接通空气压缩机电源,使压缩空气达到规定的压力。

③启动发动机,预热至规定温度。

④在测量装置上,放上标准色纸,用仪表旋钮把指示仪表指针调到标准色纸的污染度数值刻线上。

⑤把新滤纸放入取样装置（在吸气泵中有专用插口）。

⑥将吸气泵活塞压缩进去,固定在预备吸气位置。

⑦把取样探头插入排气管内（约 20cm），用夹紧螺栓固定稳妥。

（2）烟度测量步骤

①利用油门踏板使发动机急加速 2～3 次，把积存在排气管内的炭渣吹掉。

②使发动机怠速运转 5～6s，在此期间，进行如下工作：

a.用压缩空气吹洗机构对取样探头、导管吹洗 3～4s；

b.把踏板开关装到加速踏板上。

③通过踏板开关，把加速踏板一踩到底，并维持 4s。

④松开加速踏板，并维持 11s，在此期间进行如下操作：

a.更换新滤纸；

b.用压缩空气吹洗机构吹洗取样探头、导管 3～4s；

c.把吸气泵活塞压缩到准备吸气位置；

d.把步骤③、④重复操作 3 次；

e.将已吸附黑烟的 3 片滤纸，分别放到污染测量台座上，把污染度测量装置对准各片滤纸污染面，读取仪表指示值；

f.用 3 片滤纸污染度计算平均值，作为实际污染度值。

例如，污染度＝(2.8Rb＋3.0Rb＋2.9Rb)/3＝2.9 Rb

【任务实施】

一、柴油机自由加速工况烟度的检测

按照 GB/T3846—93 的规定，柴油车自由加速烟度的检测在自由加速工况下，采用滤纸式烟度检测计按测量规程进行。自由加速工况是指发动机处于怠速工况（离合器处于结合位置，加速踏板位于松开位置，装机械式或半自动变速器时变速杆位于空挡位置，装自动变速器时选择器在停车或空挡位置）时，将加速踏板迅速踩到底，维持数秒后松开的情况。

1.检测仪器的准备

认真阅读烟度计的使用说明书，在仪器使用前应做好以下准备工作。

（1）在未接通电源时，检查指示仪表指针是否在机械零点上。若指针失准，可用零点调整螺钉使指针与"10"的刻度重合。

（2）接通电源，进行必要的预热。

（3）用标准烟度卡对仪表指针进行校准，使表头指针指在标准烟度卡所代表的烟度值上。

（4）检查取样装置和控制装置中各部机件的工作性能，特别要注意脚或手控制的抽气泵开关与抽气动作是否同步。

（5）检查控制用压缩空气的压力和清洗用压缩空气的压力是否达到 300 kPa～400 kPa。

（6）检查滤纸是否合格、洁白无污染，然后将合格的滤纸装到烟度计上。

2.被检测车辆的准备

（1）启动、预热发动机至规定的热状态。

（2）检查燃用柴油是否有添加消烟剂，如果有，应予更换。

（3）排气系统不得有泄漏。

（4）排气管应能保证取样探头插入深度不小于 300mm。否则排气管应加接管，并保证接口不漏气。

3.检测步骤

（1）将取样探头逆气流方向固定在排气管内，并使其中心线与排气管轴线平行。

（2）将踏板开关引入汽车驾驶室或将手动橡皮球通过远控软管引入汽车驾驶室。

（3）把抽气泵活塞压下锁止。

（4）按图 4.20 所示的测量规程进行自由加速烟度的检测。由急速工况将加速踏板踩到底，约 4s 后迅速松开，如此重复 3 次，以便把排气管内炭渣吹掉。

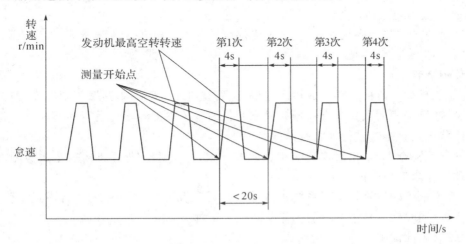

图 4.20　测量烟度时发动机运行工况模式（测量规程）

（5）急速运转约 16s。在此期间内用压缩空气对取样软管和取样探头吹洗 3～4s。

（6）将踏板开关固定在加速踏板上或将手动橡皮球拿在手中。

（7）将加速踏板与踏板开关一起迅速踏到底，或在踩下加速踏板的同时，急速压缩手动橡皮球，至 4s 时迅速松开加速踏板和踏板开关。

（8）维持 16s 急速运转。在此期间，将抽气泵的活塞压下至吸气开始位置。有纸卷的烟度计可完成走纸并可直接由表头读取烟度值。在此期间均要用压缩空气对取样软管及取样探头吹洗 3～4s。

（9）再次踩下加速踏板与踏板开关，两次之间的时间间隔为 20s，如此重复取样 4 次，对第 1 次采样不测量，后三次读数的算术平均值，即为该工况下的排气烟度值。

4.使用注意事项

（1）取样软管的内径和长度不能随意更换。

（2）硒光电池不要暴露在强光下，以免缩短其使用寿命。

（3）标准烟度卡和滤纸不要放置在阳光直射下，并注意防潮、防尘。

（4）滤纸式烟度计要避免放置在阳光直射、震动及湿度大的地方。

（5）滤纸式烟度计需确保使用精度。

二、柴油机加载减速工况烟度的检测

柴油机有负载时的检测方法为加载减速工况法,该方法来自香港环保署于 2000 年 6 月颁布的柴油车加载减速排放限值和测量方法。该方法能够将烟度排放严重的柴油机检测出来,有效地克服了自由加速法的弊端。

1. 主要测试设备

加载减速工况法是一种在模拟车辆负载运行时测量柴油机汽车排放可见污染物的方法。该方法在 3 个加载工况点测试烟度。3 个测量点分别是最大功率点、最大功率对应转速的 90% 转速点和最大功率对应转速的 80% 转速点。

测试设备主要包括底盘测功机、不透光烟度计和发动机转速传感器等,由中央控制系统集中控制。

2. 检测流程

(1)车辆预检。待检车辆完成检测登记后,驾驶检测员应将车辆驾驶到底盘测功机前等待检测,并进行车辆的预先检查。预先检查的目的是核实被测车辆是否和行驶证相符,并评价车辆的状况是否能够进行加载减速检测。

在进行预检查时,如果发现被测车辆的车况太差,不适合进行加载减速法检测,必须先进行修理后才能进行检测。

(2)检测系统的检查。检测系统检查的目的是判断底盘测功机是否能够满足待检车辆的功率要求,同时检查检测系统的工作状态是否正常。

(3)排气烟度检测。

①发动机熄火,变速器置空挡,检查不透光烟度计的零刻度和满刻度。检查完毕后,将采样头插入被测车辆的排气管中。注意连接好不透光烟度计,采样头的插入深度不得低于 400 mm。

②启动发动机,变速器置空挡,逐渐增大油门踏板直到开度达到最大,并保持在最大开度状态,记录这时发动机的最大转速,然后松开油门踏板,使发动机回到怠速状态。

③使用前进挡驱动被测车辆,选择合适的挡位,使油门踏板处于全开位置,测功机指示的车速最接近 70km/h,但不能超过 100km/h。

④计算机对获得的上述数据自动进行分析,判断是否可以继续进待检测。在确认机动车可以进行排放检测后,将底盘测功机切换到自动检测状态。

⑤加载减速测试的过程必须完全自动化。在整个检测循环中,由计算机控制系统自动完成对测功机加载减速过程的管理。

⑥检测开始后,检测员始终将油门保持在最大开度状态,直到检测系统通知松开油门为止。检测过程中,检测员应时刻注意被测车辆或检测系统的工作情况。

⑦检测结束后,打印检测报告并存档。

【知识拓展】

一、柴油机微粒成分分析

微粒成分分析虽然不是排放法规所要求的,但微粒成分分析对微粒形成、氧化过程以及微粒后处理技术研究都有重要的意义。这里简单介绍微粒中有机可溶成分 SOF 的分离及其分析方法。

1.热解质量分析法(TG)

在惰性气体气氛中,将微粒样品按一定的加热速率加热到 $650℃$。在这段时间内用热天平测得的微粒样品质量减小量,就代表其中可挥发部分 VOC(燃气)的质量,基本上与 SOF 相吻合。以后将气氛换成合成空气($21\%O_2+79\%N_2$),在 $650℃$ 温度下,样品进一步减小的质量对应被氧化的炭烟组分,残留的则是微量灰分。

TG 法的优点是准确、快捷,能得出样品质量损失率变化的连续曲线,可据以定量分析 VOC 中的不同馏分,可以测定炭烟在各种条件下的氧化速率。如对 VOC 进行冷凝,可以继续对 VOC 进行定性分析。缺点是热解质量分析仪昂贵,且一次只能处理一个样品。TG 分析中必须将微粒样品与滤纸一起加热,法规规定的涂聚四氟乙烯的滤纸不能满足耐热的要求(无涂层玻璃纤维滤只能基本满足要求)。在 TG 分析中,必须考虑取样滤纸的质量损失(例如用白样试验)。

与 TG 法类似但大为简化的方法是真空挥发法(VV)。将微粒样品置于真空干燥箱内,在真空度 95kPa 以上、温度 200℃ 左右加热 3 h,其质量变化即为微粒中 VOC 含量,也与 SOF 很接近。这种方法所用设备简单,一次可处理大量样品,操作方便。缺点是不能记录质量变化历程,收集 VOC 较困难。

2.索氏萃取法(SE)

把微粒样品置于索氏萃取器里的萃取溶剂(如二氯甲烷)中数小时,使微粒中的 HC 溶解在溶剂中,把不可溶解部分过滤掉,然后把溶剂蒸发掉,所得即为有机可溶成分 SOF。SOF 中只有高沸点的 HC,而 VOC 中实际上还包括硫酸盐和水。

微粒的 SOF 还可以通过 GC 进行进一步分析,以阐明其中各 HC 的来源。一般低于 C_{19} 的 HC 来自燃油,而高于 C_{28} 的则来自润滑油。如果色谱仪与质量仪联用(色质联机分析 GC-MS),则可对复杂有机物进行更细致的分析。

3.硫酸盐的分析方法

微粒中所含的硫酸盐可溶解于二甲基丙酮溶液或水中,根据溶解前后滤纸质量的变化,可求出硫酸盐在微粒中的比例。也可用测量含有硫酸盐的二甲基丙酮溶液的导电性的方法确定硫酸盐质量。

二、柴油机排放控制措施

车用柴油机排放物主要为颗粒状物质 PM 和 NO_x,而 CO 和 HC 排放较低。控制柴油机尾气排放主要是控制颗粒物质 PM 和 NO_x 生成,现代柴油机排放控制采取的措施有:改善燃油品质，排气净化后处理、柴油机机内净化、使用代用燃料等控制技术。

1. 改善燃油品质

若增加柴油的十六烷值，能有效地降低发动机尾气颗粒 PM、CO 和 NO_x 的排放；降低燃油中 S 的含量，可以降低 $13\%\sim22\%$ 的 PM 颗粒排放；减少燃油中的芳烃成分，可以减少 NO_x 的排放改善燃油的措施如下：①根据燃油的馏程，合理提高燃油的十六烷值。②在柴油中掺入一定比例的消烟添加剂，将金属钡、镁、锌等可溶性碱化盐或中性盐作为消烟添加剂，通过促进炭烟粒子在膨胀过程中再燃烧，来促进和消除喷油器头部的积碳，可以减少 $30\%\sim50\%$ 的炭烟颗粒 PM 排放。③降低燃油中的含硫量。在燃烧过程中，柴油中的硫约有 98% 转化为 SO_2，其余的 2% 成为硫酸盐颗粒，部分 SO_2 被进一步氧化与燃烧过程中生成的 H_2O 结合，形成 H_2SO_4 和硫酸盐（$CaSO_4$ 等），增加了微粒的排放量。

2. 排气净化后处理

采用氧化催化转化器对柴油机排气处理，可以降低 HC 和 CO 的排放量和颗粒 PM 状物质中的有机成分；用选择性还原催化转换器在富氧条件下还原 NO_x，用微粒过滤装置收集柴油机排气中的颗粒状物质等。

(1)采用颗粒过滤及再生技术。颗粒过滤由颗粒过滤器和再生装置组成：颗粒过滤器通过其中有极小孔隙的过滤介质（滤芯）捕集柴油机排气中的固定碳粒和吸附可溶性有机成分的炭烟。

(2)加装氧化型催化转化器。柴油机加装氧化型催化转化器是一种有效的机外净化排气中的可燃气体和可溶性 SOF 有机组分的常用措施。加装氧化型催化转化器（以铂 Pt、钯 Pd 贵重金属作为催化剂）能使 HC、CO 减少 50%，颗粒 PM 减少 $50\%\sim70\%$，其中的多环芳烃和硝基多环芳烃也有明显减少。

(3)非过滤技术。非过滤技术目前主要采用的仪器是静电式微粒收集器。柴油机排气微粒中有 $70\%\sim80\%$ 呈带电状态，每个带电微粒约带 $1\sim5$ 个基本正电荷或负电荷，整体呈电中性。目前利用附加强电场对呈带电特性的炭烟微粒进行静电吸附，并取得了一定的试验成果，但由于附加设备体积大、结构复杂以及高压电源的供给等，给实用化带来一定的困难。

(4)NO_x 催化转化器。NO_x 催化转化器对 NO_x 在 $350\sim550℃$ 的温度范围内进行良好的催化转化，使 NO_x 排放降低 $20\%\sim30\%$。NO_x 催化转化技术可分为催化热分解和选择性催化还原反应两种。催化热分解是利用由金属离子沸石、钒和钼构成催化剂来降低 NO_x 热分解反应的活化能，使 NO_x 分解成无毒的 N_2，该方法简单且反应生成物无毒；选择性的还原反应是在排气中喷入饱和的 HC 和 NO_x，反应生成物为 N_2、CO_2 和 H_2O，选择性的还原反应将会生成额外的 CO_2。

3. 进行柴油机机内净化

柴油机机内净化是对燃烧过程进行优化，使发动机达到混合均匀、燃烧充分、工作柔和、启动可靠、降低排放。

(1)防止机油串入燃烧室。由于柴油机排放颗粒状物质的相当部分是由串入燃烧室的机油的不完全燃烧造成的，所以应尽可能地减少串机油量。

(2)采用柴油电控高压喷射技术。柴油电控技术已从第一代的位置控制、第二代的时间控制发展到今天的共轨式电控高压喷射。电控高压喷射控制对喷油规律进行控制，能根据发动机运行工况实现最佳喷油,同时通过控制预混合燃烧与扩散燃烧的比例,可同时降低有害排放和控制发动机的空燃比,有利于实现有效的机外净化措施。

(3)提高喷油压力和减小喷孔直径。提高喷油压力和减小喷孔直径可明显地降低颗粒 PM 的排放。为了避免高压喷射导致的 NO_x 的增加,要求适当降低空气涡流运动,提高压缩比和可变定时燃油喷射与其相适应,以达到控制颗粒 PM 和 NO_x 排放的目的。

(4)改进燃烧系统。改进燃烧系统指的是燃烧室的形状、供油系统、进气流动的最佳匹配。应保证在发动机整个工况范围内,燃油在燃烧室中均匀分布,有合适的气体流动,有合理的喷油规律和喷油定时。采用电控制喷油泵、电控泵—喷嘴、电子调速器、可变涡流系统、多气门化和中央配置喷油器等措施,既可改善柴油机性能,又可降低柴油机尾气排放物,尤其是颗粒 PM 物质的排放。

(5)采用废气再循环(EGR)。EGR 是将一部分排气导入进气系统中,通过降低燃烧室燃烧的最高温度来降低 NO_x 的排放。利用 EGR 降低 NO_x 的排放,需要与电子控制结合,根据柴油机负荷、转速、冷却水温度传感器及启动开关信号,由 ECU 对 EGR 率和 EGR 随机进行控制,保证在对柴油机性能影响不大的条件下,降低 NO_x 的排放。

(6)增压中冷技术。废气蜗轮增压提高了气缸内平均有效压力、过量空气系数和整个循环的平均温度,可使柴油机颗粒物的排放量降低 50% 左右,并减少 CO 和 CH 的排放。利用中冷技术,NO_x 的排放量可降低 60%～70%。所以采用增压中冷是降低车用柴油机排气排放物的有效措施之一。

4.代用燃料的使用

采用代用燃料将是控制柴油机和汽油机排放的重要方法之一。目前代用燃料主要有天然气(压缩天然气 CNG,液化天然气 LNG)、液化石油气(LPG)、甲醇、乙醇、氢燃料及与柴油掺烧的复合燃料等,其中甲醇、天然气、液化石油气被认为是最有前途的清洁能源代用燃料。代用燃料的特点:①天然气成本低,储量丰富,主要以压缩天然气 CNG 为代表。CNG 燃料本身呈气态,不需进行雾化,燃烧充分,尾气中 CO 含量较低,无排烟,但动力降低 10%,携带不便。②甲醇具有辛烷值高、低发热量、低公害和无排烟的特点。但甲醇的十六烷值低,着火性差,需要加装点火装置,冷启动性差,有腐蚀性,并要解决润滑油消耗量大和处理未燃甲醇来降低排放。

任务 4.3　汽车噪声检测

【任务引入】

汽车在带来便利的同时,也对环境造成了污染,特别是汽车行驶中产生的噪声严重地影响着人们的正常工作和生活,并直接危害人们的身心健康。白天室外噪声达 50dB(A)、夜间室外噪声达 35～40dB(A)会使人产生烦躁感;高于 70dB(A)的噪声使人容易疲劳,产生头晕、头痛、失眠、记忆力下降等各种病症。如长时间在噪声很大的环境中,会使人激动、发怒,甚至失去理智。

【任务分析】

机动车特别是重型车辆会产生超过 90dB(A)的噪声,不仅会影响周围环境,还会影响驾

驶员工作效率,使得驾驶员注意力下降、反应时间加长,发生交通事故趋势增加。因此,要加强对汽车噪声的检测,运用技术措施有效控制汽车噪声,达到人们满意或可以接受的程度。

【相关知识】

一、噪声及其危害

使人烦躁的、讨厌的、不需要的声音统称为噪声。即使能给人以愉快感觉的音乐,但如果它妨碍了正思考工作的人,音乐也就变成了噪声。因此,噪声不仅有声学方面的性质,而且还具有生理学、心理学方面的含义,即包括声音产生的不舒适程度和对人体影响程度的内容。噪声是一种声波,具有一切声波运动的特点和性质。

一般声波有 3 种形状,即噪声、纯音和乐音的波形,如图 4.21 所示。在示波器上观察噪声的波形,一般都是不规则的和无调的,不像纯音和乐音那样,简谐而有调。人们希望听到的是乐音或纯音。

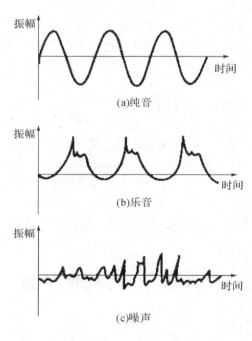

图 4.21　纯音、乐音与噪声波形

噪声对人类在生理、心理和社会各方面都有影响。长期在高噪声环境下工作和生活会危害人体的健康,即使噪声级较低也会干扰人们的正常活动。其危害和影响大致有下列几个方面。

1.引起多种疾病

(1)引起听觉器官的损伤。噪声对听力的影响与其声压级、频率及作用时间有关。轻者可引起暂时性听闻偏移,即由强噪声环境到比较安静地方要经过一段时间才能恢复原来的听觉;重者可产生噪声性耳聋。据国际统计,噪声级为 90dB(A)时,耳聋发病率达 21%。

100dB(A)时则高达 40%。

(2)强烈的噪声能引起精神失常,甚至危及生命。噪声还会诱发对神经、心脏、消化系统不良影响,表现为头晕、头痛、失眠、神经过敏、心跳加速、血压升高、冠心病和消化不良、呕吐等。据有关资料调查,人们长期在 95dB 以上噪声环境中生活,将有 10%的人引起神经衰弱、精神病,并使血压升高。

2.影响人们正常工作和休息

噪声在 90dB(A)以上,频率高于 1 000 Hz 时对人们正常工作和休息的影响明显,易引起疲劳、睡眠不良、工作效率下降等危害。试验和调查表明:声压级在 40~45dB(A)时,正常睡眠将受到干扰;声压级达到 71dB(A)时,则严重影响人们的工作效率;声压级达 75dB(A)时,在距 0.3m 远,正常谈话就有困难。

3.影响交通安全

长期在噪声环境中生活,驾驶员和行人容易产生疲劳和分散注意力,精神不集中、心烦意乱等状况,易诱发交通事故。

二、汽车噪声与噪声源

汽车噪声污染是汽车的第二大公害。汽车噪声分车外噪声和车内噪声两种。车外噪声造成环境公害,车内噪声直接对驾驶员和乘客造成损害。

汽车是由许多零部件或机械总成装配而成的。汽车在运行过程中受到内燃机和机械传动机构的影响以及来自路面的冲击,所有的零部件都会产生震动和噪声,实际上汽车是一个包括各种不同性质噪声的复杂噪声源。

如果按照噪声产生的过程,可将汽车噪声源大致分为两类:一类是与内燃机运转有关的噪声;另一类是与汽车行驶有关的噪声。与内燃机运转有关的噪声主要包括内燃机运转时发出的燃烧噪声、机械噪声、冷却风扇噪声、进气和排气噪声,以及内燃机运转时所带动的各种附件(如压气机、发电机等)发出的噪声。与汽车行驶有关的噪声主要包括传动机构(变速器、传动轴、差速器等)的机械噪声、轮胎发出的噪声、车身(架)震动及和空气作用所产生的噪声。

(1)燃烧噪声。燃烧噪声是指内燃机工作时,由于气缸内的气体压力周期性变化而出生的噪声。

(2)进气和排气噪声。进气和排气噪声是指内燃机工作时,气体经过排气管和排气管高速流运时所产生的噪声。

(3)风扇噪声。风噪声是指冷却系统风扇或风冷发动机风机产生的空气动力噪声。

(4)机械噪声。机械噪声是指汽车行驶时,汽车中的各种机构运动件之间以及运动体和固体件之间,周期性变化的作用力所产生的噪声。

(5)轮胎噪声。轮胎噪声包括汽车行驶轮胎在地面滚动时,由于轮胎花纹间的空气流动和轮胎四周空气扰动形成的空气噪声、轮胎胎体和花纹弹性变形震动而激发的震动噪声,以及由于路面不平造成的轮胎与道路间的冲击噪声(当车辆急转弯或紧急刹车时这种震动和冲击噪声也会显得很大)。

(6)车身噪声。汽车行驶时,车身和空气的摩擦、冲击以及车体的各板壁结构在发动机和路面凹凸不平的震动激励下,也会产生震动噪声。它是各种客车和载货汽车驾驶室内部噪声产生的主要原因之一。

三、汽车噪声特性

由于汽车噪声源中,没有一个是完全密封的(有的仅是部分被密封起来),因此,汽车整车所辐射出来的噪声,就取决于各声源的强度、特性以及向周围环境传递的情况。研究汽车噪声源不仅要研究各个单声源,而且要研究它们综合作用的结果,以分清噪声源的主次和性质。图 4.22 所示为东风 EQ 1090 汽车加速行驶噪声源分解图和各声源占整车噪声的比例图。从图中可以看出,排气噪声占车外噪声的份额最大,发动机风扇噪声次之,因此为了降低该车的加速行驶车外噪声,应首先考虑降低排气系统噪声和冷却风扇运转噪声。

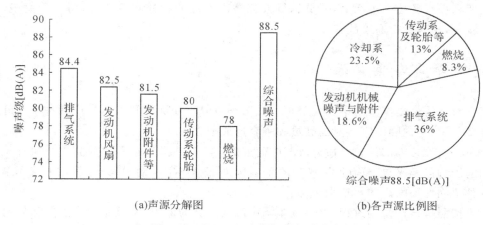

(a)声源分解图　　　　(b)各声源比例图

图 4.22　EQ1090 汽车加速行驶噪声

从整体看,汽车形式、种类、吨位大小和用途不同,整车噪声强度和频率特性会有很大的差别。依据 ISO 推荐的试验方法(加速行驶试验法),通过对不同车型、排量测得的几类汽车噪声频谱而综合得出了各类汽车的 A 声级,如表 4.21 所示。

表 4.21　各类汽车噪声参考值(加速行驶法测量)

汽车分类	声级范围/dB(A)	汽车分类	声级范围/dB(A)
重型载货汽车	88～92	重型载货汽车	79～84
轻型载货汽车	79～87	轻型载货汽车	81～91

试验证明了以下几点:

(1)发动机转速和汽车行驶速度对汽车噪声有明显的影响。随着车速或发动机转速的增加,A 声级几乎是呈直线上升。并且,车速或发动机的转速每增加一倍,其噪声级增加11dB(A)左右。

(2)载质量对汽车噪声的影响相对较小。

(3)轮胎噪声比发动机噪声低,通常,车速在 $50\sim70\text{km/h}$ 时,轮胎噪声在汽车噪声中所占的比例不大;但当车速增加后,轮胎噪声就会相对增加。

由此说明汽车噪声主要取决于发动机转速。

四、检测评价指标

1. 声音的评价指标

声音是物体振动在周围空气中传播的一种波,可用高低、强弱、响度和音色等指标表示。

声调的高低取决于声音的频率。频率越高,声调越高;频率越低,声调越低。人耳可听到的声音频率范围大约为 16～20 000 Hz。通常,感到声调高的频率范围为 2000～4000 Hz;而感到声调低的频率范围为 200 Hz 以下。

声音的强弱取决于声波的压力,单位为 Pa。由于声音的强弱是人们对声音的感觉,而人对声音的感觉特性是与声音能量的对数成比例的。因而把听阈声压(2×10^{-2} Pa)作为基准声压,以实际声压与基准声压比值的对数——分贝数(dB)作为表示声音强弱的单位,称为声压级。

$$L = 20\lg\frac{p}{p_0}$$

式中:L——声压级,dB;

　　　p——实际声压,Pa;

　　　p_0——基准声压,Pa,$p_0 = 2\times10^{-5}$ Pa。

声音的响度为人们听到声音的主观感觉。即使是同样大小的声音,低音听起来响度小,高音听起来响度大。对于 1000 Hz 以外的声音,是把和它一样响的 1000 Hz 纯音的声压级数值作为其响度级数值。为了确定声压级与响度级间的关系,通过大量人的听觉试验,得到等响曲线。可以看出,人的听觉对频率为 1 000 Hz 声音的响度级和声压级(dB)相同。

不同频率的声音,即使响度相同,声压也不同,由于汽车噪声不是纯声,而声级计的话筒或传声器对声音大小的计量是声压。因此,为了使检测仪器具有与人的听觉一致的频率反应,在仪器内设计有听觉修正网络,即 A、B、C 三种计权网络。现在常用的是 A 计权网络。因此声级上标注声压级单位的同时,也同时给出了把其修正为响度所用的计权网络,如 dB(A)表示使用 A 计权网络测量的分贝值。

2. 噪声的评价指标

噪声的主要物理参数有声压与声压级、声强级和声功率与声功率级。其中声压与声压级是表示声音强弱的最基本的参数,声压是指压波作用于大气使大气压强发生变动的变动量;声压级是指某点的声压 p 与基准声压(听阈声压)p_0 的比值,其值取常用对数再乘以 20。但人耳对声音的感觉不仅与声压有关,而且还与声音的频率有关。人耳可闻及声音的范围为 20～20000 Hz。声压级相同的声音,但由于频率不同,听起来并不一样响,相反,不同频率的声音,虽然声压级也不同,但有时听起来却一样响,因此,用声压级测定的声音强弱与人们的生理感觉往往不一样,因而,对噪声的评价常采用下列与人耳生理感觉相适应的指标。

(1)响度与响度级。响度和响度级能表示人所感受到的声音的强弱程度,它是一种与人耳的听感特性有关的人对声音强弱的主观表示法,这种表示法不仅与声音的压声压有关,而且与声音的频率有关。响度的单位为味,1 味是声压级为 40 db(分贝)、频率为 1000 Hz 纯音所产生的响度;响度级的单位为方,方的数值等于根据听力正常的听者判断为等响的

1000Hz 纯音的声压级 db（分贝）的值。

（2）噪声的频谱。人耳对声音的感觉不仅与声压有关，而且还与声音的频率有关。人耳可闻声音的频率范围为 20～20000Hz。一般的声源，并不是仅发出单一频率的声音，而是发出具有很多频率成分的复杂声音。声音听起来之所以会有很大的差别，就是因为它们的组成成分不同造成的。因此，为全面了解一个声源的特性，仅知道它在某一频率下的声压级和声功率级是不够的，还必须知道它的各种频率成分和相应的声音强度，这就是频谱分析。

噪声的频谱也是噪声的评价指标之一。以声音频率（Hz）为横坐标、以声音强度（如声压级 dB）为纵坐标绘制的噪声测量图形，称为频谱图。

人耳可闻声音的频率有 1000 多倍的变化范围，在实际频谱分析中不可能逐个频率分析噪声。在声音测量中，让噪声通过滤波器把可闻声音的频率范围分割成若干个小的频段，称为频程或频带。频带的上限频率 f_h（或称上截止频率）与下限频率 f_l（或称下截止频率）具有 $f_h/f_l=2^n$ 的关系，频带的中心频率 $f_m=\sqrt{f_h \cdot f_l}$，当 $n=1$ 时称为倍频程或倍频带。可闻声音频率范围用 10 段倍频程表示，如表 4.22 所示。

表 4.22 倍频程中心频率及频率范围（Hz）

中心频率	31.5	63	125	250	500
频率范围	22～45	45～90	90～180	180～355	355～710
中心频率	1000	2000	4000	8000	16000
频率范围	710～1400	1400～2800	2800～5600	5600～11200	11200～22400

如果需要更详细地分析噪声，可采用 1/3 倍频程，即可以把每个倍频程分成 3 份（$n=1/3$）。

（3）噪声级。为了模拟人耳在不同频率有不同的灵敏性，在声级计内有一种能够模拟人耳的听觉特性，把电信号修正为与听觉近似的网络。这种网络叫做计权网络。通过计权网络测得的声压级，已不再是客观物理量的声压级（叫线性声压级），而是经过听感修正的声压级，叫做计权声级或噪声级。

一般的生源，并不是仅发出单一频率的声音，而是发出具有很多频率成分的复杂声音。因此，为全面了解一个声源的特性，仅知道它在某一频率下的声压级和声功率级是不够的。还必须知道它的各种频率成分和相应的声音强度，这就是频谱分析。噪声的频谱也是噪声的评价指标之一。以频率为横坐标、以声压级为纵坐标做出噪声测量图形，称为频谱图。

3. 我国的汽车噪声限值

有试验表明，人们长期在 85～90dB（A）噪声级环境下工作，将会造成永久性的听力损害。因此降低汽车噪声作为当今汽车技术发展的一个重要课题得到了世界各国的广泛重视，欧美日等一些发达国家都已颁布了汽车噪声法规，规定了汽车噪声限值和相应的测试规范，同时还制定了大量的包括发动机等在内的总成噪声试验标准。我国也于 1979 年颁布了《机动车辆允许噪声》（GB1495—79）和对应的《机动车辆噪声测量方法》（GB1496—79），从 1995 年起，国家环保局对 GB1495—79 进行修订，发布了 GB1495—2002《汽车加速行驶车外噪声限值及测量方法》，该标准是参照联合国欧洲经委会法规 ECE R51/02《关于在噪声方面汽车型式认证的统一规定》的附件 3 和国际标准 ISO 362:1998《声学—测量道路车辆噪声测量方法—工程法》中的相应技术内容制定；限值则在参照 ECE R51 中的限值原则下,根据我国汽车产品的实际情况,分两个阶段制定了噪声限值,噪声限值与 ECE R51/02 的对应关系见表 4.23。

表 4.23　ECE R51/01/02 系列限值及 GB1495-2002 限值表

法规系列号	R51/01	R51/02	GB 1495-2002	
新型车型认真实施日期	88.10.1	95.10.1	第一阶段	第二阶段
新型车生产日期	89.10.1	96.10.1	2002.10.1-2004.12.30	2005.10.1 以后
序号　　汽车分类			限值 dB(A)	
1　　M_1	77	74	77	74
2　　M_2(GVM≤3.5t),或 N_1(GVM≤3.5t)				
GVM≤2t	78	76	78	76
2t<GVM≤3.5t	79	77	79	77
3　　M_2(3.5t<GVM≤5t),或 M_3(GVM>5t)				
P<150kW	80	78	82	80
P≥150kW	83	80	85	83
4　　N_2(3.5t<GVM≤12t),或 N_3(GVM>12t)				
P<75Kw	81	77	83	81
75kW≤P<150kW	83	78	86	83
P≥150kW	84	80	88	84

说明:1) M_1,M_2(GVM≤3.5t)和 N_1 类汽车装用直喷式柴油机时,增加 1dB(A)。

　　　2)对于越野汽车,其 GVM>2t 时:P<150kW,增加 1dB(A);P≥150kW,增加 2dB(A)。

　　　3) M_1 类汽车,若其变速器前进挡多于 4 个,P>140kW,P/GVM 之比>75kW/t 时,且用第 3 挡测
　　　　　试时,其尾端出线时速度>61kM/h,则该车型的限值应增加 1dB(A)。

M_{1-3}——载客汽车;N_{1-3}——载货汽车;GVM——最大总质量(t);P——发动机最大额定功率(kW)。

五、汽车噪声的检测标准

1.喇叭声级检测标准

根据《机动车运行安全技术条件》(GB 7258—2004),汽车喇叭性能应满足:

(1)机动车(手扶拖拉机运输机组除外)应设置具有连续发声功能的喇叭,其工作应可靠。

(2)机动车喇叭声级在距车前 2m、离地离 1.2m 处测量时,其值对发动机最大净功率为 7kW 以下的摩托车及轻便摩托车为 80~112dB(A),对其他机动车为 90~115dB(A)。

2.车内噪声检测标准

(1)客车车内噪声检测标准

根据《机动车运行安全技术条件》(GB 7258—2004),汽车的车内噪声应满足:客车以 50km/h 的速度匀速行驶时,客车车内噪声不应大于 79dB(A),其检验方法按《声学汽车车内噪声测量方法》(GB/T 18697—2002)的规定执行。

(2)驾驶员耳旁噪声检测标准

汽车(三轮汽车和低速货车除外)驾驶员耳旁噪声声级不应高于 90dB(A),其检验方法见《机动车运行安全技术条件》(GB 7258—2004)附录 F,测量位置应符合《声学汽车车内噪声测量方法》(GB/T 18697—2002)的规定。

3. 车外噪声检测标准

(1)汽车加速行驶车外噪声检测标准

《汽车加速行驶车外噪声限值及测量方法》(GB1495—2002)是机动车辆产品的噪声标准,同时也是城市机动车辆噪声检查的依据。各类机动车辆(包括汽车、摩托车、轮式拖拉机)行驶时,车外最大允许噪声级应符合表 4.24 的规定。对于各类变型车或改装车(消防车除外)加速行驶的车外最大允许噪声级,应符合基本车型噪声的规定。

表 4.24 各机动车辆车外噪声限值

汽车分类	噪声限值[dB(A)]	
	第一阶段	第二阶段
	2002 年 10 月 1 日—2004 年 12 月 30 日期间生产的汽车	2005 年 1 月 1 日以后生产的汽车
M_1	77	74
$M_2(G{\leqslant}3.5t)$ 或 $N_1(G{\leqslant}3.5t)$ $G{\leqslant}2t$ $G{\leqslant}3.5t$	78 79	76 77
$M_2(3.5t{<}G{\leqslant}5t)$,或 $M_3(G{\geqslant}5t)$: $P{<}150kW$ $P{\geqslant}150kW$	82 85	80 83
$N_2(3.5t{<}G{\leqslant}12t)$,或 $N_3(G{\geqslant}12\ t)$: $P{<}75kW$ $75kW{\leqslant}P{<}150kW$ $P{<}150kW$	83 86 88	81 83 84

注:汽车分类

1. M 类(客车):至少有 4 个车轮的载客机动车辆;或者有三个车轮,且厂定最大总质量不超过 1t 的载客机动车辆。

　M1 类:除驾驶员外,乘客座位数不超过 8 个的客车。

　M2 类:除驾驶员外,乘客座位数超过 8 个,厂定最大总质量不超过 5t 的客车。

　M3 类:除驾驶员外,乘客座位数超过 8 个,厂定最大总质量超过 5t 的客车。

2. N 类:至少有 4 个车轮的载货机动车辆;或者有三个车轮,且厂定最大总质量不超过 1t 的载货机动车辆。

　N1 类:厂定最大总质量不超过 3.5t 的载货汽车。

　N2 类:厂定最大总质量超过 3.5t,但不超过 12t 的载货汽车。

　N3 类:厂定最大总质量超过 12t 的载货汽车。

4. 汽车定置噪声限值

GB 18565《营运车辆综合性能要求和检验法》对汽车定置噪声限值进行了详细规定,具体内容如表 4.25 所示。

表 4.25　汽车定置噪声限值/dB（A）

车辆类型	燃料种类		车辆出厂日期	
			1998 年 1 月 1 日以前	1998 年 1 月 1 日以后
轿车	汽油		87	85
微型客车、货车	汽油		90	88
轻型客车、货车越野车	汽油	$n_r \leqslant 4300 \text{r/min}$	94	92
		$n_r > 4300 \text{r/min}$	97	95
	柴油		100	98
中型客车、货车大型客车	汽油		97	95
	柴油		103	101
重型货车	$P \leqslant 147 \text{kW}$		101	99
	$P > 147 \text{kW}$		105	103

注：P——汽车发动机额定功率。

n_r——发动机额定转速。

【任务实施】

一、检测仪器与实施要求

不论是评价汽车噪声水平的高低，还是控制汽车噪声，首先都应确知噪声的状况，而后与允许噪声标准进行比较，确定所需减噪量的数值，并以此为依据，采取一定技术措施来控制噪声。在各项控制措施实施后，还要检验噪声控制的效果。因此噪声的测量是汽车噪声控制与评价的重要组成部分。

1. 声级计

噪声的测量需采用一定的仪器设备来完成。在汽车噪声测试中，常用的设备是声级计。声级计是一种能够把工业噪声、生活噪声和车辆噪声等，按照人耳听觉特性近似地测定其噪声级的仪器。

（1）声级计的分类

根据声级计在标准条件下测量 1 000 Hz 的纯音所表现出的精度，可将声级计分为精密声级计和普通声级计两类，我国就采用这种分法。普通声级计是最简单的一种，其测量传声器要求不太高，通常采用压电式、电容式、动圈式和驻极体式传声器；整机动态响应范围及频率响应平直范围较窄，一般不与带通滤波器联用。精密声级计精度比普通声级计高，能与各种带通滤波器配合使用，其测量传声器一般都是采用频率响应宽、灵敏度高、指向性和稳定性好的电容传声器。精密声级计可以和电平记录仪、磁带记录仪联合使用，能够记录、存储以及显示信号。

有些国家将声级计分为 4 类，即 0 型、Ⅰ 型、Ⅱ 型和 Ⅲ 型，它们的精度分别为 ±0.4 dB、±0.7 dB、±1.0 dB 和 ±1.5dB。0、Ⅰ 型为精密声级计，0 型声级计用作实验室参考标准；Ⅰ型声级计除专供实验室使用外，还可供符合规定的声学环境或需要施加控制的场合使用。

Ⅱ、Ⅲ为普通声级计，Ⅱ型适合于一般室外使用，Ⅲ型主要用于室外噪声调查。

脉冲声级计也分普通型和精密型两种。它除了具有同型声级计的测量功能外，还能测定脉冲声的峰值、最大均方根值等参数，具有频响平直范围宽，对瞬变噪声反应快的特点。除此之外，还有积分精密声级计和频谱声级计，积分精密声级计能测量在一定时间内的等效连续声，时间间隔可以在几秒到二十几小时内任意调节。频谱声级计是将声级计与频谱分析仪器相组合的仪器，因此在测量噪声的同时又能进行噪声频谱分析。

（2）声级计的结构

声级计主要由传声器、前置放大器、衰减器、输入放大器、计权网络、检波器、指示表头和电源等组成。图 4.23 所示为 HY104 型声级计外形结构。

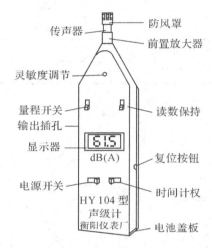

图 4.23　HY104 型声级计外形结构

声级计内部电路板采用双面印制电路板，元件密集排列，以减少声级计的体积。机芯与外壳的装配采用嵌套式，装卸简便，电池室设计于声级计下方，电池盖板采用抽板式，更换电池非常方便。

声级计外形为扁平形，由硅铝合金精密压铸而成，强度高，便于携带。声级计前端设计为圆锥形，从而使声级计本体对声场的影响减至最小限度。声级计下部设置有一个 0.25in（1 in＝2.54 cm）的连接螺孔，用于将声级计支撑于三脚架上，这样可使测量者远离测量点，以减小操作者身体对声波的反射。

HY104 上开关等控制元件的作用如下：

防尘罩：用于保护传声器不受尘埃的侵害，并有一定的机械防护能力。

传声器：传声器也叫话筒，是将声压信号转变为电信号的传感器，是声级计中的关键元件之一。常见的传声器有晶体式、驻极体式、动圈式和电容式数种。其中，电容式传声器是噪声测量中常用的一种。

（3）声级计的工作原理

从传声器输出的电信号，经前置放大器放大后，输入到听觉修正计权网络。该网络是把电信号修正为与听感近似值的网络。通过计权网络测得的声压级，已不再是客观物理量的声压级，而是经过听感修正的声压级，称为计权声级。计权网络有 A、B、C 三种，A 计权网络由于其特性曲线接近于人耳的听感特性，因此是目前世界上噪声测量中应用最广泛的一种。

经听觉修正计权网络修正后的电信号,送至指示仪表,使指针偏转或以数字显示,从表头上可直接读出所测噪声的声级,单位为 dB(A)。声级计表头阻尼一般有"快"和"慢"两挡,"快"挡平均时间为 0.27s,接近于人耳听觉器官的生理平均时间;"慢"挡的平均时间为1.05s。当对稳态噪声进行测量或需要记录声级变化过程时,可用"快"挡;当被测噪声波动较大时,采用"慢"挡。

工作原理见图 4.24 所示,主要由传声器、前置放大器、频率计权放大、量程转换、过载指示电路、对数检波与直流放大、A/D 变换器、微处理器、存储器、液晶显示器、按键输入面板、参考校准信号与电源、接口电路等部分组成。

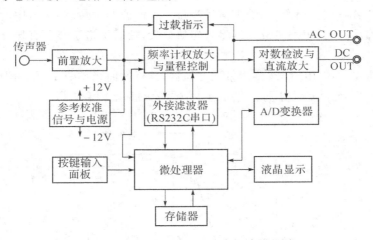

图 4.24　HS5670B 型积分声级计原理图

(4)声级计的使用方法

在检测汽车的喇叭声级和车内、车外噪声时,其测试条件、测点位置和测试方法应严格按照《机动车运行安全技术条件》(GB7258—2004)、《营运车辆综合性能要求和检验方法》(GB 18565－2001)、《声学 汽车加速行驶车外噪声限值及测量方法》(GB 1495－2002)、《声学 机动车辆定值噪声测量方法》(GB 14365－1993)和其他相关标准的有关规定进行。在检测过程中,应按使用说明书的要求正确使用声级计,一般应注意以下各点。

①回零和校准。回零即是在未接通电源前,检查仪表指针是否在零点,若不在零点,则应用零点调整螺钉调至零点;校准指每次测量前或使用一段时间后,应按使用说明书要求对仪器的电路和传声器进行校准,若不正常则应调节微调电位器将其调至正常。

②预热。仪器使用前要预热 5～10min。

③选择量程开关。声级计的测量范围有 35～80dB,60～105dB 和 85～130dB 三挡。测量前,应根据被测声音强弱将量程开关置于适当位置。如无法估计其大小,应先将量程开关置于最高挡。测量喇叭声级时,应使用 85～130dB 挡。

④选择时间计权开关。根据所测音响的波动情况,选择时间计权开关的位置。测喇叭声级时,应将时间计权开关拨到"F"(快)挡。

⑤选择读/保持开关。一般测量时,将此开关重于"5s"。测喇叭声级时,为测出喇叭发出的最大声响,可用"保持"挡。此时按一下复位按钮,仪器即工作在最大值保持状态,显示值为仪器复位以来所测声级的最大值。每按一次复位按钮即结束前次的保持,并开始新的

保持周期。

⑥复位。在测量中,改变任何开关位置都必须按一下复位按钮,以消除开关换挡时可能引起的干扰。

⑦其他注意事项:勿使声级计受到冲击、振动;将其放置于通风、干燥处,并避免阳光直射;声级计传声器、引线是与原仪器配套的,不要与其他仪器交换使用;电池式声级计在不被使用时,应把干电池取出。

2.频率分析仪

用于测定噪声频谱的仪器称为频率分析仪或频谱仪。频率分析仪主要由滤波器、测量放大器和指示装置组成。检测时,噪声信号经过一组滤波器,使被测信号中所含有的不同频率分量逐一分离出来,并由测量放大器将其幅值放大,然后由指示装置直接显示测量结果或绘制频谱图。

在频率分析仪中应用的滤波器为带通滤波器,其特性曲线见图4.25。图中 f_c 称为带通滤波器的中心频率,f_1 和 f_2 分别称为带通滤波器的频率下限和上限。

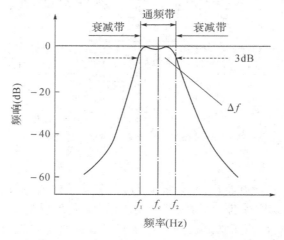

图 4.25 带通滤波响应曲线

定义 $B = f_2 - f_1$ 为带通滤波器的带宽,将频带 $f_2 - f_1$ 称为通频带,f_1 以下或 f_2 以上的频带称为衰减带。滤波器让通频带范围的声音通过,而将衰减带范围的声音进行衰减。为了能在一个相当宽的频率域中进行频率分析,需要许多中心频率不同的带通滤波器。带通滤波器在频率域上的位置用中心频率 f_c 表示,中心频率 f_c 为两截止频率的几何平均值,即:

$$f_c = (f_1 \cdot f_2)^{1/2}$$

频带的上限频率 f_2 与下限频率 f_1 之间有如下关系:

$$\frac{f_2}{f_1} = 2n$$

式中,n——倍频带数或倍频程数。

在汽车噪声测量中,常用 $n=1$ 时的倍频带和 $n=1/3$ 时的 1/3 倍频带。n 值越小,频带分得越细。1/3 倍频带是把 1 个倍频带再分为 3 份,使频带宽度更窄。

频率分析仪使用的滤波器带宽决定了该频率分析仪的频率分辨率。带宽越窄,将噪声信号频率成分分解得越细,分辨率就越高。利用频率分析仪,可以了解噪声的频率成分和各频率噪声的强弱,可为汽车噪声故障的诊断提供依据,并做到有针对性地控制和消除噪声。

二、检测方法

1. 噪声测量的一般方法

(1)在未接通电源时,先检查并调整仪表指针的机械零点。

(2)检查蓄电池容量。把声级计功能开关对准电池衰减器任意位置,此时电表指针应达到额定红线。否则读数不准,应更换蓄电池。

(3)打开电源开关,预热仪器 10min。

(4)校准仪器。每次测量前或使用一段时间后,应对仪器的电路和传声器进行校准。根据声级计上配有的电路校准"参考"位置,检验放大器的工作是否正常。如不正常,应用微调电位计进行调节。电路校准,再用已知灵敏度的标准传声器对声级计上的传声器进行对比校准。

(5)将声级计的功能开关对准"线性"、"快"挡。由于一般室内的环境噪声约为 40～60dB,声级计上应有相对应的示值。当变换衰减器刻度盘的挡位时,表示值应相应地变换 10dB 左右。

(6)检查计权网络。按上述步骤,将"线性"位置依次转换为"c"、"b"、"a"。由于室内环境噪声多为低频成分。故经"c"、"b"、"a"三挡计权网络后的噪声级示值低于线性值,而且应依次递减。

(7)考查"快、慢"挡。将衰减器刻度盘调到高分贝值处。通过操作人员发声,来观察"快"挡时的指针能否跟上发音速度,"慢"挡时的指针摆动是否明显迟缓。

(8)在投入使用时,若不知道被测噪声级多大,必须把衰减器刻度盘预先放在最大衰减位置,在实测中再逐步旋至被测声级所需要的衰减挡。

2. 车内噪声的检测

车内噪声的测量应满足如下要求。

(1)测量条件

测量跑道应有试验需要的足够长度,应是平直、干燥的沥青路面或混凝主路面;测量时的风速(指相对于地面)应不大于 3m/s;测量时车辆门窗应关闭,车内其他辅助设备若是噪声源,测量时是否开动,应接正常使用情况而定;车内本底噪声比所测车内噪声至少低 10dB,并保证测量不被偶然的其他声源所干扰;车内除驾驶员和测量人员外,不应有其他人员。

(2)测量位置

车内噪声测量时,通常在人耳附近布置测点,话筒朝向车辆前进方向。驾驶室内驾驶员耳旁噪声测点位置见图 4.26;客车室内噪声测点可选择在车厢中部及最后一排座位的中间位置,话筒高度同上。

(3)检测方法

检测车内噪声时,车辆以常用挡位、50km/h 以上不同车速匀速行驶,分别进行测量;用声级计"慢"挡测量 A、C 计权声级;若需做车内噪声频谱分析,可用频谱分析仪进行检测,应包括中心频率为 31.5Hz、63Hz、125Hz、250Hz、500Hz 1000Hz、2000Hz、4000Hz、8000Hz 的倍频带。

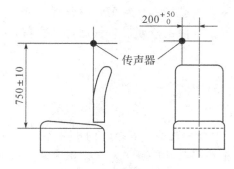

图 4.26　车内噪声测量点位置

根据《机动车运行安全技术条件》(GB 7258—2004),测量驾驶员耳旁噪声时,汽车应空载,处于静止状态且置变速器于空挡,发动机应处于额定转速状态,门窗紧闭;声级计置于"A"计权、"快"挡。

3.车外噪声的检测

(1)基本检测条件

测量场地应平坦空旷,在测量中心以 50m 为半径的范围内不应有大的反射物(如建筑物、围墙等);试验场地跑道应具有 20m 以上的平直、干燥的沥青或混凝土路面,路面坡度不得超过 0.5%;试验场地的本底噪声(包括风噪声)应比被测车辆的噪声至少低 10dB,并保证测量不被偶然的其他声源所干扰;测量应在良好天气中进行,测量时传声器高度的风速不应超过 5m/s;声级计附近除测量者外,不应有其他人员,若不可缺少时,则必须在测量者背后。

(2)检测场地要求

测量的场地见图 4.27。测试时话筒位于 20m 跑道中心点的两侧,各距中心线 7.5m,距地面高度 1.2m,话筒平行于地面,其轴线垂直于车辆行驶方向。

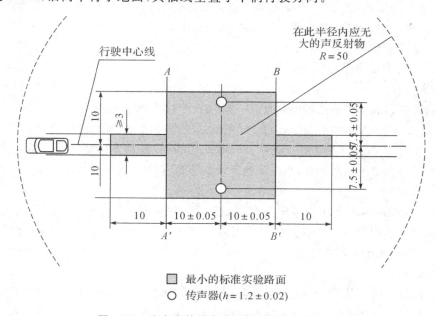

图 4.27　汽车车外噪声检测场地(尺寸单位:m)

（3）车辆状态

被测汽车应空载,不带挂车或半挂车(不可分解的汽车除外);被测汽车装用的轮胎必须是汽车制造厂为该车型指定选用的型式之一,必须把轮胎充气至厂定的空载状态气压;被测汽车的技术状况应符合该车型的技术条件(特别是该车的加速性能);如果汽车有两个或更多的驱动轴,测量时应采用道路上行驶常用的驱动方式;如果汽车装有带自动驱动机构的风扇,在测量期间应保持其自动工作状态。

（4）加速行驶车外噪声的检测方法

①汽车挡位选择

a.装用手动变速器 M₁ 和 N₁ 类汽车不多于 4 个前进挡时,应用第二挡进行测量;多于 4 个前进挡的变速器时,应分别用第二挡和第三挡进行测量。如果应用第二挡测量时,汽车尾端通过 BB' 线时发动机转速超过了 n_0(发动机的额定转速),则应逐次按 $5\%n_0$ 降低 n_A(接近允 AA' 线时发动机的稳定转速),直到通过 BB' 线时的发动机转速不再超过 n_0。如果 n_A 降到了怠速,而通过 BB' 线时的转速仍超过 n_0,则只用第三挡测量。但是,对于前进挡多于 4 个并装用额定功率大于 140kW 的发动机,且额定功率与最大总质量之比大于 7.5kW/t 的 M₁ 类汽车,假如该车用第三挡其尾端通过 BB' 线时的速度大于 61km/h,则只用第三挡测量。

b.装用手动变速器的非 M₁ 和 N₁ 类汽车,手动变速器前进挡总数为 X(包括由副变速器或多级速比驱动桥得到的速比)的汽车,应该用等于或大于 X/n 的各挡分别进行测量。对于发动机额定功率不大于 225kW 的汽车,取 $n=2$;对于额定功率大于 225kW 的汽车,取 $n=3$。如 X/n 不是整数,则应选择较高整数对应的挡位。从第 X/n 挡开始逐渐升挡测量,直到该车在某一挡位下尾端通过 BB' 线时发动机转速第一次低于额定转速时为止。

c.装用自动变速器的汽车,且自动变速器装用手动变速器,则应使变速器处于制造厂为正常行驶而推荐的位置来进行测量。

②接近速度的确定

a.对于有手动变速器的汽车,其接近 AA' 线时的稳定速度取下列速度中的较小值:

● 50km/h。

● 对于 M₁ 类和 M₁ 类以外发机功率大于 225kW 的其他各类汽车,对应于 $3/4n_0$(发动机额定转速)的速度。

b.对于装有自动变速器的汽车,应分别以 30km/h、40km/h、50km/h(如果该车道路上最高速度的 3/4 低于 50km/h,则以其最高速度 3/4 的速度)的稳定速度接近 AA' 线。

③加速及检测过程

a.汽车以上述规定的挡位和稳定速度接近 AA' 线,速度变化应控制在 ±1km/h 之内,若控制发动机转速,则转速变化应控制在 ±2% 或 ±50r/min 之内(取两者中较大值)。

b.当汽车前端到达 AA' 线时,须尽可能迅速地将加速踏板踩到底(即节气门或油门全开)加速行驶,并保持不变,直到汽车尾端通过 BB' 线时再尽快地松开踏板(即节气门或油门关闭)。

c.汽车应直线加速行驶通过测量区,其纵向中心平面应尽可能接近测量区中心线。

d.如果该车是由牵引车和不易分开的挂车组成,确定尾端通过 BB' 线时不考虑挂车。

依照 ECE R51/01/02 系列限值及 GB1495－2002 限值表系列限值中的汽车分类标准,

将车型按四类进行统计分析,则北京汽车研究所 2002 年、2003 年检测的部分汽车样车加速行驶车外噪声测量结果与 ECE R51 系列限值和 GB1495－2002 限值的统计对比见图 4.28、4.29,表 4.26、4.27。

从图 4.28 可以看出,目前我国绝大多数 M_1 类汽车能够满足 GB1495－2002 第一阶段(相当于 R51/01)噪声标准的要求,仅 30% 左右能够满足 GB1495－2002 第二阶段(相当于 R51/01)的噪声限值。对比图 4.28 和表 4.26,可见我国 M_1 类汽车的差距很大。

从图 4.29 可以看出,我国总重大于 3.5t 的 N 类汽车的噪声水平。目前仅两辆车满足欧洲正在实行的 ECE R51/02 限值,仅 26% 左右能够满足第二阶段(相当于 R51/01)噪声限值,但有 92% 能够满足我国实施的第一阶段(相当于 R51/00,欧洲 20 世纪 80 年代初期水平)噪声限值。表 4.27 是 2002－2003 年我们对部分进口 N_3 汽车加速噪声的检测结果,基本符合欧洲当时实行的 ECE R51/02 限值。

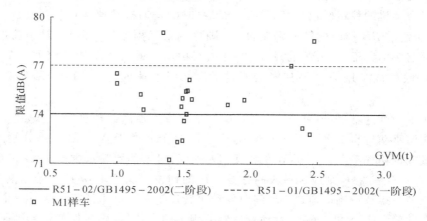

图 4.28　M_1 类汽车加速噪声检测结果

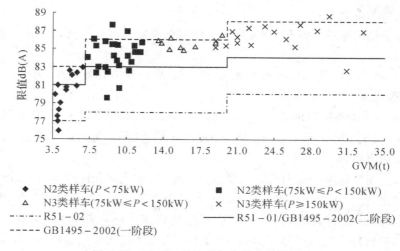

图 4.29　N_2、N_3 类汽车加速噪声检测结果

表 4.26　进口 M₁ 类汽车加速噪声检测结果

样车编号	最大总质量（t）	测量结果 dB(A)	第二阶段限值 dB(A)
1	2750	73.1	
2	1815	72.5	
3	2060	73.3	74
4	2320	74.7	
5	1980	72.4	
6	1650	71.6	

表 4.27　进口 N₃ 类汽车加速噪声检测结果

样车编号	最大总质量（t）	测量结果 dB(A)	功率（kW）
1	34000	79.5	288
2	35000	79.3	290
3	41000	79.2	200
4	40000	79.9	288
5	38900	80.3	190
6	35600	79.1	205

（5）匀速行驶车外噪声的测量方法

车辆用常用挡位，节气门保持稳定，以 50km/h 的车速匀速通过测量区域。声级计用 A 计权网络、"快"挡进行测量，读取车辆驶过时声级计表头的最大读数。用同样的方法使车辆往返各测量 1 次，其同侧 2 次测量结果之差不应大于 2dB。若用一个声级计测量，同样的测量应进行 4 次，即每侧滑量 2 次。

4.汽车定置噪声的检测

（1）车辆状态

①车辆位于测量场地的中央，变速器挂空挡，拉紧手制动器，离合器接合。

②发动机罩、车窗与车门应关上，车辆的空调器及其他辅助装置应关闭。

③测量时，发动机出水温度、油温应符合生产厂的规定。

（2）排气噪声的测量

检测排气噪声时，测量场地和传声器位置如图 4.30 所示。

①传声器位置

a.传声器与排气口端等高，在任何情况下距地面不得小于 0.2m。

b.传声器参考轴应与地面平行，并与通过排气口气流方向且垂直于地面的平面成 45°±10°的夹角。传声器朝向排气口，距排气口端 0.5m，放在车辆外侧。

c.车辆装有两个或更多的排气管，且排气管之间的间隔不大于 0.3m，并连接于一个消声器时，只需取一个测量位置。传声器应位于最靠近车辆外侧的那个排气管。如果两个或两个以上的排气管同时在垂直于地面的直线上，则选择离地面最高的一个排气管。

d.装有多个排气管，并且各排气管的间隔大于 0.3m 时，其每一个排气管都要测量，并记录其最高声级。

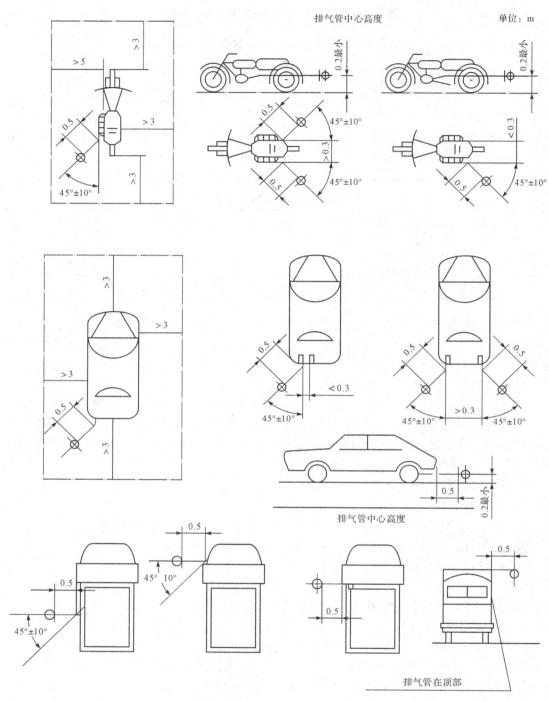

图 4.30　排气噪声检测的测量场地和传声器位置(尺寸单位:m)

　　e.排气管垂直向上的车辆,传声器放置高度应与排气管口等高,传声器朝上,其参考轴应垂直地面。传声器应放在离排气管较近的车辆一侧,并距排气口端 0.5m。

②发动机运转条件

a.发动机测量转速取 $3/40n_0 \pm 50(\text{r}/\text{min})$。

b.测量时,发动机稳定在上述转速后,测量由稳定转速尽快减速到怠速过程的噪声,然后记录最高声级。

③测量数据

每类试验的每个测点重复进行试验,直到连续出现三个读数的变化范围在 2dB(A)之内为止,并取其算术平均值作为测量结果。

5.汽车喇叭声级检测

为了使汽车喇叭起到警示功能,喇叭声不能过低;但为了减小喇叭噪声对城市环境的影响,喇叭声级又不能过高。因此应适当控制汽车喇叭声级。

检测汽车喇叭声级时,应将声级计置于距汽车前 2m,离地高 1.2m 处,其话筒朝向汽车,轴线与汽车纵轴线平行,如图 4.31 所示。在这种情况下测得的喇叭声级应在 90～115dB(A)的范围内。

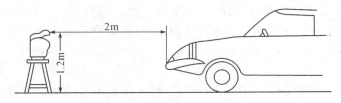

图 4.31　喇叭声级的检测

具体检测内容如下:

(1)确定声级。声级包括声压级、声强级和声功率级。利用传统的声压测试技术可直接测量声压级,利用现代声强测试技术可直接测量声强级。声压级和声强级都代表了测点位置噪声的强弱。声功率不能直接测量,但可通过测量声压级或声强级进行计算得到。声功率级代表了噪声源辐射声能量的大小。显然要比较、鉴定和评价汽车及其部件总成的噪声,应测量其声功率级;要描述特点场所的噪声强弱,则应测量声压级或声强级。但由于声功率级的测量比较麻烦,所以在研究和评价汽车噪声时常用的是声压级,不过要注意测试条件和测试方法的一致性,否则就丧失了比较意义。关于汽车整车和发动机、消声器、驱动桥等总成的噪声测量,相应的国家标准或行业标准都作了详细规定。

(2)确定噪声的频谱。一方面由于人对噪声的感受与噪声频率结构有关,另一方面也由于噪声的产生、辐射和传播都与噪声频率密切相关,噪声的频率特征为寻找噪声源提供了重要依据,所以在汽车噪声测量分析中经常要求测量噪声频谱。对声压级、声强级和声功率级均可进行频谱分析,从而得到声压级谱、声强级谱或声功率级谱。

(3)确定噪声源。确定噪声源既是通过某种手段鉴别测量对象各部分辐射噪声能量的大小,并进一步探寻发声的根本原因,以便采取有效措施进行降噪。

【知识拓展】

一、风噪声

近年来,随着高等级公路的修建,汽车行驶的速度也在不断提高,汽车风噪声已经成为汽车技术和城市环境领域研究的重要课题之一。

1.汽车风噪声的类型

风噪声是汽车在高速行驶时车身周围气流和车身台阶及突出物引起空气紊流而产生的一种异常噪声。空气紊流产生的气流噪声通过车门、密封条、车身板、门窗玻璃等传到乘员耳朵里。风噪声随车速和风向变化。

风噪声分为紊流噪声、漏气噪声、哨音噪声、簧片噪声、风颤振噪声和传递噪声。

(1)紊流噪声

台阶使气流加速并产生紊流,引起空气振动。此时,如果自然风发生变化,将产生紊流噪声。例如,空气与立柱 A 的端部相撞产生涡流,对车身产生压力即形成风噪声;涡流在立柱 B 对车身产生压力形成风噪声;平稳流动的气流可产生轻微的风噪声。

(2)漏气噪声

车身气密性不好产生漏气噪声。外部噪声通过密封不良的部位或缝隙进入到车内部,可以引起风噪声;车内空气被吸到车外,同样也会引起风噪声。

(3)哨音噪声

空气通过狭缝引起加速形成哨音噪声。哨音噪声有三种类型:流振噪声、凹腔噪声、风吹声。例如天线柱能形成风哨声。

(4)簧片噪声

空气通过窄缝并产生振动,又会引起边缘振动而产生簧片噪声。

(5)风颤振噪声

在开启天窗行驶的过程中,气流的分离产生紊流,该紊流又与进入车内的气流产生共振,从而形成风颤噪声。

(6)传递噪声

车身表面突出物把沿车身表面流动的气流分离而产生紊流,这种紊流通过车身板等进入到车内部,这时车内乘员会感觉到传递噪声。

2.汽车风噪声的检修方法

汽车风噪声故障的排除程序是:顾客申诉现象确认→噪声源查找→维修→维修结果确认。

(1)顾客申诉故障现象确认

根据用户申诉的内容,通过交流与分析,明确以下七项问题:声音的类型、噪声源、产生风噪声的车速、辅助设备的工作状态、附件装备情况、时间/天气/温度风力情况、首次故障出现情况,并填写风噪声检查表。

(2)噪声源查找

查找噪声源的程序是:确定噪声区域→将之隔离→通过排除法进一步证实噪声产生源。

　　查找噪声源的技巧是:听觉确定噪声的种类和方向;视觉检测零件之间的缝隙或间隙;功能件进行工作时,检测噪声的变化;推入或拉出零部件时,检测噪声的变化;用粘胶带法可以缩小找到噪声源的范围。噪声源的查找方法如下:

　　①通过路试,用听力检查噪声的类型、方向、大致位置。

　　②用目视的方法检查噪声是否来自车身表面的台阶、缝隙、其他轮廓,进一步确定噪声源区域。

　　③将功能机件置于不同的工作位置,通过噪声的差异进一步确认噪声源。用听觉和视觉检查异响部位之后,将功能件置于不同位置再查找噪声的差异。例如,后视镜、天线等功能部件的状况发生变化时,检查噪声有什么变化。如通过调整发动机罩减振垫高度改变发动机罩和大灯之间的间隙,汽车行驶中检查噪声的差异;折叠、拉出后视镜,查听汽车行驶中噪声的变化;拉出、缩回天线,查听汽车行驶中噪声的差异。

　　④推拉零部件,通过检查噪声的差异进一步确认噪声源。这种方法的目的类似于以前所说的功能检查法,主要用于簧片噪声和漏气噪声的检查,不能用于其他方面的检查。

　　⑤用粘胶带遮挡被怀疑机件,通过检查噪声的差异进一步确认噪声源。用听觉、视觉、功能件操作、推拉等检测方法对相关部件检查之后,用粘胶带遮挡被怀疑的机件,即逐个把可能出现的噪声源隔离开,通过检查噪声的差异进一步确认噪声源。

　　(3)维修

　　主要维修方法如表 4.28 所示。

表 4.28　风噪声异响维修方法

维修方法	目的	适用修复对象
使用海绵填料填充	提高边缘张紧性,在一定范围上提高表面压力	用于零件间的缝隙
用丁基胶带粘贴	密封,防止空气进入大灯盖周围缝隙处	除前/后挡风玻璃外的其他需密封处
用风玻璃粘胶带粘贴	防止空气进入前立柱,且使挡风玻璃嵌条边缘不再振动	主要用于密封前/后挡风玻璃
装配调整	消除间隙、变形等引起的漏气噪声	车门、发动机盖等运动机件的调整
总成校正	校正零部件总成故障,恢复正常位置	车门、发动机盖、玻璃框机件
零件更换	更换零件,恢复配合,改变气流,消除噪声	产生异响的二机件

　　(4)维修结果确认

　　维修完成后,检查下列内容:噪声是否已经完全消除、维修后有没有产生其他噪声、附件功能是否正常等。

二、噪声控制的基本途径

　　噪声控制是研究获得适当噪声环境的科学技术,具有多学科相互交叉的性质。所谓适当的噪声环境,是指在经济条件和工艺条件允许的前提下,通过技术措施使噪声降低到人们满意或可以直接接受的水平。

1. 吸声材料和吸声结构在汽车发动机上的应用

吸声材料主要用在发动机壳上来吸声和降低其声辐射效率。虽然由于开口部位或遮蔽部位不同而多少存在差异,但可以认为开口率与噪声级有明确的关系,开口率增大使发动机壳的降噪效果变差。当将吸声材料粘附在发动机外壳上时,减少噪声的效果与开口率无关,大体保持恒定值。

2. 在车室内的应用

车室内的全部内饰在一面装吸声材料。特别是对毛毡、车顶内饰、密封材料等的吸声特性,提出了种种改进方案。下面着重对车顶内饰上应用吸声材料作吸声出来的必要性、存在问题和降噪效果加以说明。

车顶棚距乘员头部很近,面积又大,因而顶棚经吸声处理后减少噪声的效果很大。试验表面越接近吸声表面,减少噪声的效果越大。顶棚有无吸声处理,在乘员耳朵的位置处可产生 2dB 以上的噪声级差。此外,一些汽车驾驶室的有限元计算表明,顶棚经常是主要振动和声辐射部位,对顶棚作吸声处理也可降低其声辐射。要想对其进行这种遮蒙处理,得用数千克重的隔板。吸声材料用于车室内顶棚时,特别要求装饰面要好,并且无污染。解决这两点是利用吸声材料的基本条件。

由于吸声材料为多孔的、通气性高的材料,故材料本体对吸烟者的烟和灰尘可起到过滤作用,这样表面容易污染。在运行中,汽车顶棚与板间的空气层对车室内部会产生很强的负压,因此,要防止吸声材料上下的空气对流,顶棚内面要有薄膜,但薄膜使空气层的效果减小,会影响吸声性能。为了不使背后空气层减少也不降低吸声效果,要在限制空气流动方法上下工夫。

3. 隔声降噪法及其在汽车中的应用

虽然世界各国已在汽车低噪声设计方面做了大量的研究,试图从噪声源入手根本解决汽车噪声控制问题,但由于技术上或原理上的问题,要做到真正低噪声化还需要很长时间才能完成。所谓隔声法技术用某种隔声装置将高噪声源与周围环境隔离,使其辐射的噪声不能直接传播到周围区域,从而达到控制噪声污染的目的。显然,隔声法实质上是隔离从声源辐射出来的空气声,就是在空气声传播的路径上插入障碍物而阻挡声的传播。

三、噪声治理

一般情况下,汽车加速行驶时,车外噪声比车内噪声治理难度大,对周围环境的影响也大,是汽车生产厂主要解决的技术问题。解决的措施除了提高汽车零部件加工精度、装配质量外,主要应对发动机、排气、风扇、传动、轮胎、制动、车身结构等进行改进,一般还采取声学控制方法降低噪声。在对汽车噪声治理时,采取的材料要隔热、防火、耐温,一定要保证发动机的散热,连接牢固,通风良好,而且保证治理后的汽车低噪声能长期保持,即必须保证产品的一致性。

使用吸音、隔音材料进一步降低噪声,也是客车厂、专用车厂主要采取的措施之一。对于发动机噪声,可以采取以下 2 种办法降低噪声:(1)在发动机舱盖内加装铝箔复合材料(优点:质量轻,对声波反射性能好;缺点:复合层容易吸水,散热性、防火性能差,如果是不干胶粘结容易脱落,如果是后置发动机容易起火);(2)在发动机下面加装隔音板(效果好,但拆装不方便,散热差,温度高,容易起火)。

目前许多发达国家都是采用立法的手段来致力于道路交通噪声污染的治理,而制定严格的车辆噪声试验标准与限值则是其中最好的"治本"措施。降低汽车噪声是一个长期循序渐进的过程,还需要做多方面大量细致的技术工作。

【项目总结】

1.汽油发动机的排放物是烃类燃料的燃烧物,主要有 CO、HC、NO_x、醛、酚、过氧化物有机酸等。HC 表示未燃烧的烃,其中受汽车排放法规限制的有害成分是 CO、HC 和 NO_x。柴油机废气中的有害排放物主要包括:微粒、NO_x、CO、HC 等。与汽油机相比,柴油机废气中的 CO 以及 HC 相对比较少,NO_x 的排放量也较汽油机的低。

2.CO 的生成主要是和混合气的混合质量及其浓度有关,主要原因是燃料不完全燃烧、混合气混合不均匀、CO_2 和 H_2O 在高温时裂解。汽油机 HC 主要是在缸内未燃的燃油,随排气排放形成 HC。NO_x 的生成与温度、氧浓度和反应时间有关。

3.我国国家标准推荐的汽油机排放污染物的检测方法主要有:稳态加载模拟工况法、简易工况法、瞬态加载工况法,及双怠速工况法等,对于不同的检测方法有相应的排放限值。

4.汽油车排放污染物检测使用的仪器主要有 3 种:不分光红外线排气分析仪、非扩散型红外线废气分析仪和四气体与五气体分析仪。柴油车排气烟度的检测仪器主要是滤纸式烟度计、不透光式烟度计和重量式烟度计。

5.微粒的排放是柴油机所特有的问题,柴油机排烟可分为白烟、蓝烟和黑烟 3 种,影响柴油机炭烟排放量的因素主要是燃料、喷油、转速和负荷。对柴油车主要进行自由加速工况和加载减速工况下的烟度检测。

6.欧、美、日三大柴油车排放标准体系中,欧洲标准体系测试要求相对而言比较宽泛,应用较广;美国标准体系测试工况复杂,主要在美洲地区采用;日本标准体系仅局限于本土,其他国家鲜有采用。我国客车大多数出口地采用欧洲标准体系;少数采用美系标准。

7.废气分析不仅是检查排放污染物治理效果的唯一途径,而且还是对发动机工作状况及性能判定的重要手段。废气测试值与系统故障之间存在一定的关系。可遵循基本原则,对废气进行有效分析。柴油机微粒成分分析对微粒形成、氧化过程以及微粒后处理技术研究都有重要的意义,其方法主要有热解质量分析法、索氏萃取法和针对硫酸盐的分析方法。

8.汽车的噪声主要包括燃烧噪声、进气和排气噪声、风扇噪声、机械噪声、轮胎噪声、车身噪声等,长期在高噪声环境下工作和生活会危害人体的健康,可以引起多种疾病、影响人们正常工作和休息、影响交通安全,因此,必须根据国家标准对汽车的噪声进行检测。

9.汽车噪声最常用的检测仪器是声级计。声级计能把各种噪声按人耳听觉特性近似的测定其噪声级的仪器。用于测定噪声频谱的仪器称为频率分析仪或频谱仪。

【练习题】

一、填空题

1.影响汽油机排放的因素有_____、_____、_____和_____。

2.汽油车在怠速工况时_____的排出量最多;在加速或等速工况时_____的排出量最多。

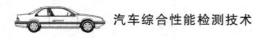

3. 我国国家标准推荐的汽油机排放污染物的检测方法有：_____、_____、_____和_____等。

4. 汽油车排放污染物检测使用的仪器主要有_____、_____和_____。

5. _____不仅是检查排放污染物治理效果的唯一途径，而且还是对发动机工作状况及性能判定的重要手段。

6. 柴油机排烟可分为_____、_____和_____3种。

7. 柴油车排气烟度的检测仪器主要是_____、_____和_____。

8. 对柴油车主要进行_____工况和_____工况下的烟度检测。

9. 柴油机微粒分析的方法主要有_____、_____和_____。

10. 一般声波有_____、_____和_____三种形状。

11. 汽车噪声分_____和_____两种。

二、判断题

1. 柴油在空燃比为 14.8 时，燃料可以实现完全燃烧。（　　　）

2. 在一定范围内，推迟汽油车点火提前时刻，CO 的排放量变化不大。（　　　）

3. 利用不分光红外线分析法制成的分析仪，即可以制成单独检测 CO 或单独检测 HC 含量的单项分析仪，也可以制成能测量这两种气体含量的综合分析仪。（　　　）

4. 我国客车大多数出口地采用美国标准体系。（　　　）

5. 均质混合气、压燃着火是柴油机不同于汽油机的最基本特征。（　　　）

6. 直接喷射式和非直接喷射式（预燃式）柴油机的燃烧过程与排放物的产生，大部分机理是相同的。（　　　）

7. 柴油机中 NO 的生成浓度主要取决于局部的氧分子浓度、最高燃烧温度和高温持续时间。（　　　）

8. 严重的汽车噪声不仅会影响周围环境，还会影响驾驶员工作效率，使得驾驶员注意力下降、反应时间加长，发生交通事故趋势增加。（　　　）

9. 汽车噪声污染是汽车的第一大公害。（　　　）

三、选择题

1. 以下排放污染物中，（　　　）不是来自燃油的燃烧，而是空气燃烧的产物。

A. CO　　　　　　　B. HC　　　　　　　C. NO_x　　　　　　　D. 炭烟

2. （　　　）检测成本低、操作维护简单、使用范围广，但是只能检测无负荷情况下的排气情况。

A. 稳态加载模拟工况法　　　　　　　B. 简易工况法

C. 瞬态加载工况法　　　　　　　　　D. 双怠速法

3. 把废气分析装置中红外光源分别取为（　　　）或（　　　）波长，即可测出 CO 或 HC 的含量比例。

A. 2.6 μm　　　　　B. 3.4 μm　　　　　C. 4.2 μm　　　　　D. 4.7 μm

4. （　　　）的排放是柴油机所特有的问题。

A. CO　　　　　　　B. HC　　　　　　　C. NO_x　　　　　　　D. 微粒

5. 柴油机排放往往着眼于（　　　）而无需对进气量加以节流限制。

A. 动力的最大输出　　　　　　　　　B. 燃料的充分利用

C.机械传动的平顺性　　　　　　　　D.行车速度的提高

6.实验研究表明:柴油机 NO 的排放浓度在采用(　　)的混合气时达到最大值。

A.特浓　　　　　　B.较浓　　　　　　C.较稀　　　　　　D.特稀

7.高于(　　)的噪声使人容易疲劳,产生头晕、头痛、失眠、记忆力下降等各种病症。

A.35dB(A)　　　　B.50dB(A)　　　　C.70dB(A)　　　　D.90dB(A)

8.汽车噪声最常用的检测仪器是(　　)。

A.声级计　　　　　　B.频谱仪　　　　　　C.烟度计　　　　　　D.万用表

9.在汽车噪声各声源中,(　　)噪声占整车噪声的份额最大。

A.冷却系　　　　　　B.排气　　　　　　C.燃烧　　　　　　D.传动系

四、简答题

1.汽油机对大气一般产生哪几方面的污染?

2.汽油机排放污染物主要有哪些?是如何形成的?

3.简述汽油车双怠速污染物的检测方法。

4.简述汽油车简易工况检测方法。

5.柴油车的排气污染物主要有哪些?影响柴油机排放的因素有哪些?

6.简述柴油车自由加速烟度的检测方法。

7.柴油机排放有哪些控制措施?

五、问答分析题

1.请分别阐述简易工况检测法和双怠速检测法污染物排放限值。

2.请分别阐述欧洲、美国和我国的柴油机排放标准体系/限值。

3.试从下表中各行所列的 CO、HC、CO_2 和 O_2 测试值,推测产生故障的原因。

CO	HC	CO₂	O₂	故障原因
低	很高	低	低	
低	很高	低	低	
很高	很高/高	低	低	
很高	很高/高	低	很高/高	
高	低	正常	正常	
低	低	正常	正常	
变化	变化	低	正常	
很低	很低	很高	很高	
低	低	低	高	

项目 5
汽车综合性能检测

【项目目标】

 知识目标

1. 掌握汽车综合性能检测的主要任务、内容和要求。
2. 能正确描述汽车底盘功率检测的参数、方法、检测原理及要求。
3. 能正确描述汽车转向性能检测的参数、方法、检测原理及要求。
4. 能正确描述汽车悬架性能检测的参数、方法、检测原理及要求。
5. 能正确描述汽车车轮平衡度检测方法、检测原理及调整方法。
6. 能正确描述汽车四轮定位检测的参数、方法、检测原理及调整方法。

 能力目标

1. 会正确检测汽车底盘功率并进行分析。
2. 会对汽车转向性能及悬架性能进行检测与分析。
3. 会正确检测车轮平衡度并进行分析与调整。
4. 会正确检测汽车四轮定位参数并进行分析与调整。

任务 5.1 汽车底盘功率检测

【任务引入】

案例导入：一辆手动挡丰田轿车，行驶 45000km，出现加速困难、动力不足的故障。为了判断是发动机故障还是底盘故障，因此要求对该车进行底盘功率的检测。

【任务分析】

汽车出现动力不足加速困难时，一方面是因为发动机功率不足造成的，一方面是因为底盘传动系故障造成的，比如离合器打滑、传动系阻滞等。汽车加速困难首先应进行底盘测功,如果功率测量值小于标准值要在底盘测功机上进行汽车挂挡、脱挡试验,空挡试验时如果发动机转速上升慢则判断是发动机故障,应进行发动机功率检测;挂挡试验时如果发动机转速快而车速慢,则判断是底盘故障。需要在底盘测功机上进行滑行试验来确定具体故障部位。因此需要学会底盘功率检测的方法。

【相关知识】

一、底盘功率检测原理和设备

底盘测功在滚筒式底盘测功试验台上进行。滚筒式底盘测功试验台一般由滚筒装置、功率吸收装置(即加载装置)、测量装置、控制装置和辅助装置五部分组成。图 5.1 所示为国产 DCG-10C 型汽车底盘测功检测台机械部分的结构示意图。该试验台是一种采用美国单片机作为系统的控制核心,适用于轴质量不大于 10t、驱动车轮输出功率不大于 150kW 车辆的检测。

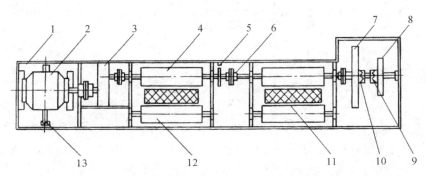

图 5.1 底盘测功机机械部分结构示意图
1—框架;2—电涡流测功器;3—变速器;4—主动滚筒;5—速度传感器;6—万向节;
7、8—飞轮;9、10—电磁离合器;11—举升器;12—从动滚筒;13—压力传感器

1. 滚筒装置

滚筒相当于连续移动的路面,被检汽车的车轮在其上滚动。滚筒有单滚筒和双滚筒两种。双滚筒结构简单,安装使用方便,且成本较低,因而使用广泛。

滚筒有光滚筒、滚花滚筒、带槽滚筒和带涂覆层滚筒多种形式。光滚筒目前应用最多,虽然附着系数较低,但车轮与光滚筒间的附着能力可以产生足够的牵引力。

2. 功率吸收装置(即加载装置)

功率吸收装置用来模拟车辆在道路上行驶所受的各种阻力。常用的功率吸收装置是测功器。测功器模拟汽车实际行驶时外界负载的变化,同时测量车轮输出的转矩和转速,即可算出底盘输出的功率。

测功器主要的类型有水力式、电力式和电涡流式。水力测功器是利用水作为工作介质,调节制动力矩;电力测功器是利用改变定子磁场的激磁电压产生制动力矩;电涡流测功器是利用电磁感应产生电涡流形成制动作用。这里就电涡流测功器的结构和工作原理作一下介绍。

（1）电涡流测功器的结构

电涡流测功器因结构形式不同，分为盘式和感应子式两类。现在应用最多的是感应子式电涡流测功器。如图5.2所示为感应子式电涡流测功器的结构图。制动器由转子和定子组成，制成平衡式结构。

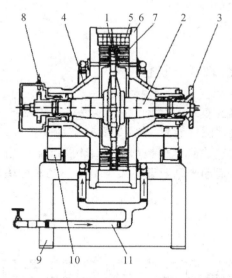

图5.2　感应子式电涡流测功器结构图

1—转子；2—转子轴；3—连接盘；4—冷却水管；5—激磁绕组；6—外壳
7—冷却水腔；8—转速传感器；9—底座；10—轴承座；11—进水管

转子为铁质的齿状圆盘；定子由激磁绕组、涡轮环、铁芯组成。电涡流测功器吸收的发动机功率全部转化为热量，测功器工作时，冷却水对测功器进行冷却。

（2）电涡流测功器的工作原理

当激磁绕组中有直流电通过时，在由感应子、空气隙、涡流环和铁芯形成的闭合磁路中产生磁通，当转子转动时，空气隙发生变化，则磁通密度也发生变化。在转子齿顶处的磁通密度大，齿根处磁通密度小，由电磁感应定律可知，此时将产生感应电势，力图阻止磁通的变化，于是在涡流环上感应出电涡流，电涡流的产生引起对转子的制动作用，涡流环吸收汽车的功率，产生的热量由冷却水带走。

3.测量装置

测功器工作时，不能直接输出汽车驱动轮的输出功率值，它需要配备测力装置与测速装置，从而测量出旋转运动时的转速与扭矩，再换算成其功率值。

（1）测力装置

测力装置用以测量汽车底盘施加于测功机上的驱动力。测力装置有机械式、液压式和电测式三种形式，目前应用较多的是电测式。电测式测力装置通过测力传感器，将力变成电信号，经处理后送到指示装置显示出来。

（2）测速装置

测速装置测量转速，测速装置多为电测式，一般由速度传感器、中间处理装置和指示装置组成。速度传感器安装在从动滚筒一端，随滚筒一起转动，能把滚筒的转动变为电信号。

（3）功率指示装置

功率指示装置在微机控制的底盘测功检测台上,测力传感器和速度传感器输出的电信号送入微机处理后,指示装置直接显示驱动轮的输出功率。

4.控制装置

底盘测功检测台的控制装置和指示装置往往制成一体。如图 5.3 所示为国产 DCG-10C型底盘测功检测台控制面板图,控制柜上的按键、显示窗、旋钮、功能灯、报警灯、指示灯等,用来控制试验过程,显示或打印试验结果。

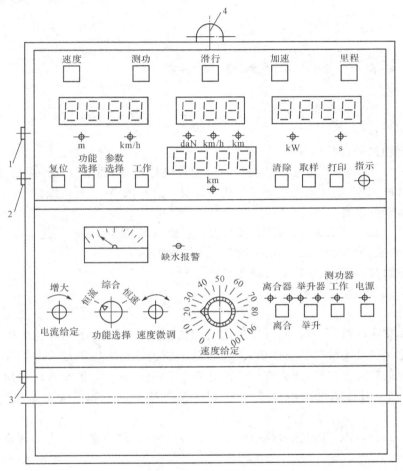

图 5.3   DCG-10C 型底盘测功检测台控制柜面板图

1—取样盒插座；2—打印机数据线插座；3—打印机电源线插座；4—报警灯

5.辅助装置

（1）举升装置

为方便被测车辆驶入和驶出底盘测功检测台,在主、从滚筒之间装有举升装置。举升装置有气动、液动和电动三种类型,以气动举升装置为多见。

（2）飞轮机构

飞轮机构用于模拟汽车在道路上行驶的动能，其飞轮的转动惯量应与所测车型的加速能力、滑行能力试验的要求相适应。在底盘测功检测台传动系统中，飞轮通过离合器与滚筒相连。

（3）冷风装置

一般底盘测功检测台在汽车前面面对散热器设有移动式冷风装置，以加强汽车检测时对发动机的冷却。

【任务实施】

底盘测功检验台检测方法和数据分析

1. 底盘测功检测台的检测方法

1）检测前准备

①底盘测功试验台的准备

使用试验台之前，按厂家规定的项目对试验台进行检查、调整、润滑，在使用过程中，要注意仪表指针的回位、举升器工作导线的接触情况。发现故障，及时清除。

②被检车辆的准备

a. 汽车开上底盘测功试验台以前，调整发动机供油系及点火系至最佳工作状态。

b. 检查、调整、紧固和润滑传动系及车轮的连接情况。

c. 清洁轮胎，检查轮胎气压是否符合规定。

d. 汽车必须运行至正常温度。

2）检测方法

进行汽车技术等级评定时，只需要测定发动机额定功率转速下驱动轮的输出功率。为了全面考核车辆的动力性和调整质量，测量点除了制造厂给出的额定功率相应的转速点和最大扭矩相应的转速点以外，还应进行低速下的功率测量，这样才能全面反映出供油系和点火系的调整质量，通常测量点不少于 3 个（其中包括额定功率和最大扭矩点）。检测步骤如下：

①接通试验台电源，并根据被检车辆驱动功率的大小，将功率指示表的转换开关置于低挡或高挡位置。

②操纵手柄（或按钮），升起举升器的托板。

③使被检汽车的驱动轮与滚筒成垂直状态。操纵手柄，降下举升器托板，直到轮胎与举升器托板完全脱离为止。

④用三角木抵住滚筒之外的一对车轮的前方，以防止汽车在检测时从试验台滑出去，将冷却风扇置于被检汽车正前方，并接通电源。

⑤检测发动机额定功率和最大扭矩转速下的输出功率或驱动力时，将变速器挂入选定挡位，松开驻车制动，踩下加速踏板，同时调节测功器制动力矩对滚筒加载，使发动机在节气门全开情况下以额定转速运转。待发动机转速稳定后，读取并打印输出功率（或驱动力）值、车速值。在节气门全开情况下继续对滚筒加载，至发动机转速降至最大扭矩转速稳定运转

时,读取并打印驱动力(或输出功率)值、车速值。

如需测出驱动车轮在变速器不同挡位下的输出功率或驱动力,则要依次挂入每一挡按上述方法进行检测。当发动机发出额定功率、挂直接挡,可测得驱动车轮的额定输出功率;当发动机发出最大扭矩,挂 1 挡,可测得驱动车轮的最大驱动力。

发动机全负荷选定车速下输出功率或驱动力的检测,是在踩下加速踏板的同时调节测功器制动力矩对滚筒加载,使发动机在节气门全开情况下以选定的车速稳定运转进行的。发动机部分负荷选定车速下输出功率或驱动力的检测与此相同,只不过发动机是在选定的部分负荷下工作的。

⑥全部检测结束,待驱动轮停止转动后,移开风扇,去掉车轮前的三脚架,操纵手柄举起举升器的托板,将被检汽车驶离检测台。

3)注意事项

①超过检测台允许轴重或轮重的车辆一律不准上检测台进行检测。

②检测过程中,切勿拨弄举升器托板操纵手柄,车前方严禁站人,以确保检测安全。

③检测额定功率和最大扭矩相应转速工况下的输出功率时,一定要开启冷却风扇并密切注意各种异响和发动机的冷却水温。

④磨合期间的新车和大修车不宜进行底盘测功。

⑤检测台不工作期间,不准在上面停放车辆。

2.检测结果的分析

根据交通行业标准 JT/T198－2004《汽车技术等级评定标准》和 GB/T18276－2000《汽车动力性台架试验方法和评价指标》的规定,汽车动力性采用汽车发动机在额定扭矩和额定功率时的驱动轮输出功率作为评价指标。检测工况采用汽车额定扭矩和额定功率的工况。即发动机全负荷与额定扭矩转速和额定功率转速所对应的直接挡车速构成的工况。采用校正驱动轮输出功率与相应的发动机输出总功率的百分比作为驱动轮输出功率的限制。

$$\eta_{VM} = P_{VMO} / P_M \tag{5.1}$$

$$\eta_{VP} = P_{VPO} / P_e \tag{5.2}$$

式中:η_{VM}——汽车在额定扭矩工况下的校正驱动轮输出功率与额定扭矩功率的百分比;

η_{VP}——汽车在额定功率工况下的校正驱动轮输出功率与额定功率的百分比;

P_{VMO}——汽车在额定扭矩工况下的校正驱动轮输出功率;

P_{VPO}——汽车在额定功率工况下的校正驱动轮输出功率;

P_M——额定扭矩功率;

P_e——额定功率。

一级车的 η_{VM} 或 η_{VP} 应当达到标准规定的额定值,二级车和三级车应当达到允许值。表5.1 所示为轿车的驱动轮输出功率的限值。其他车辆如载货汽车、半挂列车及客车的驱动轮输出功率的限值见 GB/T18276－2000《汽车动力性台架试验方法和评价指标》的规定。

表 5.1　汽车驱动轮输出功率的限值

汽车类型	汽车型号	额定扭矩工况			额定功率工况		
		直接挡检测速度 V_M (km/h)	校正驱动轮输出功率/额定扭矩功率 η_{VM} (%)		直接挡检测速度 V_P (km/h)	校正驱动轮输出功率/额定扭矩功率 η_{VP} (%)	
			额定值 η_{Mr}	允许值 η_{Ma}		额定值 η_{Pr}	允许值 η_{Pa}
轿车	夏利、富康	95/65	65/60	40/35	—	—	—
	桑塔纳	95/65	70/65	45/40	—	—	—

根据检测结果可判断汽车动力性是否合格。其合格的条件是

$$\eta_{VM} \geqslant \eta_{Ma} \tag{5.3}$$

或

$$\eta_{VP} \geqslant \eta_{Pa} \tag{5.4}$$

【知识拓展】

一、汽车动力性指标

汽车的动力性是指汽车在良好路面上行驶时,由汽车受到的纵向外力决定的、所能达到的平均行驶速度。汽车的动力性是汽车最基本的使用性能。汽车的动力性越好,汽车运行的平均速度就越高,汽车运行效率就越高。

汽车的动力性指标有三个:最高车速、加速时间和最大爬坡度。

最高车速是指汽车在平直、良好道路(混凝土或柏油)上所能达到的平均最高行驶车速。轿车的最高车速一般为 140～200km/h。

加速时间包括原地起步加速时间和超车加速时间两种。原地起步加速时间是指汽车由Ⅰ挡或Ⅱ挡起步,并以最大的加速强度(包括选择恰当的换挡时机)逐步加速至最高挡后,到某一预定的距离或车速所需时间。超车加速时间是指最高挡或次高档由某一较低车速全力加速至某一高速所需时间。

汽车最大爬坡度是指汽车满载、在良好路面上,使用最低挡所能爬上的最大坡度。

二、汽车传动系机械传动效率

滚筒式底盘测功试验台,除能检测驱动车轮的输出功率或驱动力外还能检测车速表指示误差、行驶油耗量等。在测得驱动车轮输出功率后,立即踩下离合器踏板,利用试验台对汽车的反拖还可测得传动系消耗功率。将测得的同一转速下的驱动车轮输出功率与传动系消耗功率相加,就可求得这一转速下的发动机有效功率。

从底盘测功试验台上测出的驱动车轮输出功率,要与发动机飞轮输出的功率进行对比,按(5.5)式计算出机械传动效率

$$\eta_m = \frac{P_k}{P_e} \tag{5.5}$$

式中：P_k——驱动车轮的输出功率；

　　P_e——发动机飞轮的输出功率。

汽车传动系的机械传动效率正常值如表 5.2 所示。当被检汽车的机械传动效率低于表中值时，说明消耗于离合器、变速器、分动器、万向传动装置、主减速器、差速器和轮毂轴承等处的功率增加。损耗的功率主要集中在各运动件的摩擦损耗和搅油损耗上。因此，通过正确的调整和合理的润滑，机械传动效率会得到提高。值得指出的是，新车和大修车的机械传动效率并不是最高，只有传动系完全走合后，由于配合情况变好，摩擦力减小，才使得机械传动效率达到最高。因此，随着车辆继续使用，由于磨损增大，配合情况逐渐恶化，造成摩擦损失不断增加，因而机械传动效率也就降低。所以，定期对车辆底盘测功，计算机械传动效率，能为评价底盘传动系技术状况提供重要依据。

表 5.2　汽车传动系机械传动效率

汽车类型		机械传动效率
轿车		0.90～0.92
载货汽车和公共汽车	单级主减速器	0.90
	双级主减速器	0.84
4×4 越野汽车		0.85
6×4 越野汽车		0.8

三、底盘测功机动力性检测影响因素

在实际检测工作中，由于检测条件控制不好，人为因素影响、测功机自身存在缺陷等原因，导致检测的准确性和可靠性降低，重复性变差。一般的影响底盘测功机驱动轮输出功率的因素主要有五个方面：人为因素的影响、底盘测功机的影响、检测车辆的影响、检测方法的影响、环境因素的影响。

1. 人为因素的影响

车辆上线检测是由引车员配合检测设备进行操作的，车辆外部检测项目大多是靠人工检测的，因此引车员和外检员的检测方法是否严格遵守操作规程，登录员信息采集和输入是否正确，直接影响检测结果的准确性和公正性。

2. 底盘测功机的影响

1）底盘测功机内阻的功率损耗对汽车动力性检测结果的影响

底盘测功机的内阻是指底盘测功机传动系统在传递动力时存在的阻力，它主要是由各配合副（包括支撑轴承、联轴器等）在相对运动中存在机械摩擦引起的机械阻力构成。在实际检测工作中，不少早期购置的底盘测功机对其自身内部消耗功率没有标明，或在检测汽车底盘输出功率时，没有计入机械阻力所消耗的功率，导致检测结果偏小，出现误判。

2）风冷式电涡流机对汽车动力性检测结果的影响

风冷式电涡流功率吸收装置采用冷却风扇给励磁线圈进行散热，冷却风扇与转子为一体结构，当转子转动时，冷却风扇自身将消耗一定的驱动功率，且与转子速度的三次方成正比，检测车速越高，风冷电涡流机功率消耗就越大，而底盘测功机测得的功率中却未包含测功机自身散热所消耗的功率。因此,当底盘测功机安装有风冷式电涡流功率吸收装置时,必须给出风扇消耗功率与转子转速的数学模型,以便计入底盘输出功率中,如果不计入冷却风扇所消耗的功率,则检测结果偏小,出现误判。

3)车轮滚动阻力对汽车动力性检测结果的影响

底盘测功机测得的驱动轮输出功率不含检测时的车轮滚动阻力所消耗的功率,如果车轮滚动阻力越大,则检测结果偏小,出现误判。而这一部分的消耗功率的大小取决于底盘测功机的结构和性能,轮胎的结构、材料和气压等因素。

4)底盘测功机不适应被检车辆

由于底盘测功机价格较高,检测机往往不能完全配置各种型号的测功机,各种不同型号车辆综合利用1台测功机,少数车辆出现检测结果偏小或无法检测的情况。

3.检测车辆的影响

汽车的动力性既取决发动机能发出多少功率,又取决于汽车传动系统输出多少功率,被检车辆发动机和传动系的技术状况优与劣是影响整车动力性的最主要因素。

1)发动机的技术状况

发动机是汽车动力源,随着汽车行驶里程的增加,发动机的技术状况会逐渐恶化变差,且恶化变差的过程快于汽车传动系各总成,发动机技术状况变差直接表现为发动机输出功率下降,直接导致底盘输出功率下降,这是输出功率下降最主要的原因。在用汽车发动机动力性恶化变差,主要是配气机构、气缸活塞组件、供给系、点火系等技术状况变差的结果,排除这些系统、机构的故障,恢复其良好状况,即可恢复发动机的动力性。

2)传动系对动力性的影响

如果传动系在传递动力过程中功率损耗过大,那么发动机发出功率再多,也难以拥有好的动力性。对于传动系结构定型的在用汽车,在使用过程的传动系阻力的大小完全取决于传动系的技术状况。我们一般采用汽车自由滑行距离的长短评价汽车底盘的状况。目前检测机构将滑行距离和驱动轮输出功率结合在一起检测,如果滑行距离过短,则传动系损耗功率大,从而影响驱动轮的输出功率,传动系损耗功率大,一般有以下几个方面的原因产生:离合器打滑、轮毂轴承过紧或制动蹄片与制动鼓间隙过小、万向传动装置故障、驱动桥故障、轮胎气压不标准、轮辋变形等等。

4.检测方法的影响

1)现行动力性评价指标对汽车动力性检测结果的影响

目前检测站都采用汽车发动机在额定扭矩和额定功率时驱动轮输出功率作为评价指标,采用校正驱动轮输出功率与相应的发动机额定功率或额定扭矩功率的百分比作为驱动轮输出功率的限值,并且按车型系列规定了具体的限值和测试车速。通过对 GB/T18276－2000 的研究分析,发现该标准的检测方法和评价指标具有一定的局限性。

该标准所列车型系列不全面。随着汽车工业的飞速发展,新车型层出不穷,该标准没有穷尽现有车型,导致有不少车型无检测标准限值。所以,在数据处理上有不同的方法,导致检测结果不同,往往造成误判。

2)检测方法的不统一

GB/T18276－2000《汽车动力性台架试验方法和评价指标》和 GB/21861－2008《机动车安全技术检验项目和方法》中关于底盘的方法有不同之处,所以如果采用不同的标准,将影响检测结果。

5.环境因素的影响

环境是影响检测结果准确性和有效性的重要因素,应确保环境条件满足相关技术规范和标准的要求。底盘测功机工位应配置温度计、湿度计和大气压力表,并将被检车辆最后一次检测时的环境参数录入检测报告范围。在实际工作中存在以下问题:

1)未配置环境测试仪;

2)未对实测功率进行校正;

3)柴油车的实测功率校正存在一定难度。

任务5.2　汽车转向性能检测

【任务引入】

案例导入:一辆行驶了24000km的马自达轿车,据车主反映车子转向时感觉转向盘松旷量很大,需用较大的幅度转动转向盘,方能控制汽车的行驶方向,而在汽车直线行驶时又感到行驶方向不稳定。初步判断是转向盘自由转动量过大引起的,因此要进行转向性能的检测。

【任务分析】

汽车转向系的技术状况对于保证汽车行驶安全、减轻驾驶员劳动强度、提高运输效率、延长车辆使用寿命有着十分重要的作用。如果方向盘转向不灵敏,在转向时感觉行驶方向不稳定,很难控制住汽车的行驶方向,则可认为是转向盘的自由转动量过大引起的。因此要首先进行转向性能的检测,其中就包括转向盘自由转动量的检测和转向力的检测。

【相关知识】

一、汽车转向盘自由转动量和转向力的检测

转向盘自由转动量是指汽车转向轮保持直线行驶位置静止不动时,左右轻轻晃动转向盘测得的游动角度。转向盘的转向力是指在一定行驶条件下,作用在转向盘外缘的圆周力。这两个诊断参数主要用来诊断转向轴和转向系中各零件的配合状况。该配合状况直接影响到汽车的操纵稳定性和行车安全性,因此,对于在用车辆应对上述两项参数进行检测。

1.转向参数测量仪的结构和工作原理

转向参数测量仪是用于检测转向盘自由转动量和转向力的仪器。如图5.4所示是国产ZC-2型的转向参数测量仪,该测量仪是以微机为核心的智能仪器,该仪器由操纵盘、主机箱、连接叉和定位杆四部分组成。

操纵盘由螺钉固定在三爪底板上,底板经力矩传感器与三个连接叉相连,每个连接叉上都有一只可伸缩长度的活动卡爪,以便与被测转向盘相连接。

主机箱为一圆形结构,固定在底板中央,其内装有接口板、微机板、转角编码器、打印机、

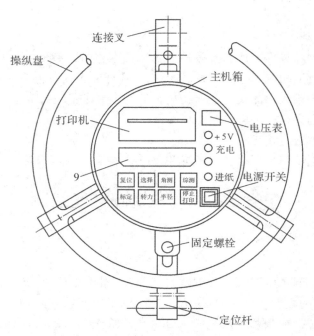

图 5.4　国产 ZC-2 型的转向参数测量仪

力矩传感器和电池等。

定位杆从底板下伸出,经磁力座吸附在驾驶室内的仪表盘上。定位杆的内端连接有光电装置,光电装置装在主机箱内的下部。

测量时,把转向参数测量仪对准被测转向盘中心,调整好三个连接叉上伸缩卡爪的长度,与转向盘连接并固定好。转动操纵盘,转向力通过底板、力矩传感器、连接叉传递到被测转向盘上,使转向盘转动以实现汽车转向。此时,力矩传感器将转向力矩转变成电信号,而定位杆内端连接的光电装置则将转角的变化转变成电信号。这两种电信号由微机自动完成数据采集、转角编码、运算、分析、存储、显示和打印。因此,使用该测量仪既可测得转向盘的转向力,又可测得转向盘的自由转动量。

2.简易方法检测转向力

无转向参数测量仪时,可以通过弹簧秤沿切向拉动转向盘的边缘来测量转向力。转向力的检测方法有多种,目前在实际上应用最多的有如下两种。

(1)路试转向力检测

将弹簧秤安装在被测的转向盘上,让汽车在平坦、硬实、干燥和清洁的水泥或沥青路面上,以 10km/h 的速度在 5s 内沿螺旋线从直线行驶过渡到直径为 24m 的圆周行驶,测出施加于转向盘外缘的最大切向力数值,该数值即为转向盘转向力。这种方法是国家标准 GB7258—2004《机动车运行安全技术条件》推荐使用的方法。

(2)原地转向力检测

①将弹簧秤安装在被测车辆的转向盘上。

②将汽车转向轮置于转向盘上。

③通过测力装置转动转向盘,使转向轮能达到原厂规定的最大转角。

④在转向轮转动的全过程中,用测力装置测得的最大数值即为车轮原地转动的转向盘转向力。

这种方法是 GB18565－2001《营运车辆综合性能要求和检验方法》规定中使用的方法。

二、汽车转向盘自由转动量和转向力的检测标准

1. 转向盘的最大自由转动量

国家标准 GB7258—2004《机动车运行安全技术条件》规定:最高设计车速不小于100km/h 的机动车,转向盘的最大自由转动量不允许大于 20°;三轮汽车,不大于 45°;其他机动车,不大于 30°。

2. 转向力

国家标准 GB7258—2004《机动车运行安全技术条件》规定:施加于转向盘外缘的最大切向力应不大于 245N。

GB18565－2001《营运车辆综合性能要求和检验方法》中规定:转动转向盘的最大转向力应小于或等于 120N。

【任务实施】

转向参数测量仪的使用方法和数据分析

1. 转向盘自由转动量的检测方法

(1)测量时,应使汽车的两转向轮处于回正状态将车停稳,固定转向参数测量仪;

(2)调整转向参数测量仪的角度和扭矩的零点;

(3)轻轻向左(或向右)转动转向参数测量仪的操纵盘至某一侧的极限位置(刚克服完自由间隙时的位置),记录角度值,然后再旋转至另一侧的极限位置,记录角度值,两个角度值的绝对值之和就是转向盘的自由转动量。

2. 转向力检测方法

(1)汽车转向轮置于转角盘上,安装、固定好转向参数测量仪;

(2)调整转向参数测量仪的角度和转矩的零点;

(3)转动转向参数测量仪的操纵盘使转向轮达到原厂规定的最大转角,记录全过程中转向力矩的最大值。然后再除以转向盘的直径(单位 m)就得到了最大转向力。

检测时,注意车轮能否转动到极限位置或是否与其他部件发生干涉现象。

3. 检测结果分析

转向盘的自由转动量的大小关系到汽车行驶中的操纵稳定性和汽车的安全性,同时也影响驾驶员的劳动强度。自由行程过大,造成行驶中操纵动力性下降,驾驶员劳动强度加大,紧急情况下汽车安全性明显下降;自由行程过小,行驶中驾驶员必须高度集中注意力,容易造成驾驶员疲劳,同时也会造成过小转向特性,形成"激转"影响汽车的安全性。

转向盘自由转动量超标主要有以下几个方面的原因:转向盘与转向轴的连接松旷;转向器内主、从动啮合部位松旷或主、从动部分的轴承松旷;纵、横转向拉杆的球头连接松旷;纵、

横转向拉杆臂与转向节的连接松旷;转向节与主销配合松旷。

转向盘的转动阻力是评价转向盘转动是否灵活、轻便的量化指标。转动阻力大,会增加驾驶员的劳动强度和影响行车安全。汽车在行驶中驾驶员向左(右)转动转向盘时,就会感到沉重费力无回正感;汽车低速转弯或掉头时,转动转向盘就更加费力。

转向盘转动阻力超标主要有以下几个方面的原因:轮胎气压不足;转向器主动部分轴承预紧力太大或从动部分与衬套配合太紧;转向器主、从动部分啮合调整太紧;转向器无油或缺油;转向节与主销配合太紧或缺油;纵、横转向拉杆的球头连接调整太紧或缺油;与转向盘连接的转向轴弯曲或其套管凹瘪,造成刮碰。

【知识拓展】

一、机械转向系故障诊断

机械转向系的常见故障部位主要有:转向盘自由行程、转向传动机构连接处、转向器等。

机械转向系的常见故障主要包括:转向沉重,转向盘自由行程过大和转向轮抖动。

1. 转向沉重

1)故障现象

汽车行驶中,驾驶员向左、右转动转向盘时,感到沉重费力,无回正感;汽车低速转弯行驶和调头时,转动转向盘感到非常沉重,甚至打不动。

2)故障主要原因及处理方法

转向沉重的根本原因是转向轮气压不足或定位不准,转向系传动链中出现配合过紧或卡滞而引起摩擦阻力增大。具体原因主要有:

①转向轮轮胎气压不足,应按规定充气。

②转向轮本身定位不准或车轴、车架变形造成转向轮定位失准,应校正车轴和车架,并重新调整转向轮定位。

③转向器主动部分轴承调整过紧或从动部分与衬套配合太紧,应予调整。

④转向器主、从动部分的啮合间隙调整过小,应予调整。

⑤转向器缺油或无油,应按规定添加润滑油。

⑥转向器壳体变形,应予校正。

⑦转向管柱转向轴弯曲或套管凹瘪造成互相碰擦,应予修理。

⑧转向纵、横拉杆球头连接处调整过紧或缺油,应予调整或添加润滑脂。

⑨转向节主销与转向节衬套配合过紧或缺油,或转向节止推轴承缺油,应予调整或添加润滑脂等。

3)故障诊断方法

以桑塔纳乘用车为例,先检查轮胎气压,排除故障由轮胎气压过低引起。接着按图5.5机械转向系转向沉重常见故障原因的诊断流程找出故障位置。

2. 转向盘自由行程过大

转向盘自由行程过大又可称为转向不灵敏。

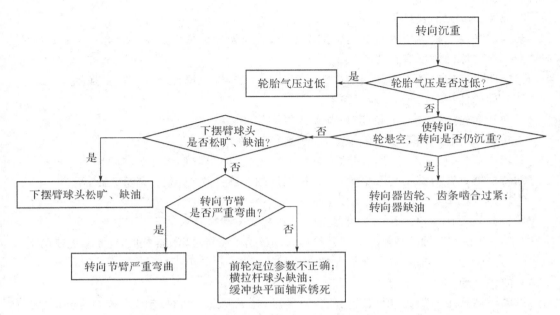

图 5.5 机械转向系转向沉重常见故障原因的诊断流程

1）故障现象

汽车保持直线行驶位置静止不动时，转向盘左右转动的游动角度太大。具体表现为汽车转向时感觉转向盘松旷量很大，需用较大的幅度转动转向盘，方能控制汽车的行驶方向；而在汽车直线行驶时又感到行驶方向不稳定。

2）故障主要原因及处理方法

转向盘自由行程过大的根本原因是转向系传动链中一处或多处的配合因装配不当、磨损等原因造成松旷。具体原因主要有：

①转向器主、从动啮合部位间隙过大或主、从动部位轴承松旷，应予调整或更换。

②转向盘与转向轴连接部位松旷，应予调整。

③转向垂臂与转向垂臂轴连接松旷，应予调整。

④纵、横拉杆球头连接部位松旷，应予调整或更换。

⑤纵、横拉杆臂与转向节连接松旷，应予调整或更换。

⑥转向节主销与衬套磨损后松旷，应予更换。

⑦车轮轮毂轴承间隙过大，应予更换等。

3）故障诊断方法

造成转向盘自由行程过大的根本原因是转向系传动链中一处或多处连接的配合间隙过大，诊断时，可从转向盘开始检查转向系各部件的连接情况，看是否有磨损、松动、调整不当等情况，找出故障部位。

3.转向轮抖动

1）故障现象

汽车在某低速范围内或某高速范围内行驶时，出现转向轮各自围绕自身主销进行角振动的现象。尤其是高速时，转向轮摆振严重，握转向盘的手有麻木感，甚至在驾驶室可看到汽车车头晃动。

2）故障主要原因及处理方法

转向轮抖动的根本原因是转向轮定位不准，转向系连接部件之间出现松旷，旋转部件动不平衡。具体原因主要有：

①转向轮旋转质量不平衡或转向轮轮毂轴承松旷，应予校正动平衡或更换轴承。

②转向轮使用翻新轮胎，应予更换。

③两转向轮的定位不正确，应予调整或更换部件。

④转向系与悬挂的运动发生干涉，应予更换部件。

⑤转向器主、从动部分啮合间隙或轴承间隙太大，应予调整或更换轴承。

⑥转向器垂臂与其轴配合松旷或纵、横拉杆球头连接松旷，应予调整或更换。

⑦转向器在车架上的连接松动，应予紧固。

⑧转向轮所在车轴的悬挂减振器失效或左右两边减振器效能不一，应予更换。

⑨转向轮所在车轴的钢板弹簧 U 形螺栓松动或钢板销与衬套配合松旷，应予紧固或调整。

⑩转向轮所在车轴的左右两悬挂的高度或刚度不一，应予更换等。

3）故障诊断方法

以桑塔纳乘用车为例，根据转向轮抖动特征，按照图 5.6 机械转向系转向轮抖动常见故障原因的诊断流程找出故障部位。

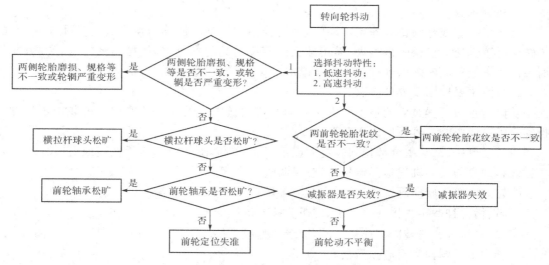

图 5.6　机械转向系转向轮抖动常见故障原因的诊断流程

二、动力转向系统故障诊断

为了操纵轻便、转向灵敏和提高行车安全，目前高级乘用车、豪华客车和重型货车广泛采用了动力转向系。动力转向系一般是在机械转向系的基础上加装转向助力装置；常用的助力装置是液压式，主要由转向泵、动力油缸、控制阀、转向油罐和油管等组成。

动力转向系的常见故障部位主要有：转向盘自由行程、转向传动机构连接处、转向器、转向泵、控制阀、油管接头等。

动力转向系的常见故障主要是转向沉重和转向噪声。

1.转向沉重

1)故障现象

同机械转向系。

2)故障主要原因及处理方法

转向沉重故障一般由液压转向助力系统失效或助力不足,机械传动机构损坏或调整不当引起。具体原因主要是:

①转向油罐油液油量不足或规格不对,应使用正确的油液并调整到规定高度。

②油路堵塞或不畅,应予检修。

③油路中有泄漏现象,应予检修排除。

④油路中有空气,应予排气。

⑤转向泵传动带损坏或打滑,应予调整或更换。

⑥调节阀失效,使输出压力过低,应予更换或调整。

⑦转向机构调整不当,应予调整等。

3)故障诊断方法

检查转向油罐中油液是否不足,规格是否不对和有无气泡,检查管接头有无松动,转向泵传动带张紧力是否正常。

将转向盘向左右极限位置来回转动,如果左右转向都沉重,故障在转向泵、液压缸或转向传动机构;如果左右转向助力不同,故障在控制阀。

详见图 5.7 所示动力转向系转向沉重助力部分常见故障原因的诊断流程。

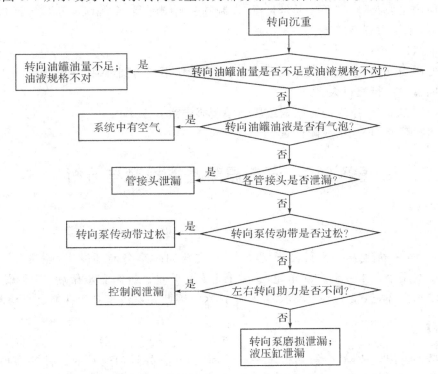

图 5.7　动力转向系转向沉重助力部分常见故障原因的诊断流程

2. 转向噪声

1）故障现象

汽车转向时,转向系出现过大的噪声。

2）故障主要原因及处理方法

装有动力转向系的汽车,在发动机启动后,转向助力泵的溢流阀中出现液流噪声是正常的,但噪声过大甚至影响转向性能时,该噪声应视为故障。因助力系统引起转向噪声的原因主要是:

①转向泵损坏或磨损严重,应予修理或更换。

②转向泵传动带打滑,应予调整或更换。

③控制阀性能不良,应予检修。

④系统中渗入空气,应予排气。

⑤管道不畅,应予检修等。

3）故障诊断方法

转向时发出"咔哒"声,在已排除转向泵叶片噪声的情况下,则由转向泵带轮出现松动引起。

转向时发出"嘎嘎"声,由转向泵传动带打滑引起。

转向时转向泵发出"咯咯"声,是由于系统中有空气;发出"嘶嘶"声,而且系统无泄漏,转向泵传动带张紧度也合适,则由油路不畅或控制阀性能不良引起。

3. 动力转向系的其他故障

1）转向助力瞬间消失

故障原因主要是:转向泵传动带打滑,控制阀密封圈泄漏,系统泄漏造成油面过低,发动机怠速过低,系统内有空气等。

2）转向盘回位不良

故障原因主要是:系统内有空气、压力限制阀工作不良,控制阀弹簧失效等。

3）转向盘自由行程过大

故障原因主要是:系统内有空气或压力限制阀失效。

需针对故障原因,找出故障位置。

任务5.3 汽车悬架性能检测与分析

【任务引入】

案例导入:一辆捷达 GIX 行驶了 73000km,在转向时车身前部发出"嘎吱"的响声。经修理人员检查用手上下晃动右前车轮,感觉上下有松旷量。拆卸右悬架后,发现减振弹簧上方的悬架轴承损坏,更换了悬架轴承后,异响排除。因此要对汽车悬架性能进行检测。

【任务分析】

汽车悬架若出现故障,会影响行车平顺性和安全性,并且加速其他部件的磨损,进而会增加维修费用,缩短汽车的使用寿命。捷达悬架轴承是与橡胶衬垫制成一体的,经长期使用会导致轴承损坏和橡胶衬垫被挤压变薄,从而出现上述检查时的松旷现象,并伴有异响声。

所以需要学会汽车悬架性能的检测。

【相关知识】

一、汽车悬架系统简介

汽车悬架是将车身和车轴弹性连接起来的重要总成。其作用是缓和不平路面引起的振动和冲击,以保证汽车由良好的平顺性;衰减各种动载荷引起车身振动;传递作用在车轮和车身之间的各种力和力矩;保证汽车行驶所必需的操纵稳定性。它包括弹性元件、减振器和导向装置等三部分,如图 5.8 所示。

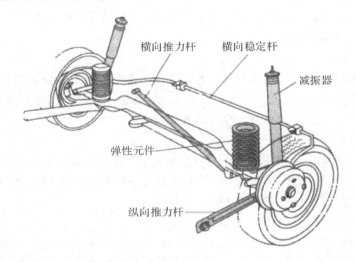

图 5.8　汽车悬架结构图

弹性元件的作用是缓和冲击,并承受、传递垂直载荷。常见的主要由钢板弹簧、螺旋弹簧、扭杆弹簧、油气弹簧与空气弹簧等。减振器的作用是限制弹簧自由震荡,衰减振动。导向装置的作用是传递侧向力、纵向力,并保证车轮相对车身的正确运动关系。钢板弹簧作为弹性元件时,它本身具有导向作用,可不另设导向装置。

按汽车导向装置的不同,悬架可分为独立悬架和非独立悬架。独立悬架的特点是车桥做成断开的,每侧车轮可以单独地通过弹性元件与车架或车身连接。非独立悬架的特点是两侧车轮由一根整体式车架相连,车轮连同车桥一起通过弹性悬架悬挂在车架或车身的下面。按控制形式不同,悬架可分为被动式悬架和主动式悬架。被动式悬架是汽车姿态(状态)只能被动地取决于路面、行驶状况和汽车的弹性元件、导向装置以及减振器这些机械零件。主动悬架可根据路面和行驶工况自动调整悬架刚度和阻尼,从而使车辆能主动控制垂直振动及其车身或车架的姿态。目前多数汽车上采用被动悬架。

二、汽车悬架性能检测方法

汽车悬架性能的检测方法有经验法、按压车体法和试验台检测法三种类型。

1. 经验法

经验法是通过人工外观检视的方法，主要从外部检查悬架装置的弹簧是否有裂纹，弹簧和导向装置的连接螺栓是否松动，减振器是否漏油、缺油和损坏等项目。

2. 按压车体法

按压车体法既可以人工按压车体，也可以用试验台的动力按压车体。按压使车体上下运动，观察悬架装置减振器和各部件的工作情况，凭经验判断是否需要更换或修理减振器和其他部件。

显然，上述两种方法主要是靠检查人员的经验，因此存在主观因素大、可靠性差，只能定性分析、不能定量分析等问题。

3. 试验台检测法

检测台能快速检测、诊断悬架装置工作性能，并能进行定量分析。根据激振方式不同，悬架装置检测台可分为跌落式和共振式两种类型。其中，共振式悬架装置检测台根据检测参数的不同，又可分为测力式和测位移式两种类型。

(1)跌落式悬架装置检测台

测试中，先通过举升装置将汽车升起一定高度，然后突然松开支撑机构，车辆落下产生自由振动。用测量装置测量车体振幅或者用压力传感器测量车轮对台面的冲击压力，对振幅或压力分析处理后，评价汽车悬架装置的工作性能。

(2)共振式悬架装置检测台

如图 5.9 所示，通过试验台的电动机、偏心轮、蓄能飞轮和弹簧组成的激振器，迫使试验台台面及其上被检汽车悬架装置产生振动。在开机数秒后断开电机电源，从而由蓄能飞轮产生扫频激振。由于电机的频率比车轮固有频率高，因此蓄能飞轮逐渐降速的扫频激振过程总可以扫到车轮固有振动频率处，从而使台面—汽车系统产生共振。通过检测激振后振动衰减过程中力或位移的振动曲线，求出频率和衰减特性，便可判断悬架装置减振器的工作性能。

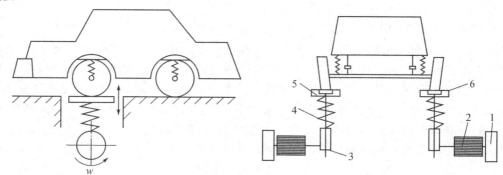

图 5.9　共振式悬架检测台

1—蓄能飞轮；2—电动机；3—偏心轮；4—激振弹簧；5—台面；6—测量装置

　　测力式悬架装置检测台和测位移式悬架装置检测台,一个是测振动衰减过程中的力,另一个是测振动衰减过程中的位移量,它们的结构如图 5.10 所示。由于共振式悬架装置检测台性能稳定、数据可靠,因此应用广泛。

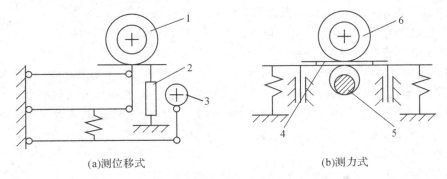

(a)测位移式　　　　　　　　　　　　(b)测力式

图 5.10　测力式和测位移式悬架检测台结构

1、6—车轮;2—位移传感器;3—偏心轮;4—力传感器;5—偏心轴

三、共振式悬架装置检测台的结构

1.检测台结构

共振式悬架装置检测台一般由机械部分和电子电器控制部分组成。

(1)机械部分

共振式悬架装置检测台的机械部分,由箱体和左右两套相同的振动系统构成,结构如图 5.11 所示。每套振动系统由上摆臂、中摆臂、下摆臂、支承台面、激振弹簧、驱动电机、蓄能飞轮和传感器等构成。传感器一端固定在箱体上,另一端固定在台面上。

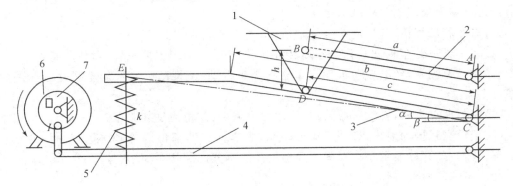

图 5.11　共振式悬架检测台单轮支承结构简图

1—支承台面;2—上摆臂;3—中摆臂;4—下摆臂;5—激振弹簧;6—驱动电机;7—偏心惯性结构

　　上摆臂、中摆臂和下摆臂通过三个摆臂轴和六个轴承安装在箱体上。上摆臂和中摆臂与支承台面连接,并构成平行四边形的四连杆机构,以保证上下运动时能平行移动,以及台面受载时始终保持水平。中摆臂和下摆臂端部之间装有弹簧。

　　驱动电机的一端装有蓄能飞轮,另一端装有凸缘,凸缘上有偏心轴。连接杆一端通过轴承和偏心轴连接,另一端和下摆臂端部连接。

检测时,将汽车驶上支承平台,启动测试程序,驱动电机带动偏心机构使整个汽车—台面系统振动。激振数秒钟达到角频率为 ω_0 的稳定强迫振动后,断开驱动电机电源,接着由蓄能飞轮以起始频率为 ω_0 的角频率进行扫频激振。由于停在台面上车轮的固有频率处于 ω_0 和 0 之间,因此蓄能飞轮的扫频激振总能使汽车—台面系统产生共振。断开驱动电机电源的同时,启动采样测试装置,记录数据和波形,然后进行分析、处理和评价。

（2）电子电器控制部分

共振式悬架装置检测台电子电器控制部分,主要由微机、传感器、A/D 转换器、电磁继电器及控制软件等组成。控制软件是悬架装置试验台电子电器控制部分与机械部分联系的桥梁。软件不仅实现对悬架装置试验台测试过程的控制,同时也对悬架装置试验台所采集的数据进行分析和处理,并最终将检测结果显示和打印出来。

2.检测台使用注意事项

（1）超出试验台额定载荷的汽车,禁止驶上悬架台。

（2）不要在悬架台上停放车辆和堆积杂物,严禁做空载试验。

（3）不要让肮脏的车辆直接检测,特别是轮胎和底盘部分粘有较多泥土的情况,应首先清洗并待滴水较少时进行检测。

（4）雨天检测必须为车辆除水,滴水较少时才能检测。

（5）严禁悬架台中进水,保持传感器干燥,以保证传感器正常工作。

（6）为保证测试精度,传感器必须预热 30 分钟。

【任务实施】

汽车悬架性能检测方法和数据分析

1.用检测台检测悬架特性的方法

（1）汽车轮胎规格、气压应符合规定值,车辆空载,不乘人。

（2）将车辆每轴车轮驶上悬架检测台,使轮胎位于台面的中央位置,驾驶员离车。

（3）启动检测台,使激振器迫使汽车悬挂产生振动,使振动频率增加至超过振荡的共振频率。

（4）在共振点过后,将激振源关断,振动频率减少,并将通过共振点。

（5）记录衰减振动曲线（如图 5.12 所示）,纵坐标为动态轮荷,横坐标为时间,测量共振时动态轮荷。计算并显示动态轮荷与静态轮荷的百分比及其同轴左右轮百分比的差值。

2.悬架性能的诊断标准

GB18565—2001《营运车辆综合性能要求和检验方法》中规定:对于最大设计车速 ≥100km/h、轴载质量 ≤1500kg 的载客汽车,应用悬架检测台按规定的方法进行检测悬架特性,受检车辆的车轮在受外界激励振动下测得的吸收率,即被测汽车共振时的最小动态车轮垂直载荷与静态车轮垂直载荷的百分比值（又称车轮接地性指数）,应不小于 40%,同轴左右轮吸收率之差不得大于 15%。

车轮接地性指数可以表征悬架装置的工作性能,车轮接地性指数表明了悬架装置在汽车行驶中确保车轮与路面相接触的最小能力。汽车行驶中,所有车轮的接地性指数是不一

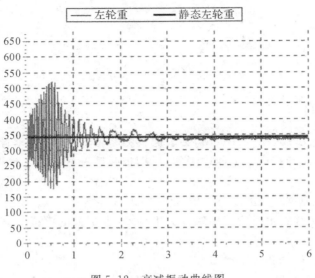

图 5.12　衰减振动曲线图

样的,这是因为各轮悬架装置工作性能不一、各轮承受载荷不一、各轮气压不一等原因造成的。如果在检测台上,人为使各轮承受的载荷和轮胎气压一致,那么,车轮接地性指数就主要决定于悬架装置的工作性能。因此,完全可以用车轮接地性指数评价悬架装置的工作性能。

在欧美一些国家,悬架装置检测台已被广泛应用在检测汽车悬架装置工作性能上。欧洲使用的悬架装置检测台主要的生产厂家有德国的 HOFMANN 公司和意大利的 CEMB 公司等。他们生产的悬架检测台在检测中,悬架检测台台板连同其上的被检汽车按正弦规律作垂直振动,激振振幅固定而频率变化。力传感器感应到车轮作用到台板上的垂直作用力,并将力信号存入存储器。当对全车所有车轮悬架装置检测完后,微机将力信号进行分析和处理,便可获得车轮的接地性指数。

欧洲减振器制造协会(EUSAMA)推荐的评价车轮接地性指数的参考标准如表 5.3 所列,可供我国检测悬架装置工作性能时参考。

表 5.3　车轮接地性指数参考标准

车轮接地性指数(%)	车轮接地状态	车轮接地性指数(%)	车轮接地状态
60～100	优	20～30	差
45～60	良	1～20	很差
30～45	一般	0	车轮与路面脱

【知识拓展】

悬架故障诊断

1.非独立悬架装置常见故障

(1)钢板弹簧折断

钢板弹簧折断,尤其是第一片折断,会引起弹力不足等原因,使车身歪斜。前钢板弹簧一侧第一片折断后,车身在横向平面内歪斜;后钢板弹簧一侧第一片诊断时,车身在纵向平面内歪斜。

(2)钢板弹簧弹力过小或刚度不一致

当某一侧的钢板弹簧由于疲劳导致弹力下降,或者更换的钢板弹簧与原弹簧刚度不一致时,会使车身歪斜。

(3)钢板弹簧销、衬套和吊耳磨损过甚

此时,会造成以下故障现象:车身歪斜(不严重);行驶跑偏;汽车行驶摆振;异响。

(4)紧固螺栓松动或折断(或钢板弹簧第一片折断)

此时,会由于车辆移位歪斜,导致汽车跑偏。

2.独立悬架装置常见故障

独立悬架装置主要由螺旋弹簧、上下摆臂、横向稳定杆及减振器等组成,独立悬架常见故障有如下几项:

(1)现象

①车身歪斜,汽车在转弯时车身过度倾斜等;

②前轮定位角改变;

③轮胎异常磨损;

④车辆摆振及行驶不稳。

(2)原因

①螺旋弹簧弹力不足;

②稳定杆变形;

③上、下摆臂变形;

④各铰接点磨损、松旷。

当汽车产生上述现象时,应对悬架装置进行仔细检查,即可发现故障部位及原因。

3.减震器常见故障

减振器常见的故障为衬套磨损和泄漏。衬套磨损后,因松旷易产生响声。减振器轻微的泄漏是允许的,但泄漏过多,会使减振器失去减振作用而失效。

任务5.4　车轮平衡度检测与调整

【任务引入】

案例导入:一辆红旗轿车车轮撞击变形,更换车轮后车速达到90km/h时,车身开始抖动,车速越高,抖动越厉害。根据故障现象初步判断汽车抖动的原因可能是:前悬架和横拉杆各球头连接松旷;车轮不平衡。

【任务分析】

随着道路质量的提高和高速公路的出现,汽车行驶速度越来越高,因此对车轮平衡度的要求也愈来愈高。如果车轮不平衡,在其高速旋转时,不平衡质量将引起车轮上下跳动和横向振摆。

首先检查前悬架,若悬架连接松旷,应进行紧固与调整。若悬架连接不松旷,拆下轮胎测量动平衡,若大于5g,表明动不平衡超出范围,应加配重平衡。车轮不平衡量小于5g,检查轮辋是否正常,使用原厂标准车轮试车。

【相关知识】

一、车轮动平衡的评价指标

根据汽车行业标准 QC/T242－2004《汽车车轮不平衡量要求及测试方法》规定了汽车车轮不平衡量要求,见表5.4。

表 5.4　车轮的不平衡量要求

车轮名义直径代号	最大静不平衡量/g·cm
≤12	400
13、14 一件式车轮	500
15、16 一件式车轮	700
15、16 多件式车轮	1700
18、20 多件式车轮	2500
17.5、19.5 一件式车轮	1500
22.5、24.5 一件式车轮	2000

注:表中的多件式车轮系指不含挡圈或挡锁圈测量。

二、车轮不平衡的检测原理

(一)车轮平衡度概述

1. 车轮静不平衡

支起车轴,调整好轮毂轴承松紧度,用手轻转车轮,使其自然停转。在停转的车轮离地最近处作一标记,然后重复上述试验多次。如果每次试验标记都停在离地最近处,则车轮静不平衡。这个车轮上所作的标记点称为不平衡点或垂点。

对于静平衡的车轮,其重心与旋转中心重合;对于静不平衡的车轮,其重心与旋转中心不重合,在旋转时产生离心力,如图5.13所示。

$$F = m \cdot \omega^2 \cdot r$$

式中：m——不平衡点质量；

　　　ω——车轮旋转角速度，$\omega=2\pi n/60$；

　　　n——车轮转速；

　　　r——不平衡点质量离车轮旋转中心的距离。

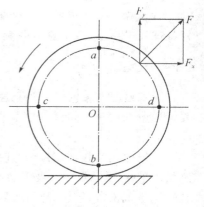

图 5.13　车轮静不平衡示意图

从式中可以看出，车轮转速 n 越高，不平衡点质量 m 越大，不平衡点质量离车轮旋转中心的距离 r 越远，则离心力 F 越大。

离心力 F 可分解为水平分力 F_x 和垂直分力 F_y，在车轮转动一周中，垂直分力 F_y 有两次落在通过车轮中心的垂线上，一次在 a 点，一次在 b 点，方向相反，均达到最大值，使车轮上、下跳动，并由于陀螺效应引起前轮摆振。水平分力 F_x 有两次落在通过车轮中心的水平线上，一次在 c 点，一次在 d 点，方向相反，均达到最大值，使车轮前后窜动，并形成绕主销来回摆动的力矩，造成前轮摆振。当左、右前轮的不平衡质量相互处于 180°位置时，前轮摆振最为严重。

2. 车轮动不平衡

即使静平衡的车轮，即重心与旋转中心重合的车轮，也可能是动不平衡的。这是因为车轮的质量分布相对车轮纵向中心面不对称造成的。在图 5.14(a)中，车轮是静平衡的。在该车轮旋转轴线的径向相反位置上，各有一作用半径相同质量也相同的不平衡点 m_1 与 m_2，且不处于同一平面内。对于这样的车轮，其不平衡点的离心力合力为零，而离心力的合力矩不为零，转动中产生方向反复变动的力偶 M，使车轮处于动不平衡中。动不平衡的前轮绕主销摆振。

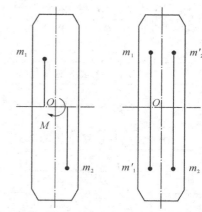

(a)车轮静平衡但动不平衡　(b)车轮动平衡

图 5.14　车轮平衡示意图

如果在 m_1 与 m_2 同一作用半径的相反方向上配置相同质量 $m_1{}'$，与 $m_2{}'$，则车轮处于动平衡中，图 5.14(b)所示。动平衡的车轮肯定是静平衡的，因此对车轮主要应进行动平衡检验。

3. 车轮不平衡原因

(1)轮毂、制动鼓(盘)加工时轴心定位不准、加工误差大、非加工面铸造误差大、热处理变形、使用中变形或磨损不均。

(2)轮胎螺栓质量不等、轮辋质量分布不均或径向圆跳动、端面圆跳动太大。

(3)轮胎质量分布不均、尺寸或形状误差太大、使用中变形或磨损不均、使用翻新胎或垫、补胎。

(4)并装双胎的充气嘴未相隔 180°安装，单胎的充气嘴未与不平衡点标记(经过平衡试验的新轮胎，往往在胎侧标有红、黄、白或浅蓝色的□、△、○或◇符号，用来表示不平衡点位置)相隔 180°安装。

(5)轮毂、制动鼓(盘)、轮胎螺栓、轮辋、内胎、衬带、轮胎等拆卸后重新组装成车轮时，累计的不平衡质量或形位偏差太大，破坏了原来的平衡。

4.车轮平衡机类型

车轮平衡度应使用车轮平衡机检测。车轮平衡机也称为车轮平衡仪。车轮平衡机有以下类型:如果按功能分,车轮平衡机可分为车轮静平衡机和车轮动平衡机两类;如果按测量方式分,车轮平衡机可分为离车式车轮平衡机和就车式车轮平衡机两类;如果按车轮平衡机转轴的形式分,车轮平衡机又可分为软式车轮平衡机和硬式车轮平衡机两类。

使用离车式车轮平衡机时,是把车轮从车上拆下安装到车轮平衡机的转轴上检测其平衡状况的。而就车式车轮平衡机,无需从车上拆下车轮,就车即可测得车轮的平衡状况。

软式车轮平衡机,安装车轮的转轴由弹性元件支承。当被测车轮不平衡时,该轴与其上的车轮一起振动,测得该振动即可获得车轮的不平衡量。硬式车轮平衡机的转轴由刚性元件支承,工作中转轴不产生振动,它是通过直接测量车轮旋转时不平衡点产生的离心力来确定不平衡量的。

凡是可以测定车轮左、右两侧的不平衡量及其相位的,可以称为二面测定式车轮平衡机。

就车式车轮平衡机,既可以进行静平衡试验,又可以进行动平衡试验。

(二)车轮不平衡检测原理

1.静不平衡

(1)离车式。安装在特制平衡心轴或平衡机转轴上的车轮,如果不平衡,在自由转动状态下,其不平衡点只有处于最下面的位置才能保持静止状态,而配重平衡后则可停于任一位置。利用这一基本原理,即可测得车轮的静不平衡质量和相位。

(2)就车式。用就车式车轮平衡机检测车轮静不平衡的原理,如图 5.15 所示。支离地面的车轮如果不平衡,转动时产生的上下振动通过转向节或悬架传给检测装置的传感磁头、可调支杆和底座内的传感器。传感器变成的电信号控制频闪灯闪光,以指示车轮不平衡点位置,并输入指示装置指示不平衡度(量)。从图中可以看出,当传感磁头传递向下的力时频闪灯就发亮,所照射到的车轮最下部的点即为不平衡点。

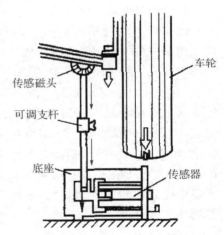

图 5.15 就车式车轮平衡机
不平衡检测原理

2.动不平衡

(1)离车式以硬支承平衡机为例,由于其转轴支承装置刚度大,固有振动频率高,振幅小,因而车轮的惯性力可忽略不计。

车轮不平衡所产生的离心力是以力的形式作用在支承装置上的,只要测出支承装置上所受的力或由此而产生的振动,就可得到车轮的不平衡量。电测式车轮平衡机检测原理如图 5.16 所示。图中 m_1、m_2 为车轮不平衡质量,F_1、F_2 为对应的离心力,从 N_L、N_R 为左右支承测得的动反力。该测量法的测量点在支承处,不平衡的校正面在轮辋边缘,它们轮辋边缘至右支承的距离、轮辋宽度、左右支承存在动平衡关系。根据力的平衡条件:

$$N_R - N_L - F_1 - F_2 = 0 \text{ 和}$$
$$F_1(a+c) + F_2(a+b+c) - N_R c = 0$$

可得 $F_1 = N_L(a+b+c)/b - N_R(a+b)/b$

$F_2 = N_L(a+c)/b - N_R a/b$

可以看出,不平衡点质量产生的离心力仅与支承处的动反力及尺寸 a、b、c 有关。支承处的动反力或由此而引起的振动,可以通过相应传感器变成电信号后测出,各位置尺寸中 c 是常数,a、b 可通过测量后输入运算电路的方法得出。因此,通过运算即可根据动反力确定出车轮两个校正面上的离心力,再根据离心力确定出两个校正面上的平衡量。

（2）就车式。检测原理与图 5.15 所示静不平衡检测原理相同,只不过传感磁头固定在制动底板上,检测的是横向振动。横向振动通过传感磁头、可调

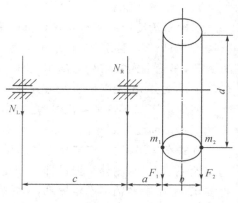

图 5.16   电测式车轮平衡机检测原理

支杆传至底座内的传感器,传感器转变成的电信号控制频闪灯闪光,以指示车轮不平衡点位置,并输入到指示装置指示车轮不平衡度（量）。

【任务实施】

一、离车式车轮动平衡机及检测方法

1.结构简介

离车式车轮动平衡机如图 5.17 所示。目前应用最多的是硬式二面测定车轮动平衡机。该动平衡机一般由驱动装置、转轴与支承装置、显示与控制装置、制动装置、机箱和车轮防护罩等组成。驱动装置一般由电动机、传动机构等组成,可驱动转轴旋转。转轴由两个滚动轴承支承,每个轴承均有一能将动反力变为电信号的传感器。转轴的外端通过锥体和大螺距螺母等固装被测车轮。驱动装置、转轴与支承装置等均装在机箱内。

车轮防护罩可防止车轮旋转时其上的平衡块或花纹内夹杂物飞出伤人。制动装置可使车轮停转。近年来生产的车轮动平衡机多为微机式,具有自动判断和自动调校系统,能将传感器送来的电信号通过微机运算、分析、判断后显示出不平衡量及相位。

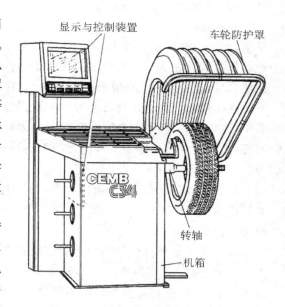

图 5.17   离车式车轮动平衡机

为了使显示的不平衡量恰是轮辋边缘所加平衡块的质量,还必须将测得的轮辋直径 d、轮辋宽度 b 和轮辋边缘至平衡机机箱的距离 a（轮辋外悬尺寸）,通过键盘或选择器旋钮输入微机才行。

2.检测使用方法

(1)清除被测车轮上的泥土、石子和旧平衡块。

(2)检查轮胎气压,势必要充至规定值。

(3)根据轮辋中心孔的大小选择锥体,仔细地装上车轮,用大螺距螺母上紧。

(4)打开电源开关,检查指示与控制装置的面板是否指示正确。

(5)用卡尺测量轮辋宽度 b、轮辋直径 d(也可由胎侧读出),用平衡机上的标尺测量轮辋边缘至机箱距离 a,再用键入或选择器旋钮对准测量值的方法,将 a、b、d 值输入指示与控制装置中去。离车式车轮动平衡机的专用卡尺如图 5.18 所示,a、b、d 三尺寸如图 5.19 所示。

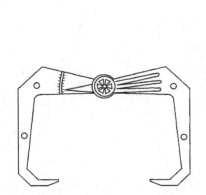
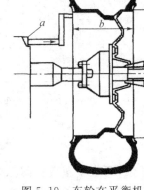

图 5.18   动平衡机专用卡尺   图 5.19   车轮在平衡机上的安装

为了适应不同计量制式,平衡机上的所有标尺一般都同时标有英制和公制刻度。

(6)放下车轮防护罩,按下启动键,车轮旋转,平衡测试开始,微机自动采集数据。

(7)车轮自动停转或听到"笛"声按下停止键并操纵制动装置使车轮停转后,从指示装置读取车轮内、外两侧不平衡量和不平衡位置。

(8)抬起车轮防护罩,用手慢慢转动车轮。当指示装置发出指示(音响、指示灯亮、制动、显示点阵或显示检测数据等)时停止转动。在轮辋的内侧或外侧的上部(时钟 12 点位置)加装平衡块。

(9)安装平衡块后有可能产生新的不平衡,应重新进行平衡试验,直至不平衡量<5g,指示装置显示"00"或"OK"时才能满意。

(10)测试结束,关闭电源开关。

二、就车式车轮动平衡机及使用

1.结构简介

就车式车轮动平衡机一般由驱动装置、测量装置、指示与控制装置、制动装置和小车等组成,其示意图如图 5.20 所示。驱动装置由电动机、转轮等组成,能带动支离地面的车轮转动。测量装置由传感磁头、可调支杆、底座和传感器等组成。它能将车轮不平衡量产生的振动变成电信号,送至指示与控制装置。指示与控制装置由频闪灯、不平衡度表或数字显示屏等组成。频闪灯用来指示车轮不平衡点位置,不平衡度表或数字显示屏用来指示车轮的不平衡量,一般有两个挡位。第一挡一般用于初查时的指示,第二挡一般用于装上平衡块后复查时指示。制动装置用于车轮停转。除测量装置外,车轮动平衡机的其余装置都装在小车上,可方便地移动。

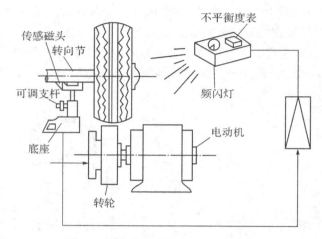

图 5.20　就车式车轮动平衡机示意图

2.使用方法

(1)准备工作

1)用千斤顶支起车轴,两边车轮离地间隙要相等。

2)清除被测车轮上的泥土、石子和旧平衡块。

3)检查轮胎气压,视必要充至规定值。

4)检查轮毂轴承是否松旷,视必要调整至规定松紧度。

5)在轮胎外侧面任意位置上用白粉笔或白胶布做上记号。

(2)从动前轮静平衡

1)用三角垫木塞紧对面车轮和后轴车轮,将就车式车轮动平衡机的测量装置推至被测前轮一端的前轴下,传感磁头吸附在悬架下或转向节下,调节可调支杆高度并锁紧。

2)将就车式车轮动平衡机推至车轮侧面或前面(视车轮平衡机形式不同而异),检查频闪灯工作是否正常,检查转轮的旋转方向能否使车轮的转动与前进行驶时方向一致。

3)操纵车轮动平衡机转轮与轮胎接触,启动驱动电机带动车轮旋转至规定转速。

4)观察频闪灯照射下的轮胎标记位置,并从指示装置(第一挡)上读取不平衡量数值。

5)操纵就车式车轮动平衡机上的制动装置,使车轮停止转动。

6)用手转动车轮,使其上的标记仍处在上述观察位置上,此时轮辋的最上部(时钟 12 点位置)即为加装平衡块的位置。

7)按指示装置显示的不平衡量选择平衡块,牢固地装卡到轮辋边缘上。

8)重新驱动车轮进行复查测试,指示装置用二挡显示。

若车轮平衡度不符合要求,应调整平衡块质量和位置,直至符合平衡要求。

(3)从动前轮动平衡

1)将传感磁头吸附在经过擦拭的制动底板边缘平整之。

2)操纵就车式车轮动平衡机转轮驱动车轮旋转至规定转速,观察轮胎标记位置,读取不

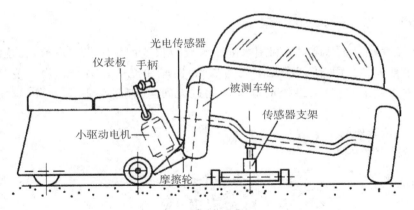

图 5.21　就车式车轮动平衡机工作图

平衡量数值,停转车轮找平衡块加装位置,加装平衡块和复查等,方法与静平衡相同。

(4)驱动轮平衡的调整方法

1)对面车轮不必用三角垫木塞紧。

2)用发动机、传动系驱动车轮,加速至 50~70km/h 的某一转速下稳定运转。

3)测试结束后,用汽车制动器使车轮停转。

4)其他方法同从动轮动、静平衡测试。

任务 5.5　汽车四轮定位检测与调整

【任务引入】

案例导入:客户叙述说,他的奥迪 A6 左后轮胎胎面在最近的 4000 公里磨损严重。维修人员检查了这个轮胎,并且发现客户没有夸大事实。这个轮胎的所有胎面磨损指示器都显露了出来,而其他轮胎只显示了非常小的磨损。当检查左后轮胎的胎面磨损时,维修人员注意到轿车最近被喷过漆。在路测的过程中,维修人员发现当直线行驶时,转向偏左。维修人员建议客户进行彻底的初步定位检查,并且用计算机定位系统完成四轮定位。

【任务分析】

在初步定位检查过程中,除了左后轮胎,其他所有的转向和悬挂部件都是状态良好。注意到左后后围侧板和其他车身部件已经被更换。这个区域遭受了严重的碰撞损坏。

四轮定位结果显示,除了左后轮前束和推力角之外,其他定位角良好。这个严重的前束状态使得推力线移动到几何中心线的右侧。检查后悬挂车身底部的尺寸。左后副车架被向内推向了车辆的中心,这就导致了不正确的前束和推力角。

当后悬挂被重新安装时,重新检查了所有的定位角,并且后轮的前束和推力线位于规定值以内。在路测过程中,没有发现转向偏转或者任何的其他转向问题。

通过对车辆定位的检测与正确调整,可以提高轮胎的寿命,减少车辆油耗,使汽车在行驶时保持最理想的平衡状态从而进一步提高其稳定性和安全性。

【相关知识】

车轮定位参数的静态检测可利用水准车轮定位仪或四轮定位仪进行,在检测车轮定位之前,应先检查被测车辆,使其满足下列各项条件:轮胎充气压力符合规定值、轮胎尺寸一致;车轮轴承间隙正常;悬架系统的球头销无过大间隙;制动器制动可靠;油液加满,汽车空载。

1.车轮定位的检测

(1)车轮前束的检测

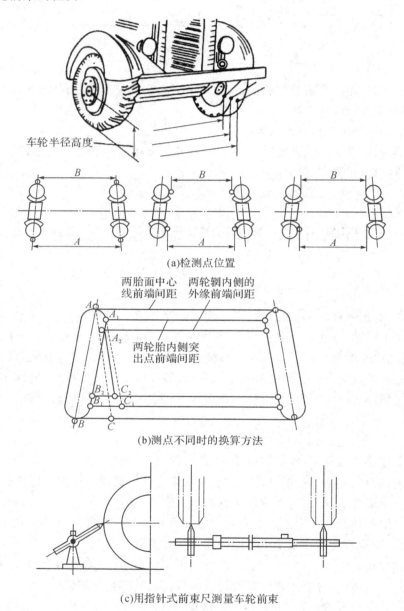

(a)检测点位置

(b)测点不同时的换算方法

(c)用指针式前束尺测量车轮前束

图 5.22　车轮前束的检测

汽车同轴上的两轮（左右轮），其前端距离小于后端距离的现象，称为车轮前束。车轮前束检测点的位置如图 5.22 所示，一般都在车轮水平中心线的截面上，其高度等于车轮中心的离地高度；其径向位置（见图 5.22(a)），各汽车制造厂的规定不完全一致，因此检测时应根据说明书的要求，在规定位置进行测量。若实测时改变了原厂前束检测点的位置，则必须对原厂规定的前束允许值按改变后的检测位置进行换算，否则会出现较大的检测误差。具体换算方法如图 5.22(b)所示，其换算后的前束允许值为 E，则：

$$E = \frac{\text{实测检测点的径向尺寸} \times \text{原位置前束允许值}}{\text{原检测点的径向尺寸}}$$

车轮前束可用简单实用的检测工具如前束尺进行测量。当检测点在胎冠中心线位置时，其前束可用图 5.22(c)所示的指针式前束尺检测，该前束尺由一根带套管的尺杆和指针等组成，它可以伸缩以适应不同间距的测试。

车轮前束的检测方法：

1）将汽车停放在水平坚硬的场地上，并用举升器顶起汽车前桥，使车轮能够自由转动。

2）用手平稳地转动车轮并在轮胎胎冠中心处画出一条中心线。

3）将举升器下降使车轮落地，并将汽车向前推动少许，使汽车处于直行状态。

4）调整前束尺的两个指针，使之分别指向左、右转向车轮前方的胎冠中心线，且指针尖端距地面高度应等于被测车轮的半径；再调整前束尺的刻度标尺，使之对准"0"位；然后将前束尺移至左、右两转向车轮的后方，调整前束尺的长度，使两指针分别指向转向车轮后方胎冠中心线，此时前束尺标尺上的刻度读数（注意正负）即为被测车轮的前束值。车轮前束还可以用光学前束测量仪进行测量，但其安装比较复杂，实测时较少采用。

当无专用前束测量工具时，还可用钢卷尺进行测量。此时一般有"架车法"和"推车法"两种。"架车法"为：将前轮架起离开地面少许，使前轮处于直行位置，用粉笔在轮轴中心线高度上的左右轮胎或轮辋边缘划上记号，量出两记号之间距离，然后将左右车轮转 180°其记号则转至前轴后面，再量出两记号之间距离，其后端间距与前端间距之差即为前束值；"推车法"与"架车法"基本相似，只是应将汽车停放于平直路面上，测量完轮胎前端间距后，向前推动汽车再测量轮胎后端间距。

（2）车轮外倾角的检测

车轮外倾角的检测以气泡水准车轮定位仪检测为例进行说明。该仪器一般由水准仪、支架和转角仪等组成。其车轮外倾角可直接测量，当有外倾角的车轮处于直线行驶位置时，垂直于车轮旋转平面安装的水准仪上的测外倾角的气泡管，也垂直于车轮旋转平面，气泡管与水平面的夹角即为车轮外倾角，如图 5.23 所示。此时，气泡管中的水泡偏移车轮一侧，将气泡管调于水平位置时，气泡的位移量或角度调节量即反映了外倾角。

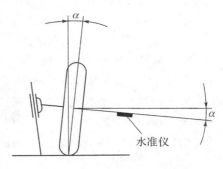

图 5.23　外倾角测量原理

车轮外倾角的检测方法：

1）将车轮处于直线行驶位置。

2）将水准仪的支架正确地安装在前轮的轮辋上。

3）将水准仪上测 $\alpha\gamma$ 插销插入支架的中心孔内，并使水准仪在左右方向上大致处于水平状态。然后,轻轻拧紧锁紧螺钉以固定水准仪,如图 5.24 所示。

4)转动水准仪上的 α 调节盘,直到对应的气泡管内的气泡处于中间位置为止,此时其 α 调节盘红线所指的角度值即为车轮外倾角。

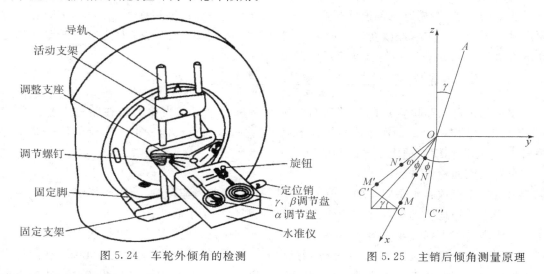

图 5.24　车轮外倾角的检测　　　　图 5.25　主销后倾角测量原理

（3）主销后倾角的检测

主销后倾角不能由水准仪直接测量,而只能利用转向轮绕主销转动时的几何关系进行间接测量。由于主销后倾,因而当转向轮绕主销转动时,其转向节枢轴与水平面之间的夹角就会改变,若在转向轮规定的转角内测出转向节枢轴与水平面夹角的变化量,则可间接测出主销后倾角。其测量原理如图 5.25 所示,在空间坐标系中,以左前轮为例说明。假定前轮外倾角 α 和主销内倾角 β 均为零,OA 为主销中心线,位于 Oyz 平面内,γ 为主销后倾角,OC 为转向节枢轴,MN 为放置在 OC 上的气泡管。当车轮处于直线行驶位置时,OC 与 Ox 轴重合;当车轮右转转至规定角度 ϕ 时,则转向节枢轴轴线 OC 转至 OC',OC 扫过的平面 OCC' 与水平面的夹角为 γ,OC' 与水平面的夹角为 ω。此时,气泡管由 MN 移至 $M'N'$,气泡管与水平面倾斜的角度也为 ω,气泡管的气泡向 M' 移动,其位移量取决于 ω 角的大小。而 ω 角取决于前轮转角 ϕ 和主销后倾角。当 ϕ 为一定值时,ω 角与 γ 角一一对应,而气泡管中气泡位移量与 ω 角也一一对应,因而通过气泡位移量的标定即可反映 γ 值的大小。

实际转向轮具有主销内倾角 β 和转向轮外倾角 ω。为消除 β 对主销后倾角测试结果的影响,测量时先将转向轮向内(对于左前轮则向左转,对于右前轮则向右转,下同)转动 ϕ 角(通常为 20°),把水泡管调至水平位置,然后向相反方向回转 2ϕ 角。这样由于转向节枢轴 OC 从直线行驶位置分别向外和向内转动相同的角度,因而角 β 在转向轮内外转动时对测量值的影响数值相等,方向相反,并相互抵消。同时,测量时车轮转动 2ϕ 的角度,其气泡位移量则增大了一倍,因而提高了仪器测试的灵敏度和精度。至于前轮外倾角 α 由于影响甚微可以忽略不计。

用水准车轮定位仪检测主销后倾角时,需要车轮转角仪的配合使用。

主销后倾角的检测方法:

1)将被测汽车的两前轮分别置于两车轮转角仪上,使主销轴线的延长线基本上通过转盘中心,当车轮处于直线行驶状态时,转角仪的指针应与刻度盘上的"0"刻度对齐;并将后轮置于与转角仪同高的台架上,以保证各车轮都处于同一水平面。

2)将水准仪支架安装在前轮上,并调整支架,使支架中心孔轴线与车轮轴线同轴。

3)把水准仪测 α、γ 的插销插入支架的中心孔内。

4)转动方向盘,使被测前轮向内转 20°转角,并将被测车轮保持在该位不动。

5)调整水准仪,使水准仪在垂直于测 α、γ 插销方向上处于水平状态,然后拧紧锁紧螺钉予以固定。

6)转动水准仪上的 γ、β 调节盘,使其上的指示红线与蓝、红、黄刻度盘零线重合。调整对应气泡管的旋钮,使气泡管的气泡处于中间位置。

7)转动方向盘,使被测前轮回转 40°的转角,并固定在该位不动。

8)重新转动水准仪上的 γ、ϕ 调节盘,直到气泡管的气泡又处于中间位置。此时,在蓝盘上读出 γ、β 盘红线所指示之值,该值即为实测的主销后倾角 γ。

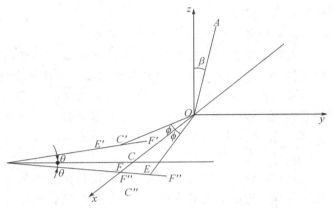

图 5.26　主销内倾角测量原理

(4)主销内倾角的检测

主销内倾角 β 不能直接测出,而只能利用转向轮绕主销转动时的几何关系进行间接测量。由于主销内倾,因而当转向轮绕主销转动一定角度时,其转向节连同转向轮将会绕转向节枢轴轴线转过一个角度,测出该角度,即可间接测出主销内倾角。其测量原理如图 5.26 所示,在空间坐标系中,以左前轮为例说明。假定前轮外倾角 α 和主销后倾角 γ 为零,则主销中心线 OA 在 Oxz 平面内,OA 与 Oz 的夹角为主销内倾角,转向轮处于直线行驶位置时,转向节枢轴 OC 与 Ox 轴重合,当转向轮在制动状态向右转过 ϕ 角时,由于主销内倾角 β 的存在,使得转向节枢轴 OC 转至 OC',形成圆锥面 OCC'。若在转向节枢轴的前部放置一平行于水平面且与 OC 轴线垂直的气泡管 EF,则在转向轮偏转过程中,气泡管 EF 将绕转向节枢轴轴线转动,随着 OC 移至 OC',则 EF 移至 $E'F'$。此时气泡管与水平面的夹角为 θ,其 θ 的大小取决于转向轮转角 ϕ 和主销内倾角 β。若 ϕ 为定值,则 θ 角和 β 角具有一一对应关系。由于 β 角的出现导致了气泡管 EF 中气泡的位移,因此通过对气泡位移量的标定即可反映主销内倾角的大小。

为消除主销后倾角对测量值的影响以及提高测量的灵敏度和精度,测量时将转向轮先向内转一定角度 ϕ(通常为 20°),再把其水泡调至水平位置,然后向相反方向回转 2ϕ 的角度。用水准车轮定位仪检测主销内倾时,需要车轮转角仪的配合使用。

主销内倾角的检测方法:

1)、2)同主销后倾角检测。

3)将水准仪测 β 的插销装在支架中心孔内并予以固定。

4)用制动踏板抵压器压下制动踏板,使前轮处于制动状态,以减少测量误差。

5)转动转向盘,使被测前轮向内转 20°转角,并将被测车轮保持在该位不动。

6)松开锁紧螺钉,使水准仪在垂直于 β 插销的方向处于水平状态,然后拧紧锁紧螺钉。

7)转动水准仪上的 γ、β 调节盘,使其上的指示红线与蓝、红、黄刻度盘零线重合。调整对应气泡管的旋钮,使气泡管的气泡处于中间位置。

8)转动转向盘,使被测前轮回转 40°转角,并固定在该位不动。

9)重新转动水准仪上的 γ、β 调节盘,直到气泡管的气泡重新处于中间位置。

此时,γ、β 调节盘红线在红刻度盘(测右转向轮)或黄刻度盘(测左转向轮)所指示之值,即为主销内倾角。

2.车轮定位检测标准及检测结果分析

汽车车轮定位值的大小是根据汽车的设计要求确定的,不同的车型其值有所不同。因此,汽车车轮定位的检测标准应是该车技术条件规定的车轮定位参数值。

若车轮定位参数的检测结果不符合检测标准,则说明该车存在着某种故障:或者悬架杆件变形、磨损;或者转向节、车桥、悬架等部件装配不良;或者车轮定位调整不当。此时应查明原因,排除故障,使车轮定位值符合检测标准。

3.四轮定位仪检测

四轮定位仪是专门用来测量车轮定位参数的设备。它极适用于不但具有前轮定位,而且还具有后轮定位汽车的四轮定位参数检测。四轮定位仪可检测的项目包括:车轮前束及前张角、车轮外倾角、主销后倾角、主销内倾角、转向 20°时的前张角、推力角和左右轴距差等,如图 5.27 所示。尽管四轮定位仪的形式有多种多样,但它们的基本测量原理却是一致的,只是采用的测量方法(或使用的传感器类型)及数据记录与传输的方式有所不同。

(1)四轮定位仪测量原理

1)前束、轴距差、推力角检测原理

为提高测量精度,检测前,依四轮定位仪的类型常通过拉线或光线照射及反射等方式形成一封闭的直角四边形,如图 5.28 所示。检测时,应将车体摆正并使车轮处于直线行驶位置,通过安装在车轮上的传感器进行前束、轴距差、推力角的检测。安装在车轮上的传感器有不同的类型,现以光敏三极管式传感器为例说明其检测原理。

安装在两前轮和两后轮上的光敏三极管式传感器(又称定位校正头)均有光线的接收和发射(或反射)功能,在传感器的受光平面上等距离地将光敏三极管排成一排,在不同位置上光敏三极管接收到光线照射时,其光敏管产生的电信号即可代表前束值(角)或左右轮轴距差或推力角的大小。

前束为零时,同一轴左右车轮上的传感器发射(或反射)出的光束应重合。当检测出上述两条光束相互平行但不重合时,说明左右两车轮不同轴,车轮发生了错位,依据光敏三极管发出的信息可测量出左右轮的轴距差。

当左右车轮存在前束时,在右轮传感器上接收到的光束位置会相对于原来的零点位置有一偏差,该偏差值即表示左侧车轮的前束值或前束角;同理,在左轮传感器上接收到的光束位置相对于原来零点的偏差值,则表示右侧车轮的前束值或前束角。其前束的检测原理如图 5.29 所示,转向前轮和后轮前束的检测原理相同。

推力角的检测原理如图 5.30 所示,若推力角 δ 为零,则前后轴同侧车轮上的传感器发射或接收的光束重合;若两条光束出现夹角而不重合,则说明推力角不为零。因此,可以通过安装在汽车前轮上的传感器接收到的同侧后轮传感器所发射光束相对于零点位置的偏差

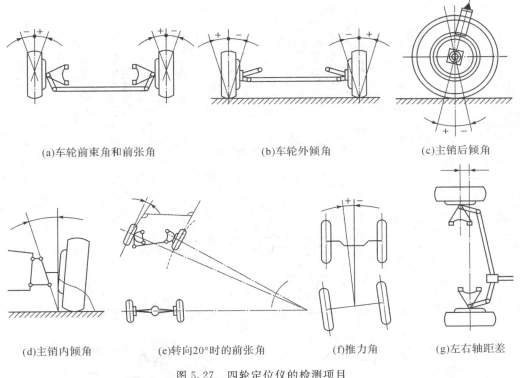

(a)车轮前束角和前张角　　　　(b)车轮外倾角　　　　(c)主销后倾角

(d)主销内倾角　　(e)转向20°时的前张角　　(f)推力角　　(g)左右轴距差

图 5.27　四轮定位仪的检测项目

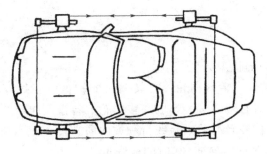

图 5.28　八束光线形成封闭四边形

值检测汽车推力角 δ 的大小。

2)车轮外倾角检测原理

车轮外倾角可在车轮处于直线行驶位置时直接测得。在四轮定位仪上的传感器(定位校正头)内装有角度测量仪(如电子倾斜仪),把传感器装在车轮上,可直接测出车轮外倾角。

3)主销后倾角和主销内倾角检测原理

主销后倾角和主销内倾角不能直接测出,通常是利用转向轮转动时建立的几何关系进行间接测量主销后倾角可利用传感器内的角度测量仪,通过转向轮内转一定角度的和外转一定角度的两个位置时,测量转向轮平面倾角的变化量来间接测出。

主销内倾角可利用传感器内的角度测量仪,通过转向轮内转一定角度的和外转一定角度的两个位置时,测量转向节枢轴绕其轴线转动的角度来间接测出。

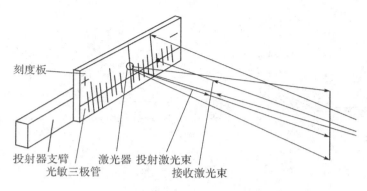

图 5.29　车轮前束检测原理

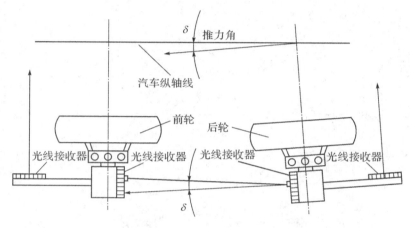

图 5.30　推力角检测原理

4)转向 20°时前张角的检测原理

检测前张角时,使被检车辆转向轮停在转角仪的转盘中心处,车轮处于直线行驶位置,转动转向盘使右转向轮向右转 20°后,读取左转向轮下转盘上的刻度值 λ_1,则 $20°-\lambda_1$ 即为向右转向 20°时的前张角;使左转向轮沿直线行驶方向向左转 20°后,读取右转向轮下转盘上的刻度值 λ_2,则 $20°-\lambda_2$ 即为向左转向 20°时的前张角。

目前,电脑四轮定位仪受到广大用户的青睐。电脑四轮定位仪一般由主机、彩色显示器、操作键盘、高精度传感器、支架、转盘飞打印机、遥控器等组成,往往制成可移动式。这种仪器一般由安装在车轮上的传感器,把车轮与定位角之间的几何关系转变成电信号或光信号,送入电脑分析判断,然后由显示屏或打印机输出。采用电脑四轮定位仪进行车轮定位参数检测,可一次顺序完成前后轮前束、前后轮外倾角、主销内倾角与主销后倾角等多项测量,其测试速度快,测量精度高。现代先进的电脑四轮定位仪,不仅采用了先进的测量系统和科学的检测方法,而且储存了大量常见车型的四轮定位标准数据,在检测过程中,可随时把实测数据与标准数据进行比较,并通过屏幕用图形和数字显示出需要调整的部位、调整方法以及在调整过程中数值的变化,把复杂四轮定位的检测调整简化成依图操作。为便于检测和调整,被检汽车需放在地沟上或举升平台上(以下以汽车放在举升平台上为例),地沟或举升平台应处于水平状态,四轮定位仪部分安装在地沟两旁或举升平台上,如图 5.31 和图 5.32 所示。

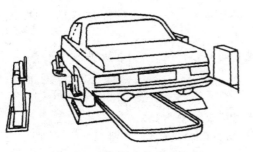
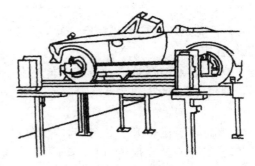

图 5.31 定位仪安装在地沟旁 　　　　图 5.32 定位仪安装在地沟旁

【任务实施】

四轮定位检测方法和调整

一、初步定位检查

在车轮定位以前,必须更换悬挂和转向磨损的部件。在更换了悬挂部件以后,比如减震柱,就应当进行车轮定位。当车辆位于地板上时,完成以下检查:车辆整备重量;轮胎规格;悬挂高度;方向盘自由间隙;加满油的油箱检查底盘上是否附着了过厚的泥。从后备箱和乘坐舱拿掉没有计算在车辆整备质量的重物。如果重的物体,经常地被装载在车辆内,那么在车轮定位时它们应当留在车内。把轮胎充气到规定压力,并且注意任何不正常的胎面磨损或者轮胎损坏。确保所有的轮胎尺寸相同。检查悬挂控制行程高度。如果测量值超出了规定范围,那么检查弹簧是否断裂或者下沉。在扭力杆悬挂系统上,检查扭力杆的调整。检查前后悬挂的阻尼器。磨损的阻尼器可能表现为弹簧变软或者减震器或者减震柱损坏。当车轮位于正直向前的位置时,来回转动方向盘来检查转向管柱、转向器或者转向连杆是否存在间隙。

当车辆被提升,并且悬挂被支撑时,完成以下检查:检查前轮轴承是否横向移动。测量球接头的径向和轴向位移。检查各杆件以及衬套是否损坏或磨损。检查转向器固定螺栓是否松动以及固定支架和衬套是否磨损。检查前轮胎和车轮是否存在径向跳动。检查减震器或者减震柱固定衬套和螺栓是否松动。检查每个减震器或者减震柱是否漏油。

二、四轮定位的检测

1.注意事项

(1)使用前,检查四轮定位仪所配附件是否与使用说明书上列出的清单相符,设备安装时要遵循使用说明书所提出的各项要求。

(2)对于光学式四轮定位仪中的投影仪(或投光器)应细心维护,并经常进行调整;传感器是电脑式四轮定位仪的重要元件,使用前要进行校正,以保证测试精度。

(3)传感器应正确地安装在传感器支架上,在不使用时应妥善保管,避免受到损坏;电测类传感器应在接线完毕后再通电,以避免带电接线引起电磁振荡而损坏。

(4)移动四轮定位仪时,应避免使其受到振动,否则可能使传感器及电脑受到损坏。

(5)四轮定位仪应半年标定一次,标定时应使用购买时所带专用标定器具,并按规定程序进行标定。

(6)在检测四位定位前,须进行车轮传感器偏摆补偿,否则会引起大的测量误差。

2.四轮定位的检测方法

(1)检测前准备

1)把汽车开上举升平台,托起四个车轮,把汽车举升半米(第一次举升)。

2)托起车身适当部位,把汽车举升至车轮能够自由转动(第二次举升)。

3)拆下各车轮,检查轮胎磨损情况。

4)检查轮胎气压,不符合标准时应充气或放气。

5)作车轮的动平衡,动平衡完成后,把车轮装好。

6)检查车身高度,检查车身四个角的高度和减振器技术状况,如车身不平应先调平;同时检查转向系统和悬架是否松旷,如松旷则应先紧固或更换零件。

(2)检测步骤

1)把传感器支架安装在轮辋上,再把传感器(定位校正头)安装到支架上,并按使用说明书的规定调整。

2)开机进入测试程序,输入被检汽车的车型和生产年份。

3)轮辋变形补偿。转向盘位于直行位置,使每个车轮旋转一周,即可把轮辋变形误差输入电脑。

4)降下第二次举升器,使车轮落到平台上,把汽车前部和后部向下压动5次,使其作压力弹跳。

5)用刹车锁压下制动踏板,使汽车处于制动状态。

6)把转向盘左转至电脑发出"OK"声,输入左转角度;然后把转向盘右转至电脑发出"OK"声,输入右转角度。

7)把转向盘回正,电脑屏幕上显示出后轮的前束及外倾角数值。

8)调正转向盘,并用转向盘锁锁住转向盘使之不能转动。

9)把安装在四个车轮上的定位校正头的水平仪调到水平线上,此时电脑屏幕上显示出转向轮的主销后倾角、主销内倾角、转向轮外倾角和前束的数值。

10)调整主销后倾角、车轮外倾角及前束,调整方法可按电脑屏幕提示进行。若调整后仍不能解决问题,则应更换有关零部件。

11)进行第二次压力弹跳,将转向轮左右转动,把车身反复压下后,观察屏幕上的数值有无变化,若数值变化应再次调整。

12)若第二次检查未发现问题,则应将调整时松开的部位紧固。

13)拆下定位校正头和支架,进行路试,检查四轮定位检测调整效果。

三、车轮定位的调整

1.车轮定位调整程序

必须遵守车辆制造商维护手册中的车轮定位程序。

前轮定位调整程序:①检查两侧轮胎的压力;②检查两侧的控制行程高度;③测量和调整两侧的外倾角以及左侧的前束;④测量和调整两侧的外倾角以及右侧的前束;⑤调整两侧的后倾角;⑥测量和重新调整。

后轮定位调整程序:①检查两侧轮胎的压力;②检查两侧的控制行程高度;③调整两侧的外倾角以及左侧的前束;④调整两侧的外倾角以及右侧的前束。

2.前束的调整

当一个前轮需要调整前束时,在横拉杆的调节套筒和套筒卡箍螺栓上涂上渗透油。让横拉杆调节套筒卡箍螺栓足够松动,使得螺栓能够局部转动。横拉套筒的一端是右旋螺纹,而另一端是左旋螺纹。这些螺纹与横拉杆和横拉杆球接头外端的螺纹相装配。当转动横拉杆套筒时,整个横拉杆、套筒和横拉杆球接头总成都被拉长或者缩短。使用横拉杆套筒旋转工具来转动套筒,使得每个前轮的前束等于总前束规定值的一半,如图 5.33 所示。

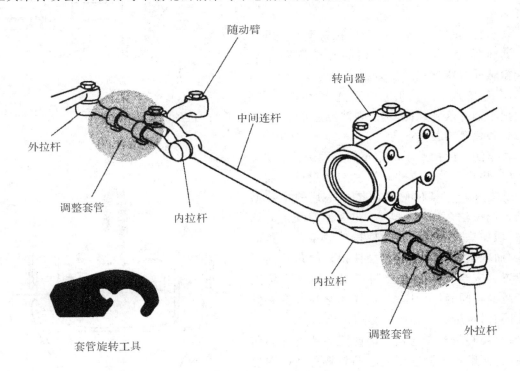

图 5.33 转动横拉杆套筒来调节前轮的前束

3.方向盘定心程序

对方向盘定心的最精确检查是路测过程中的车辆直线行驶。

对车辆进行路测,并且确定当车辆直线行驶时,方向盘辐条是否位于中心位置。按照以下步骤进行方向盘定心:

(1)用液压千斤顶顶起车辆的前部,并且在下控制臂下放置安全台。把车辆降落在安全台上,并且使前轮位于正直向前的位置。

(2)用粉笔在横拉杆上标记每个横拉杆套筒的位置,然后松开套筒卡箍。

(3)在路测过程中,使方向盘辐条位于车辆直线行驶时的位置。把方向盘转动到中心位置,并且记录前轮的方向。

(4)当车辆直线行驶时,如果左侧的方向盘辐条低,那么用横拉杆套筒旋转工具使得左侧的横拉杆缩短,而使得右侧的横拉杆伸长。横拉杆套筒转动四分之一圈就会使得方向盘的位置大约移动 1in。把横拉杆套筒转动合适的大小,使得方向盘转动到中心位置。例如,如果方向盘辐条偏离中心 2 in,那么使得每个横拉杆套筒转动半圈。如图 5.34 所示。

(5)当车辆直线行驶时,如果右侧的方向盘辐条低,那么使得左侧的横拉杆伸长,使得右侧的横拉杆缩短。

(6)在横拉杆上标记每个横拉杆套筒的新位置。如前所述,确保套筒卡箍的开口位置正确。把卡箍螺栓拧紧到规定扭矩。

(7)用落地千斤顶顶起前底盘,然后拆下安全台。把车辆降落到地面,然后在路测过程中检查方向盘的位置。

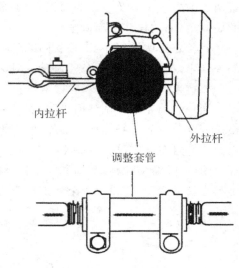

图 5.34　方向盘定心调

4.外倾角调整

轿车制造商提供了外倾角的各种调整方法。

(1)垫片调整。有些轿车制造商提供了在上控制臂支架与车架内侧之间增减垫片的垫片型外倾角调整法(见图 5.35)。在这种外倾角的调整中,增加垫片的厚度就会使得外倾角移向负的位置,而减小垫片的厚度就会使得外倾角移向正的位置。应当在两个上控制臂支架螺栓上增加或者减少相同的垫片厚度,这样才会在改变外倾角的同时,对后倾角不产生影响。

(2)偏心凸轮。老式车辆使用垫片型外倾角调整法,而新式车辆使用偏心凸轮调整法。用控制臂上的偏心凸轮可以调整外倾角。有些车辆的偏心凸轮装在上控制臂上,而有些装在下控制臂上(见图 5.36)。一些前轮驱动轿车的麦弗逊减震柱前悬挂系统,在转向节到减震柱的一个螺栓上安装了凸轮,用来调节外倾角,如图 5.37 所示。麦弗逊减震柱前悬挂上的偏心转向节到减震柱的外倾角调节螺栓,如图 5.38 所示。

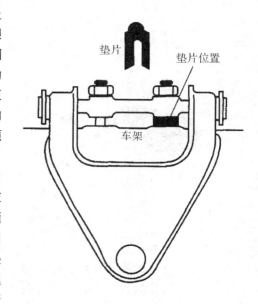

图 5.35　用垫片调整外倾角

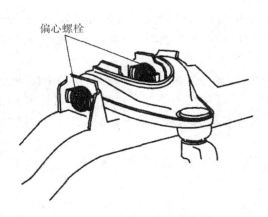

图 5.36　用偏心螺栓调整外倾角

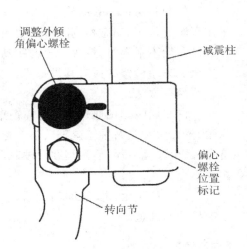

图 5.37　减震柱偏心螺栓调整外倾角

（3）带槽减震柱支架和车架。在有些麦弗逊减震柱前悬挂系统上，可以松开减震柱上支架，并且向内或者向外移动，从而来调整外倾角。

5.后倾角调整程序

（1）推力杆长度调整。在有些悬挂系统上，可以调节推力杆前端的螺母来拉长或者缩短推力杆，从而改变后倾角。缩短推力杆就会使得正的后倾角增大。

（2）偏心凸轮。可以使用上或者下控制臂里端的相同偏心凸轮来调节外倾角或者后倾角。如果转动上控制臂外端的偏心衬垫来调节外倾角，那么这个偏心衬垫也可以调整后倾角，如图 5.36 所示。

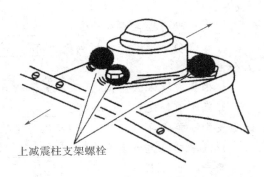

图 5.38　支架螺栓调整外倾角

（3）带槽减震柱支架和车架。如果麦弗逊减震柱悬挂上的减震柱上支架是可调的，那么可以松开支架锁紧螺栓，并且使支架前后移动，来调节后倾角。如果有些车辆悬架不提供后倾角调整，当需要调整后倾角时，有些车辆制造商建议拆下减震柱上支架螺栓，然后用圆锉拉长横向连接杆的螺栓孔，就可以提供后倾角的调整。

【项目总结】

1.底盘测功试验台主要由滚筒装置、功率吸收装置、测量装置、控制装置和辅助装置等组成，用于检测驱动轮输出功率或驱动力。

2.转向盘转动阻力过大，会使转向沉重。转向盘自由行程的大小则直接影响转向桥的技术状况。转向盘转动力和转向盘自由行程的大小可通过转向参数测量仪进行测量。

3.转向力的常见故障有转向盘行程过大、转向沉重、转向轮抖动等，通过分析进行故障诊断。

4.汽车悬架的检测方法主要有经验法、按压车体法和试验台检测法三种类型。

5.转向轮定位参数的检测方法,一般可分为静态检测法和动态检测法。静态检测时可采用车轮定位仪;动态检测时可采用侧滑试验台。

6.车轮不平衡时,造成车轮的跳动和偏摆,对于高速行驶的汽车来说,还容易造成行车不安全。车轮检修时应对其进行平衡检测。车轮进行平衡检测时,分为离车式检测与就车式检测两种方法。

7.汽车四轮定位通过检测车轮前束及前张角、车轮外倾角、主销后倾角、主销内倾角、前张角、推力角和左右轴距差等数值与标准数值对比,对车辆定位正确调整,可以提高轮胎的寿命,减少车辆油耗,使汽车在行驶时保持最理想的平衡状态从而进一步提高其稳定性和安全性。

8.汽车四轮定位要从问询诊断、车辆路试、检查更换、四轮定位和调整试车完成车轮定位的检测与调整。

【练习题】

一、填空题

1.汽车动力性主要从＿＿＿＿＿、＿＿＿＿＿、＿＿＿＿＿三个方面来评价。

2.底盘动力性检测的影响因素有＿＿＿＿＿、＿＿＿＿＿、＿＿＿＿＿、＿＿＿＿＿、＿＿＿＿＿五个方面。

3.根据激振方式不同,悬架装置检测台可分为＿＿＿＿＿式、＿＿＿＿＿式两种类型。

4.汽车前轮定位,包括前轮＿＿＿＿＿、前轮＿＿＿＿＿、主销＿＿＿＿＿和主销＿＿＿＿＿,是评价汽车前轮直线行驶稳定性、操纵稳定性、前轴和转向系技术状况的重要诊断参数。

5.汽车后轮定位主要有后轮＿＿＿＿＿和后轮＿＿＿＿＿,可用于评价后轮的直线行驶稳定性和后轴的技术状况。

6.目前离车式车轮动平衡机应用最多的是硬式二面测定车轮动平衡机。该动平衡机一般由＿＿＿＿＿、＿＿＿＿＿、＿＿＿＿＿、＿＿＿＿＿、机箱和车轮防护罩等组成。

7.动不平衡是因为车轮的质量分布相对＿＿＿＿＿＿＿＿＿面不对称造成的。

8.前束会影响轮胎的羽毛状磨损,那么用手从内侧向外侧抚摸,胎纹外缘有锐利的刺手感觉是前束过＿＿＿＿＿＿。

二、判断题

1.在滚筒式底盘测功实验台上,将测得驱动轮输出功率与传动系消耗功率相加,就可以得到发动机有效功率。（　　）

2.走合期间的新车和大修车不宜进行底盘测功。（　　）

3.车轮定位检测的动态检测是通过检测汽车前轮的侧滑量判断车轮前束和主销后倾角的匹配状况。侧滑量的检测一般在汽车侧滑试验台上进行。（　　）

4.四轮定位检测前束为零时,同一轴左右车轮上的传感器发射（或反射）出的光束应重合。（　　）

5.车轮转速越高,不平衡点质量越大,不平衡点质量离车轮旋转中心的距离越远,则离心力越小。（　　）

6.动平衡的车轮肯定是静平衡的。（　　）

7.车轮动平衡输入参数有轮辋宽度 b、轮辋直径 d、轮辋边缘至机箱距离 a。（　　）

8. 车轮动平衡只能将轮胎拆下检测调整。（　　　）

9. 做四轮定位时要注意轮胎的状况：轮胎磨损严重时要更换轮胎；各轮胎必须按规定的气压充足气。（　　　）

10. 四轮定位专用的举升台必须定期进行标定，以确保四轮定位仪测量数据的准确性。（　　　）

三、选择题

1. 下列（　　　）属于底盘测功试验台的加载装置。

A. 滚筒　　　　　　　　B. 电涡流测功机　　C. 测速电机　　　　　D. 举升器

2. 下列（　　　）不是造成汽车传动系机械传动效率低的原因。

A. 离合器、变速器磨损　　　　　　　B. 主减速器、差速器润滑不良

C. 发动机动力不足　　　　　　　　　D. 轮毂轴承松旷

3. 下列（　　　）不是转向沉重的原因。

A. 轮胎气压不足　　　　　　　　　　B. 转向器固定松旷

C. 转向拉杆球销润滑不良　　　　　　D. 前轮定位失准

4. 下列（　　　）不是转向盘自由行程过大的原因。

A. 转向器齿轮磨损过大　　　　　　　B. 转向器固定松旷

C. 转向拉杆球销磨损　　　　　　　　D. 前轮定位失准

5. 汽车前左、前右减振器弹簧刚度不一致会造成（　　　）故障。

A. 转向盘自由转动量过大　　　　　　B. 自动跑偏

C. 转向沉重　　　　　　　　　　　　D. 前轮定位失准

6. 下列（　　　）不可能是前轮定位不准确引起的现象。

A. 转向沉重　　　　B. 转向灵敏性差　　C. 轮胎磨损严重　　D. 转向回正性差

7. 转向轮有了前束后，在滚动过程中（　　　）

A. 有向内收拢的趋势　　　　　　　　B. 有向外张开的趋势

C. 有沿直线方向滚动的趋势　　　　　D. 没有任何影响

8. 转向轮由于外倾角的存在，在滚动过程中（　　　）。

A. 有向内收拢的趋势　　　　　　　　B. 有向外张开的趋势

C. 有沿直线方向滚动的趋势　　　　　D. 没有任何影响

9. 下列（　　　）不是车轮不平衡引起的。

A. 高速行驶时，车头感觉上下跳动　　B. 车轮剧烈磨损

C. 高速行驶时，车头感觉左右摇摆　　D. 转向沉重

10. 下列（　　　）不是车轮不平衡的原因。

A. 轮毂使用中变形　　　　　　　　　B. 轮胎磨损不均匀

C. 并装双胎的充气嘴未相隔180°安装　D. 前束过大

11. 车轮不平衡度最大值为（　　　）g。

A. 3　　　　　　　B. 4　　　　　　　C. 5　　　　　　　　D. 6

12. 在车轮动平衡检测时，16吋一件式车轮的不平衡量不得大于（　　　）g·cm。

A. 400　　　　　B. 500　　　　　　C. 700　　　　　　D. 1700

13. 轮胎标识为205/55R16，轮辋宽度b的输入值为（　　　）。

A. 205   B. 55   C. 16   D. 20

14. 当讨论麦弗逊（MacPherson）减震柱前悬挂系统的外倾角调整时，维修人员 A 说，可以使用减震柱到转向节螺栓上的偏心凸轮来调节外倾角；维修人员 B 说，可以使用下球窝接头螺杆上的偏心凸轮来调节外倾角。请问谁的说法正确？（　　）

A. A 正确   B. B 正确   C. A 和 B 都正确   D. A 和 B 都不正确

15. 当讨论调节垫片安装在上控制臂固定轴与车架外侧之间的不等长双横臂前悬挂系统的外倾角调整时。维修人员 A 说，两侧固定螺栓增加相等厚度的垫片可以增大负外倾角。维修人员 B 说，前螺栓上增加垫片的厚度会减小正外倾角。请问谁的说法正确？（　　）

A. A 正确   B. B 正确   C. A 和 B 都正确   D. A 和 B 都不正确

16. 外倾角偏差过大可能导致的轮胎磨损特点为：（　　）

A. 轮胎中央位置磨损   B. 轮胎单侧磨损

C. 轮胎内外两侧磨损   D. 锯齿或块状磨损

四、问答题

1. 底盘功率检测的目的是什么？

2. 底盘测功试验台的组成及各部分的作用是什么？

3. 什么是转向盘自由转动量和转向盘转向力？

4. 汽车悬架的检测方法有哪些？

5. 汽车车轮的定位参数有哪些？各起什么作用？

6. 什么是车轮的静、动不平衡？请举例说明。

7. 如何使用离车式车轮平衡机进行车轮平衡检测？

8. 引起车轮不平衡的主要原因有哪几种？

9. 车轮外倾角的调整方法有哪些？

10. 主销后倾角和主销内倾角的调整方法有哪些？

11. 轮胎内侧磨损的原因及排除方法有哪些？